질병의 탄생

질병의 탄생

1판 1쇄 펴냄 2014년 1월 20일
1판 11쇄 펴냄 2023년 8월 30일

지은이 홍윤철
펴낸이 권선희

펴낸곳 사이
출판등록 제313-2004-00205호
주소 03938 서울시 마포구 월드컵로 36길 14 516호
전화 02-3143-3770
팩스 02-3143-3774
이메일 saibook@naver.com

ⓒ 홍윤철, 2014

ISBN: 978-89-93178-23-4 03900

● 잘못된 책은 구입하신 서점에서 바꿔드립니다.

질병의 탄생

우리는 왜, 어떻게 질병에 걸리는가

홍윤철 지음

목차

들어가는 글 : 우리는 왜, 어떻게 질병에 걸리게 되었나 9

질병과의 전쟁, 그 시작에 대하여 | 도대체, 지난 1만 년 사이에 무슨 일이 있었던 것일까? | 질병의 원인에 대한 잘못된 착각 | 적응하지 못한 유전자 | 질병은 결국 인류가 스스로 만들어 낸 것 | 이 책의 구성

제1부 : 질병은 어떻게 탄생되었나

01 질병의 원인은 두 가지, 아니 한 가지다 27

생명체의 첫 등장 | 생존의 최대 전략은 최고의 적응 | 유전자 말고 전해지는 것이 또 있다 | 경쟁 이전에 필요한 선행 조건 하나 | 그렇다면, 질병을 일으키는 요인은 무엇인가

02 농업혁명, 질병 시대의 서막을 열다 43

인류의 출현에서 문명 사회로 진입하기까지 | 생활의 변동 폭이 큰 수렵채집인의 삶 | 건강을 위협한 요인들은 시대에 따라 다르다 | 좋지도 않은 질병 시대를 연 농업혁명은 왜 일어난 걸까 | 보다 발전한 문명 시대로 들어섰는데 왜 질병은 더 창궐할까

03 인류의 이동은 질병의 탄생에 어떤 영향을 끼쳤을까 61

인류는 왜 익숙한 곳을 떠났을까 | 인종 간의 차이는 피부색에 그치지 않는다 | 생물학적 이유 때문에 질병에 걸리는 걸까, 환경적인 이유 때문에 걸리는 걸까

04 유전자, 억울한 누명을 쓰다 73

환경에 유리한 유전자가 살아남는다 | 1만 년 전부터 급격한 변화를 요구받는 유전자 | DNA 정보는 단지 설계도이다 | 유전자 혼자 힘만으로 질병이 가능할까 | 질병을 사라지게 할 수 있는 방법

제2부 : 질병을 탄생시킨 8가지 환경 요인

05 드디어, 영양 섭취에 문제가 생겼다 91

식물성 먹거리에서 잡식성으로 | 뇌가 요구하는 것을 모두 들어준 수렵채집인들 | 농업혁명의 배신 | 수렵채집인과 농경 생활자, 질병은 누구를 더 좋아할까 | 드디어, 또 다른 영양학적인 문제에 직면하다

06 질병의 배후에는 기후 변화가 있었다 107

질병을 가져온 출발점 | 따뜻한 기후는 문명을 만들고, 문명은 기후를 변화시키고 | 기후 변화는 질병을 어떻게 좌지우지할까 | 질병은 기온이 올라가길 원할까, 내려가길 원할까 | 존재의 기반을 흔드는 변화

07 만성질환의 유행에 햇빛은 책임이 있을까, 없을까 123

내 피부색과 자외선의 상관관계 | 피부색은 생존을 위한 방어체계 | 결국, 문명화가 피부색을 결정했다 | 햇빛이 품고 있는 영양소, 비타민 D | 만성질환의 유행에 햇빛은 책임이 있을까, 없을까?

08 어떻게 인간은 오래달리기를 가장 잘하게 되었을까 140

인간은 언제부터 달렸을까 | 우리 몸은 달리기에 유리하게 진화되었다 | 빠르게 달릴까, 아니면 오래 달릴까 | 걷기도, 단거리 달리기도 아닌, 오래달리기의 탄생 | 질병을 예방하는 달리기, 질병을 초래하는 달리기

09 술, 그 이율배반적인 역할 154

한 잔의 술, 그 시작은 | 술, 모든 문명에서 받아들이다 | 깨끗한 물과 술에 잘 취하는 유전자는 무슨 연관이 있는 걸까 | 지나친 음주, 질병을 유발하다 | 적절한 수준이라면 음주는 몸에 왜 좋은가

10 우리 몸은 아직, 담배에 적응되지 않았다 168

건강을 위해 담배 한 모금! │ 담뱃잎의 방어 수단에 중독된 뇌 │ 담배 연기 속에는 발암물질이 80종 │ 원하지 않는데도 해야 되는 흡연 │ 우리 몸은 아직 담배에 적응되지 않았다

11 산업혁명, 온갖 질병의 온상이 되다 183

질병 역사의 최대 분수령 │ 산업혁명, 온갖 질병의 무대가 되다 │ 인구는 늘어나고, 식량은 부족하고, 영양 결핍은 심화되고 │ 2차 산업혁명, 과학기술의 발전으로 건강 수준을 높이다 │ 농업혁명을 뛰어넘는 더 큰 문제의 시작

12 화석 연료 사용이 인류에게 남긴 치명적 유산 203

화석 연료 시대로의 진입 │ 독을 품고 있는 석탄과 석유 │ 환경호르몬, 지구상에 등장하다 │ 건강은 환경호르몬에 어떻게 굴복할까 │ 일 년에 2천 개의 새로운 화학물질이 만들어진다

제3부 : 인간이 만든 문명, 문명이 만든 8가지 질병

13 전염병, 병원균의 전성시대를 불러오다 223

병원균이 맘껏 전파될 수 있는 세상이 왔다 │ 폭풍우처럼 몰아친, 세균과 인간의 첫 만남 │ 이방인들의 침입, 그리고 감염 │ 인간이 균형을 깨트리는 주범이다

14 오래된 생물학적 프로그램 때문에 우리는 비만해질 수밖에 없다 240

비만의 유행, 유행, 유행! │ 비만이 잘 발생하는 지역은 따로 있다 │ 우리 몸은 많이 먹어 비축해 두길 원한다 │ 여성들의 다이어트가 힘든 근본적인 이유 │ 비만의 다음 단계는 바로 만성질환

15 당뇨병 유행에 새로운 이유가 추가되고 있다 257

인류가 겪은 당뇨병의 역사 │ 너무나 많이 공급되는 당에 적응하지 못하는 우리 몸 │ 당뇨병은 유전병일까? │ 절약유전자 가설과 절약표현형 가설 │ 아시아가 미국, 유럽보다 당뇨병 위험이 커진 이유는?

16 사는 곳에 따라 고혈압의 위험도는 달라진다 273

수렵채집인 조상들도 고혈압 때문에 고생했을까? │ 악순환의 악순환이 고혈압의 작동 원리 │ 안 좋은 걸 알면서도 우리는 왜 짠 음식에 끌리는 걸까? │ 염분 섭취와 고혈압, 그리고 지역적 차이 │ 스트레스와 운동 부족은 어떻게 고혈압을 유발할까

17 과거에는 유익했던 유전자가 지금은 심혈관질환을 폭발시키고 있다 288

산업혁명 이전에는 전체 사망의 10퍼센트도 차지 못해 │ 심혈관질환의 주범, 동맥경화증의 발생 │ 건강에 유리했던 유전자가 이제는 질병을 일으키는 유전자로 │ 변화된 생활 습관이 원인이다

18 성숙하지 못한 방어체계가 알레르기 질환을 일으킨다 302

익숙지 않은 자극에 대한 미성숙한 반응 │ 유전적 요인 외에 하나 더 있다 │ 한 세대 만에 파도처럼 몰려오는 천식 │ 깨끗한 환경이 오히려 병을 키운다 │ 우리 몸은 왜 이렇게 불필요한 반응을 하는 걸까

19 암, 순전히 인간이 만들어 낸 병 320

질병에 대한 승리가 코앞인 순간에 │ 깨어진 평화 협정 │ 암은 과연 유전될까 │ 왜 지금에 와서 암은 대유행일까 │ 결국, 암은 문명화의 산물

20 현대 사회, 우울증을 키우다 335

옛날에도 우울했다 │ 무엇이 우리를 우울하게 만드는가 │ 우울증은 나를 보호하기 위한 수단 │ 이익이 있기에 우울증 유전자는 살아남았다 │ 그럼에도 우리는 우울해지지 않을 수 있다

맺음말 : 질병은 과연 예방될 수 있을까 350

만성질환 시대를 열다 │ 병든 사람, 병든 지구 │ 질병 예방 전략 3가지

참고문헌 357

찾아보기 374

들어가는 글

우리는 왜, 어떻게
질병에 걸리게 되었나

질병과의 전쟁, 그 시작에 대하여

날씨가 추워져서 겨울로 들어서는 문턱의 어느 날 오후, 뉴스에서는 연일 급격하게 농도가 높아진 미세먼지에 대한 소식이 전해지고 있다. 진료실에는 고혈압을 앓고 있는 중년의 남성이 들어왔고, 그 다음에는 당뇨병을 앓고 있는 노년기에 접어든 여성이 순서를 기다리고 있다. 또 그 옆에는 비만 때문에 고생하고 있는 젊은 여성이 앉아 있다. 그런데 이들이 현재 앓고 있는 질병을 이들의 조상인 증조할머니, 할아버지, 또 고조할머니, 할아버지들도 과연 앓았을까? 아니 시간을 더 거슬러 올라가 우리가 인류의 조상이라고 알고 있는 문명 이전의 수렵채집인들은 과연 이러한 질병을 앓았을까? 사실 우리의 먼 조상은 말할 것도 없고 비교적 가까운 조상이 살았던 시대에도 사람들은 이와 같은 질병을 앓지 않았다. 그렇다면 현대에 살고 있는 우리는 위에서 언급한 질병들에 시달리고 있는데 왜 우리의 조상들은 이러한 병을 앓지 않았을까? 이와 같은 변화 그리고 그 차이는 근본적으로 어떤 이유 때문에 생긴 것일까? 이 책은 이러한 의문에서 시작되었다.

현대 사회의 기술적 진보 덕분에 질병에 대한 진단과 치료 기술은 놀라운 발전을 이루어서 21세기에 들어선 우리는 마치 질병과의 전쟁에서 승리를 거두고 있는 것처럼 보이지만, 사실 인류 역사상 오늘날과 같이 만성적인 질병이 만연한 시대도 없었다. 어쩌면 지금과 같은 진단과 치료 기술 중심의 전략으로는 인류를 질병으로부터 해방시킬 수 없을지도 모른다. 치료 기술의 발전 전략으로 질병을 극복하려 한다면 그것은 마치 거센 물살의 강물을 노를 열심히 저어서 거슬러 올라가려는 것과 같다. 열심히 노를 저으면 어느 정도 거슬러 올라가는 것처럼 느껴지지만 큰 흐름 안에서 보면 오히려 물살에 떠밀려 내려가는 것을 깨닫게 된다.

따라서 강물의 흐름과 같은 인류의 역사를 이해하면서 질병이 어디에서 시작되었는지, 그리고 어디로 가고 있는지를 이해하는 것이 매우 중요하다. 건강과 질병에 대한 이와 같은 〈역사 인식〉이 있어야 이를 해결할 수 있는 기반이 마련될 것이다. 물론 역사를 이해한다고 해서 바로 질병을 극복하는 전략이 나올 것으로 기대하기는 어렵다. 역사의 큰 물줄기의 방향을 바꾸는 것은 단순한 일이 아니기 때문이다. 우리의 존재에 대한 새로운 생각, 우리를 둘러싼 환경과의 하나 됨, 육체적 건강뿐 아니라 정신적 건강의 회복, 또한 과거와 미래의 연결성과 지속성을 만들어 가고 이룰 때 역사의 큰 물줄기는 올바른 방향을 찾을 것이다.

우리는 질병의 양상에 대해 또 그 변천에 대해 생각할 때, 우리 자신에 대해서는 인류를 둘러싼 환경에 적응하는 〈생물학적인 존재〉로서, 또 그와 함께 환경을 변화시키고 새롭게 만들어 가는 〈문화 창조적인 존재〉로서의 측면을 동시에 고려해야 한다. 왜냐하면 인간의 생물학적 특성뿐 아니라 변화된 행동양식 또한 질병의 변천에 크게 영향을 미쳤기 때문이다. 따라서 인간의 역사와 환경, 그리고 질병에 대한 올바른 이해를 바탕으로 할 때 비로소 우리는 질병에 대처하는 전략을 제대로 수립할 수 있을 것이다.

도대체, 지난 1만 년 사이에 무슨 일이 있었던 것일까?

인간은 지구환경에서 탄생했다. 우리는 지구환경의 일부이면서 지구환경을 구성하고 있는 다른 모든 생물체 및 무생물체와 그 환경을 공유하고 있다. 우리가 지구환경을 이용하고 변화시키면 다른 생물체와 무생물체에게도 영향을 미치게 되고 이는 반드시 인간에 대한 영향으로 되돌아온다. 우리는 이러한 상호작용의 관계 속에서 지구라는 환경 안에 거주하고 있는 것이다. 인간은 자신을 둘러싼 환경의 도전을 극복하고 또 변화하는 환경에 끊임없이 적응해 감으로써 건강 상태를 유지한다. 즉, 인간을 둘러싼 〈환경〉을 고려하지 않고는 건강이나 질병을 생각할 수 없는 것이다.

역사를 뒤돌아보면 우리는 과거의 질병 양상에 대한 정보뿐 아니라 질병의 변천과 전파에 미친 인간의 행동양식에 대한 정보도 알 수 있다. 인류는 탄생의 순간부터 수백만 년의 세월을 거치면서 오늘날의 현대인으로 발전해 왔다. 그런데 문명이 발생하고 인류의 생활방식이 수렵채집 생활에서 농경목축 생활로 바뀌면서 한곳에 집단 거주를 하게 된 정착 사회가 형성된 것은 지난 1만 년의 세월을 크게 넘지 않는다. 이 1만 년은 지구환경이 마지막 빙하기를 벗어나면서 유럽과 아시아 등의 구대륙은 온화한 기후를 갖게 된 시기이고, 또한 인류가 최초의 터전인 아프리카 대륙을 벗어나 지리적 대이동을 해 세계 각지로 넓게 퍼진 후에 각 지역에서 살아갈 수 있는 기반을 마련한 시기이기도 하다. 따라서 이 시기는 아프리카에서 오랫동안 살면서 그곳의 환경에 적응해 왔던 인류의 유전자와 그 작동 양식이 새롭게 정착한 각각의 지역에서 크게 조정되는 시기이기도 하다.

그런 의미에서 지난 1만 년의 시기는 오늘날의 인류의 건강에 매우 큰 영향을 끼친 시기였다고 할 수 있다. 〈지리적 팽창〉과 〈문명의 발생〉이 있기 전의 인류의 생활과 그 이후의 생활에는 매우 큰 차이가 있다. 수렵과 채집 생활 시절의 인류는 동물을 사냥하거나 과일이나 견과류, 식량으로 이용할 수 있는 식물류 등을 얻기 위해 한곳에 정착하지 않고 돌아다니는 생활을 했지만 도구와 의복, 거주지 등에서 혁신이 일어나고 농경과 목축을 시작하면서부터는 정착 생활로 바뀌게 되었다. 그런데 그 1만 년 세월의 상당 기간은 대부분의 사람들이 충분히 먹고 여유 있는 생활을 할 수 있었던 기간은 아니었다. 18세기 중엽 산업혁명이 일어난 이후, 즉 길게는 최근 몇 백 년 전에야, 그것도 대부분의 나라에서는 최근 몇 십 년 전에야 비로소 물질적으로 풍족한 생활을 하게 되었다. 이러한 생활환경의 변화는 수백만 년이라는 인류 전체 역사를 놓고 볼 때 최근에 이르러 짧은 기간 동안 아주 급격하게 이루어진 것이어서 인간의 유전자가 그 변화된 환경에 적응하기에는 기간이 너무 짧았다. 인류는 지난 1만 년간 이와 같이 두 번의 큰 혁명적 변화를 겪었는데 수렵채집 생활에서 농경 생활로 전환된 농업혁명과 최근의 산업혁명이 바로 그것이다. 두 번에 걸친 이 큰 변화는 오랜 기간에 걸쳐 형성된 인류의 〈환경과 유전자의 조화로운 관계〉를 크게 흔들어 놓게 되었다. 결국 질병이 탄생하게 된 무대가 만들어진 것이다.

질병의 원인에 대한 잘못된 착각

진화론은 찰스 다윈의 위대한 업적인 『종의 기원On the origin of species』 이후 인류가 현대인인 호모 사피엔스까지 진화해 온 경과를 이해하는 데 커다란 기여를 했다. 그러나 진화론에 기반한 단순한 이해만으로는 오늘날 인류가 갖게 된 만성질환의 유행을 충분히 설명할 수가 없다. 인류가 자연선택의 법칙, 즉 주어진 환경 조건에 적응하는 개체는 살아남고 그렇지 못한 개체는 저절로 사라진다는 법칙에 따라 진화해 왔다면 현재 우리가 갖고 있는 유전자는 과거보다 우수해져서 지금은 훨씬 더 건강하고 질병에 덜 걸려야 한다. 그렇다면 우리 주위에 흔히 볼 수 있는 질병을 갖고 있는 수많은 환자는 어떻게 된 것인가? 왜 우리는 아직도 병원균에 감염이 되는 것일까? 왜 천식이나 아토피 같은 비정상적인 면역 반응에 의한 질환은 점점 더 증가하는 것일까? 왜 암 발생은 더 늘어나고 있으며, 당뇨병이나 고혈압을 앓는 사람은 그렇게도 많은 것일까?

질병의 발생을 과연 진화론만으로 설명할 수 있을까? 진화론의 논리대로 모든 생물학적 현상은 유전자의 발현에 의해 나타나는 것이라고 본다면 오늘날 만연해 있는 인류의 질병도 유전자가 초래한 것이다. 특히 현재의 인류의 유전자는 오랜 기간의 자연선택 과정을 거쳐 살아남은 우수한 유전자인데 어떻게 이러한 우수한 유전자가 질병을 일으키는지 설명되어야 한다. 더욱이 왜 오늘날 고혈압, 당뇨병, 암과 같은 여러 가지 만성질환이 점점 더 많아져서 대유행을 겪고 있는지 그 이유 역시 유전자에 의해 설명될 수 있어야 한다.

진화생물학의 입장에서는 유전자의 변이가 끊임없이 일어나기 때문에 이것이 질병으로 나타나는 것이라고 말할지 모른다. 또 어떤 학자는 인구가 증가하면서 유전자의 변이 역시 많아지기 때문에 질병에 걸리기 쉬운 취약한 유전자가 더 많이 생긴다고 주장하기도 한다. 무엇보다도 자연선택은 후손을 낳는 생식 능력 시기까지만 영향을 미치기 때문에 그 이후에 생기는 만성질환은 예측할 수 없는 것이라고 주장할지도 모른다. 그러나 이러한 주장을 모두 인정한다 하더라도 만성질환이 단순히 발생하는 것뿐 아니라 급속도로 증가하는 이유는 어떻게 설명할 수 있을까? 특히 질병의 절대 수가 증가하는 것뿐만 아니라 인구 집단 내에서 질병을 갖고 있는 사람의 비율이 증가하는 것은 유전자의 변이만으로는 설명할 길이 없다. 예를 들어 고혈압은 많은 사람들이 갖고 있는 질병이고 특히 노령 인구에서는 거의 절반이 갖게 되는 질환이다. 이러한 고혈압 발생의 증가를 자연선택 이론 혹은 유전자의 변이만으로 설명할 수 있을까?

특히 오늘날처럼 사람의 유전자가 모두 해독되어 있고 유전자 전체를 대상으로 각 유전자 변이와 질병 발생의 관련성이 연구되고 있는 시점에는 이 점이 명확히 밝혀질 수 있었어야 한다. 그런데 실제로 고혈압과 같이 사람들에게 흔히 발생하는 만성질환의 경우 특정 유전자 때문에 그 질병이 발생한다고 분명히 밝혀진 바가 없다. 오히려 최근의 유전자 연구를 통해 유전자 변이와 질병의 관련성 내지 기여 정도는 매우 적다는 것이 분명해졌다. 이는 오늘날 흔하게 발생하는 질병은 유전자의 변이가 주도하여 초래하는 것이 아니라는 것을 나타내는 것이다.

적응하지 못한 유전자

현대인의 질병은 인간을 둘러싼 〈환경 요인〉의 영향이 크다. 그 중에서 가장 중요한 요인은 문명화와 더불어 크게 변한 인간 자신의 행동 양식일 것이다. 인간이 주변 환경에 영향을 주고 지배적으로 관리하기 시작한 것은 농경이 시작된 이후라고 볼 수 있는데, 이때부터 그 이전에 나타났던 질병의 양상과는 전혀 다른 새로운 질병이 나타나게 되었다. 인간이 환경에 영향을 미쳐서 환경 변화를 초래하면 바뀐 환경이 다시 인간의 질병 발생에 영향을 미쳤기 때문이다. 농업혁명을 계기로 인류는 〈새로운 질병의 세계〉로 발을 들여놓게 된 것이다.

인류는 아프리카 대륙에서 나오면서 오랫동안 적응해 왔던 익숙한 지역을 벗어나 새로운 환경에 직면하게 되었는데, 새로운 환경과의 조우란 아직 적응하지 못한 새로운 병원균에 대한 노출을 의미하기도 한다. 인류가 겪은 최종 빙하기는 1만 2천 년 전쯤 끝났고 그 이전에는 수렵과 채집으로 삶을 영위하다가 기후가 온난해지면서 중위도 지역에 더 이상 빙하가 없게 되자 농사를 짓기에 적절한 환경이 만들어지면서 인간은 문명을 만들기 시작했다. 주거지가 형성되고 집단 거주가 시작되면서 사람들은 상대적으로 밀폐된 구역에 모여서 살게 되었고, 농경과 더불어 목축 또한 시작되면서 동물이 가축화되어 인간과 동물과의 접촉이 늘게 되었다. 즉 병원균이 동물과 사람 사이에, 사람과 사람 사이에 전파되기 쉬운 환경으로 변화하게 된 것이다.

중세 이후 대항해 시대에 들어서면서는 지역 간의 적극적인 교류와 침략으로 익숙지 않은 새로운 환경에 맞닥뜨리게 된 사건들이 더욱 많이 생겨나게 되었고 대부분 그러한 상황은 질병의 유행과 전파를 동반했다. 게다가 현대에 들어와서는 운송 수단의 발달로 지역 간 경계의 벽이 사라지게 되면서 병원균에 의한 질병의 전파가 순식간에 일어날 수 있는 상황이 되었다. 더 심각한 것은 오늘날에는 병원균뿐 아니라 산업화되면서 인간이 만들어 낸 수많은 새로운 화학물질에 대한 노출까지 급격하게 늘어나게 되었다는 것이다. 현대 사회로 들어오면서 접하게 된 새로운 화학물질은 선행인류까지 포함해서 우리 인류가 수백만 년 동안 단 한 번도 노출된 적이 없는 완전히 새로운 물질이다. 이러한 화학물질은 마치 병원균처럼 교류와 접촉에 의해 유행과 전파를 초래할 수 있는데 병원균에 대한 노출보다 건강에 훨씬 광범위하고 심각한 영향을 줄 수 있다. 농업혁명 이전에 수백만 년 동안 고착화된 식습관과 신체 활동, 생활 습관과 자연환경 역시 인류가 대이동을 하면서 세계 각 지역으로 흩어져 살게 되면서 변화하기 시작했고 문명화된 이후에는 더욱 급격하게 변화되었다. 특히 문명은 술과 담배같이 문화적 수용성이 매우 높아서 급속도로 퍼져 나갔던 생활 습관 요인들을 창출하기도 했다.

 이렇게 문명화되면서 변화된 생활환경이 우리의 건강을 위협하는 요인으로 등장하게 되었는데 여기서 중요하게 고려해야 하는 것은 〈유전자의 적응〉이다. 유전자에는 본질적으로 개인 간 차이가 존재한다. 그 차이는 인간의 건강을 위협하는 요인에 직면했을 때 그 요인에 적응하는 데 유리한 유전자 변이가 살아남는 자연선택이라는 과정을 거치게 해준다. 이를 통해 그 요인에 적응하거나 극복하는 것을 가능하게 해주어 인류가 지속적으로 존재할 수 있었던 것이다. 따라서 유전자 변이에 기초한 자연선택이 문명 이전 시기에 인류가 환경에 적응하는 가장 중요한 방식이었을 것이다. 한편 환경에 대한 유전자의 적응은 유전자 코드가 변하는 유전자 변이만이 아니라 유전자가 작동하는 프로그램에 의해서도 이루어질 수 있다. 즉 유전자 코드는 변하지 않더라도 주어진 새로운 환경에 대응하여 유전자 작동 방식이 달라질 수 있는 것이다.

그런데 문제는 수렵채집 사회에서 농경 사회로의 전환, 즉 문명이 시작된 시기는 지금으로부터 대략 1만 년 전이고 또 인류의 이동과 교류가 활발하게 된 시기는 몇 백 년 전에 불과하며 오늘날과 같은 생활환경이 만들어진 시기는 몇 십 년 전이라는 점이다. 하지만 인간의 유전자는 그렇게 빨리 변화될 수 없다. 오랜 세월 지속된 환경에 맞춰 적응해 온 유전자는 환경의 급격한 변화 속도를 따라갈 수가 없다. 결국 새로운 환경과 그 환경에 우리의 유전자가 적응하기까지는 상당한 〈시간 차〉가 존재하기 때문에 유전자가 미처 새로운 환경에 적응하지 못한 상태가 나타나게 된 것이다. 지난 1만 년의 시간을 산업혁명을 기점으로 다시 나누어 보면 대체로 농업혁명 이후부터 산업혁명까지의 시기는 각 지역에 정착하면서 주어진 환경의 변화에 유전자가 그나마 일부 적응할 수 있었던 시기였으나, 산업혁명 이후의 불과 몇 백 년이라는 짧은 기간은 유전자 변이에 의한 적응뿐 아니라 유전자 작동 프로그램에 의한 적응이 일어나기에도 그리 충분한 시간이 아니었다. 따라서 인류의 질병의 시작은 농업혁명으로 시작된 문명과 함께 나타나기 시작했지만 오늘날의 대부분의 질환은 산업혁명 이후에 크게 증가되었다고 볼 수 있다.

질병은 결국 인류가 스스로 만들어 낸 것

세계보건기구에서는 건강이란 단순히 질병이 없는 상태가 아니라 신체적, 정신적, 사회적으로 안녕한 상태라고 하였다. 다시 말하면 건강이란 우리 몸을 구성하는 모든 단위, 즉 분자, 세포, 그리고 각 기관이 인간이 생활하는 환경에서 최대한 기능을 발휘하게끔 유기적으로 구성된 상태를 말한다. 우리 몸의 각 단위는 독립적으로 혹은 때로는 서로 연결되어 주어진 환경에 적응하면서 발전해 왔다. 이러한 각 단위가 어느 수준에서 환경에 적응하지 못하고 제대로 기능을 못할 때 건강하지 못한 상태, 즉 질병이 발생하는 것이다. 따라서 건강이란 우리를 둘러싼 환경에 우리 몸이 갈등과 충돌 없이 적응할 때 확보되는 것이다. 거꾸로 불건강 혹은 질병은 생물체든 무생물체든 주어진 환경과 조화를 이루지 못해 갈등 관계가 형성될 때 발생하는 것이다.

  인류의 건강은 긴 역사를 통해 유전자가 변화되는 환경에 적응하며 생존력을 극대화하는 과정에서 확보되었다. 물론 여기서 말하는 환경이란 어떤 주어진 상태가 아니라 생명체와 비생명체의 끊임없는 상호작용을 통해 계속해서 변하는 것이기 때문에 한 번 적응했다고 해서 끝나는 것이 아니라 계속해서 새롭게 적응해야 하는 것이다. 말하자면 건강이란 〈환경에 최적화하여 적응된 상태〉를 말하는 것이나 환경 자체가 끊임없이 변하기 때문에 항상 불건강한 상태를 만들어 낼 소지가 있는 것이다. 새로운 환경은 이전의 환경에 최적화된 유전자에게는 낯선 환경 조건이며 그 환경에는 유전자가 아직 충분히 적응하지 못한 상태이기 때문에 그 〈부적응〉이 질병이나 사망으로 나타날 수 있는 것이다. 역사의 긴 흐름 속에서 보면 적응하지 못한 개체는 탈락하게 되고 잘 적응한 개체가 살아남아 번식하는 방식으로 환경에 대한 적응이 이루어졌다.

따라서 건강이란 어떤 개체가 단독으로 이루어내거나 성취할 수 있는 것이 아니라 환경과의 관계 속에서 〈적응〉이라는 과정을 통해서 끊임없이 형성해 나가는 것이다. 이런 의미에서 계몽주의적 시각, 즉 인간이 중심이 되어 환경을 객체화하여 바라보는 시각은 건강이라는 개념에 있어서 분명한 한계가 있다. 계몽주의적 시각은 인간을 중심으로 질병이라는 객체를 바라보고 그 질병의 원인을 찾아서 제거함으로써 질병을 극복한다는 생각이지만 이 생각은 근본적으로 건강에 대한 개념을 잘못 세웠다고 볼 수 있다

예를 들어 14세기 유행 당시 유럽 인구의 3분의 1가량을 사망으로 이끈 페스트를 보면 그 발병 원인은 예르시니아균Yersinia pestis에 의한 감염이다. 따라서 이 균을 죽이는 항생제를 개발함으로써 인류는

참담한 피해를 주었던 페스트의 위협으로부터 벗어나게 되었다고 해도 틀린 말이 아니다. 그러나 이런 시각으로 질병을 바라보는 것은 전체의 맥락 중에서 일부밖에 보지 못하는 것이다. 페스트의 경우, 중세에 인적 교류가 활발해지고 사람의 주거 환경이 바뀌면서 숙주인 쥐와 페스트균이 안정적인 관계를 유지하지 못하게 되면서 사람 및 다른 가축에게까지 균이 전파되어 감염을 일으켰다는 역사적 맥락을 이해해야만 한다. 거기에다 이러한 새로운 감염은 페스트균의 입장에서나 사람의 입장에서나 새로운 경험이기 때문에 적응하지 못한 혹은 낯선 환경이었던 것이다.

대개 새로운 환경에서 세균은 매우 치명적인 성격을 갖게 된다. 이렇게 세균과 인간의 첫 번째 조우가 치명적인 결과를 낳은 예는 남아메리카에 천연두가 처음 전파되었던 사례에서도 볼 수 있다. 얼마 되지 않는 수의 스페인 병사들이 자신들보다 수백 배 이상의 용사들을 갖춘 아스텍 제국을 공격해 승리할 수 있었던 이유는 스페인 병사들이 옮긴 천연두 때문에 아스텍 용사들의 상당수가 사망했기 때문이다. 스페인 병사들은 천연두를 일으키는 병원균을 이미 접해 보았기 때문에 적응이 되어 있었지만 아스텍 용사들에게는 처음 접하게 된 세균이기 때문에 대응할 시간도 없이 당하게 된 것이다.

이처럼 새로운 환경은 그것이 세균이든 화학물질이든 혹은 생활 습관이든 간에 인간에게는 한 번도 접해 보지 못한 환경을 제공하는 것이어서 부적응이라는 문제를 드러내어 질병으로 표출시킨다. 즉, 질병의 원인이 사람에게 들어와서 병을 일으킨다기보다는 인간의 유전자가 변화된 환경에 적응하지 못한 부적응 상태가 질병을 일으키는 것이다. 오늘날 환경에 대한 이러한 부적응은 고혈압, 당뇨병, 알레르기 질환, 암과 같은 질병의 유행으로 나타나고 각 개인뿐 아니라 인류 전체의 위기로 다가오고 있다. 결국 인간이 문명을 만들었고 문명은 질병을 만들어 인간을 죽음으로 몰고 있는 것이다. 오늘날 현대인이 앓고 있는 질병은 인류가 스스로 만들어 낸 것이다.

이 책의 구성

이 책에서는 세 가지 초점을 갖고 질병의 탄생에 대해 설명하고자 한다. 첫째, 인류의 유전자는 인류가 생활해 온 환경과는 별개로 독립적으로 진화해 온 것이 아니라 환경에 적응하면서 형성되었다는 사실이다. 둘째, 1만 년 전 수렵채집에서 농경목축으로 생활양식이 전환되면서 시작된 문명화 이전 시기에는 인류의 조상에게서 오늘날 우리가 흔히 보는 만성질환은 찾아보기 어렵다는 것이다. 그리고 셋째, 인류는 농업혁명과 산업혁명의 두 가지 커다란 혁명적 환경 변화를 거치면서 새로운 환경을 맞이하게 되었고 유전자가 이 새로운 환경에 적응하는 데에는 시간이 걸리기 때문에 질병이 출현하게 되었다는 것이다.

이 책의 구성은 크게 3부로 나뉘어져 있다. 1부에서는 유전자와 환경의 관계를 살펴보면서 인류의 출현과 지리적 대이동, 그리고 그 과정에서 겪었던 수백만 년의 환경적 변화와 이에 대한 유전자의 적응을 다룰 것이다. 2부에서는 인류의 생활환경을 크게 변화시켜 질병을 탄생시킨 8가지 주요 요인을 다룰 것이다. 즉 먹거리, 기후 변화, 햇빛, 오래달리기, 술, 담배, 산업혁명, 화석 연료 등을 하나하나 살펴볼 것이고, 이 요소들이 인류의 건강에 어떠한 영향을 끼쳐 왔는지를 함께 다루어서 환경적 변화가 결국 질병을 어떻게 초래하게 되었는지를 밝혀볼 것이다. 3부에서는 오늘날 인류가 겪고 있는 8가지 주요 질병을 살펴볼 것이다. 전염병과 함께 현대인의 대표적 질환들인 비만, 당뇨병, 고혈압, 심혈관질환, 알레르기 질환, 암, 그리고 우울증 등을 하나씩 살펴보면서 왜 이 질병들은 문명 이후, 특히 현대에 들어와서 갑자기 증가했는지, 그렇게 되는 데는 어떠한 요인이 어떻게 작용했는지 그 이유와 배경 등을 다룰 것이다. 맺음말에서는 이러한 질병을 치유하고 예방할 수 있는 방법과 전략 등에 대해서 간략히 살펴볼 것이다.

이 책에서 인류의 여정을 뒤돌아보면서 현재와 미래의 질병에 대해 생각해 보고자 한 이유는 한 개체 단위의 독립된 생명의 범주를 넘어서 인류라는 큰 틀 안에서 서로가 얽혀져서 변화되는 과정 속에서 질병의 발생을 보아야 한다는 생각에서였다. 지구는 워낙 작은 위성에 불과하고 지구환경은 상대적으로 밀폐된 것이어서 우리가 지구환경에 주는 변화는 다시 우리의 건강과 생존환경에 대한 위협으로 다가올 수 있다. 지구환경과 인류의 공존성에 대한 이러한 이해야말로 인류의 지속적인 삶을 위해 반드시 필요하다. 미래에도 인간은 지구상의 가장 뛰어나고 선도적인 종일 것이지만 우리가 가진 지혜를 모을 때만이 다양하면서 지속 가능한 환경이 우리의 미래 세대에게도 열릴 것이다.

제1부

질병은
어떻게
탄생되었나

01

질병의 원인은
두 가지,
아니 한 가지다

생명체의 첫 등장

인류는 어디에서 왔을까? 또 우리가 살고 있는 이 지구는 언제 어떻게 만들어졌을까? 우리가 살아온 역사와 환경, 그리고 인류의 건강과 질병을 살펴보려면 이 질문에 대한 답부터 구해야 한다. 인류가 시작과 끝이 없는 무한한 시간 속에서 변하지 않고 살아가는 생명체가 아니라면 반드시 그 시작이 있었을 것이며 또한 어디론가 가고 있을 것이기 때문이다.

지구는 46억 년 전에 물이 없는 암석 덩어리로 처음 만들어졌다. 이후 태양 활동과 거대 혜성과의 충돌로 물이 생기고 가스가 생성되었다가 안정화된 이후에 오랜 기간 생물학적인 과정을 거치면서 오늘날의 대기가 형성되었다. 초기의 대기는 수증기, 이산화탄소, 일산화탄소, 질소, 염소, 수소 등으로 이루어져서 산소가 20퍼센트 정도 차지하고 있는 오늘날의 대기와는 많이 달랐다. 산소는 상당한 시간이 흐른 이후에야 녹조류에 의해 물에서 분해되어 나와 지층과 지표면의 대기에 쌓이게 되었다. 또 성층권은 오존층을 형성해 지구 표면에 강력한 자외선이 지나치게 들어오는 것을 막는 역할을 하게 되었다. 산소나 오존층은 생명체에게 기본적인 생존 조건을 제공해 주었다.

지구상의 생명체는 35억 년 전쯤부터 나타나기 시작했다. 첫 생명체는 아마도 작은 분자들이 결합해 만들어진 핵산이라는 단순한 형태였을 것이다. 무생물에서 탄생한 이 최초의 생명체는 놀라운 능력을 가졌는데, 그것은 바로 스스로를 복제할 수 있는 능력이다. 다시 말해 복제를 통해 정보의 전달을 시작한 것이 생명체의 시작인 것이다. 핵산들은 서로 연결되어 다양한 형태를 만들어 내면서 경쟁했는데 보다 환경에 잘 적응해 살아남는 데 유리하게 된 형태가 경쟁에서 우위를 차지하면서 자손을 더 많이 퍼뜨리는 방식으로 변화되어 왔다. 이러한 과정을 거치면서 오랜 시간이 지난 후 대사체계를 갖춘 첫 단핵세포가 탄생했을 것으로 추정된다.

기본적으로는 핵산이 어떤 순서로 연결되었는지에 따라 세포의 기능과 형태가 결정된다. DNA라고 불리는 이중나선의 핵산은 연결되는 순서에 따라 생명체의 구조와 기능을 결정하는데 우리는 이것을 유전자라 한다. DNA 대신에 RNA라는 하나의 핵산염기서열만을 갖고 있는 바이러스가 예외적으로 있긴 하지만 대부분의 생명체는

DNA라는 유전자를 갖고 있다. 단백질은 생명체의 기능을 수행하는 역할을 하는데, 여기서 기능이란 생명체가 주어진 환경에서 생존하고 번식해 나가는 것을 말한다. 그런데 단백질을 만들어 내는 정보를 유전자가 갖고 있고 유전자는 다음 세대에게 전달되기 때문에 유전자가 주어진 환경에 적응하면서 다음 세대에게 정보를 전달하는 핵심적인 역할을 한다고 볼 수 있다.

생명이 어떻게 시작되었는지 구체적으로 알아낼 방법은 없어 보인다. 단지 생명이 처음 시작된 환경은 아마도 물이었을 것이고, 그 생명의 시작은 단 한 번의 특별한 사건, 즉 창조의 사건에 의해서 이루어졌을 것이다. 첫 번째 생명체는 이후 아주 특별한 일을 했는데, 그것은 유전 물질을 다음 세대에게 물려줌으로써 후손을 만들었고 그 단 하나의 생명이 지구상의 모든 생명체의 기원이 된 것이다. 그리고 이 생명은 오랜 시간이 지난 후에 인류에게까지 전해졌다.

생존의 최대 전략은 최고의 적응

생명체를 만들어 내고 복제할 수 있는 기본 단위인 유전자가 작동을 하면서 주어진 환경에 보다 잘 적응할 수 있는 더욱 복잡한 생명체로의 진화가 시작되었다. 유전자는 세포라는 든든한 테두리 안에 자리를 잡게 되었고 다시 그 속에서 세포핵에 모이게 되었다. 세포에는 여러 가지 기능을 하는 세포 기관이 만들어져서 세포는 보다 복잡한 생명체로의 진화가 가능하게 되었다. 서로 다른 세포들이 협력해서 특정 조직을 만들어 내면서 다양한 기관들이 생겨나게 되었고, 이를 바탕으로 고등 생명체의 유기적인 생물학적 체계가 만들어졌다.

생명체들은 자연선택의 압력에 의해 환경에 보다 잘 맞는 방향으로 변화하게 되었다. 그러나 환경적인 변화를 견디지 못하는 생물체는 그 수가 줄어들거나 멸종되었다. 환경 또한 생물체의 영향으로 변화하여 왔다. 즉, 대기환경의 변화가 생물체의 대사활동에 의해 초래된 것과 같이, 우리가 사는 환경은 그 자체가 상당 부분 생명체의 활동에 의해 변화되어 온 것이다. 우리가 아름답다고 느끼는 수풀과 동식물 등 자연환경의 상당 부분은 생명체에 의해 만들어진 것이고 생명체는 유전자에 의해 만들어졌기 때문에 환경은 유전자와 별개로 볼 수가 없는 것이다.

따라서 생명체는 유전 물질의 전달체이지만 고정된 것이 아니라 끊임없이 지구의 역사를 통해서 변천과 분화를 지속해 왔다. 그리고 이러한 변화는 다양한 지구환경에 조응하면서 환경의 변화에 따라 자연선택의 과정을 통해서 이루어졌다. 즉 지구환경에 보다 잘 적응된 형태의 생명체가 살아남게 되었고 그러한 생명체를 만들 수 있는 유전자만이 후세에 전달된 것이다. 유전자는 생명을 이루는 핵심이며 복제를 통해 끊임없이 전달되는 물질이지만 환경에 적응하면서 변해 왔다. 따라서 유전자는 현재까지의 환경에 가장 잘 적응된, 다시 말하면 현재까지 환경의 역사적 경험을 간직하고 있는 것이다.

한편 다윈이 종의 진화를 이야기하면서 모든 생물체는 연결되어 있고 현재 존재하는 생물종은 앞서 존재했던 생물종이 생존에 보다 유리한 방향으로 변화되면서 출현한 것이라는 놀라운 이야기를 했을 때, 다윈이 유전자 변이에 대해서 잘 알고 있었던 것은 아니다. 또한 멘델이 유전을 이야기하면서 콩의 모양이나 색깔을 결정하는 요소가 다음 세대로 전달되어 콩의 모양과 색깔을 결정한다는 중요한 이야기를 했을 때, 멘델은 왜 서로 다른 모양이나 색깔의 콩이 있는지에 대해서는 설명하지 않았다. 사실 다윈과 멘델은 끊임없이 만들어지는 유전자 변이와 그 중에서 자연환경에 보다 잘 적응된 유전자만이 살아남아 번식을 잘하게 된다는 자연선택 이론의 가장 큰 기초를 다졌다고 할 수 있다. 이와 같이 다윈은 모든 생물들이 공통 조상을 갖고 서로 연관되어 있다는 것을 알아냈고 멘델은 그런 일들이 어떻게 가능한지 설명할 수 있는 메커니즘을 제시했지만 동시대에 살면서도 두 사람이 서로 교류를 하거나 자신들의 주장과 연결시키지는 못했던 것 같다. 실제로 이렇게 세대 간에 전해지는 요소가 유전자이고, 유전자는 고정된 상태가 아니라 다양한 변이를 하면서 끊임없이 변한다는 사실이 알려진 것은 아주 최근의 일이다.[1]

다윈이 이야기한 자연선택은 주어진 환경에 보다 잘 적응할 수 있는 개체가 자손을 더 많이 퍼트릴 수 있다는 것이고, 다음 세대는 이러한 〈환경 적응성〉을 얻은 상태로 태어난다는 것이다. 다윈이 비글호를 타고 항해하던 중 갈라파고스 군도에 내려 관찰한 핀치새 부리의 다양한 생김새는 자연선택 이론의 기초가 되었다. 즉, 같은 핀치

새라 하더라도 갈라파고스 군도의 서로 다른 섬에 살게 되어 주어진 먹이환경이 달라지게 되었을 때 부리 모양은 각 섬의 특성에 맞게 적응되어 있다는 것을 관찰하게 된 것이다. 이후 다윈은 각각의 환경에 보다 잘 적응할 수 있는 부리 모양을 갖고 태어난 핀치새가 경쟁에서 유리해지면서 먹이를 더 잘 먹을 수 있게 되었고 따라서 자손을 더 많이 퍼트림으로써 자연적으로 선택된다는 것을 주장하게 되었다.[2]

이 이론은 유전자의 변이가 끊임없이 일어나고 이 중 주어진 환경에 더 잘 적응할 수 있는 생체 구조 또는 기능을 갖게 하는 유전자 변이를 가졌을 때 더 많이 자손을 퍼트림으로써 선택된다는 이론으로 발전되었다. 그런데 유전자와 관련된 연구들이 최근에 활발하게 진행되면서 새로운 사실들이 밝혀지기 시작했다. 그것은 유전자 변이만이 아니라 유전자 발현을 조절하는 프로그램까지 다음 세대에 전달될 수 있다는 사실이다. 유전자 구조의 변화는 없다 하더라도 환경조건에 의해 유전자가 나타내는 기능이 변할 수 있으며 이렇게 변한 기능이 다음 세대로 전달될 수 있다는 것이다.

유전자 말고 전해지는 것이 또 있다

각 세포마다 길이가 2미터나 되는 유전자 코드가 촘촘하게 감겨서 세포 안의 핵 속에 들어가 있는데, 아주 조밀하게 감긴 실타래 같은 그 유전자 코드를 해독하여 단백질을 만들어 냄으로써 세포는 기능을 하거나 외부의 자극에 반응을 한다. 이 과정은 조밀하게 들어가 있는 유전자 코드가 조금씩 풀렸다 감겼다 하면서 RNA라는 물질에 의해 해독되면서 단백질을 만들어 내는 과정이다. 그리고 이 작동 과정을 관장하는 시스템이 DNA 메틸화, 히스톤 단백질의 디아세틸화, 그리고 마이크로 RNA와 같은 후성유전학적 기전이다. 후성유전이란 다음 세대에 전달되어 나타나는 변화가 유전자 코드의 서열 변화 때문에 생기는 것이 아니라 세포 안에서 유전자 발현이 달라지면서 초래되는 현상을 말한다. 이런 시스템이 존재하는 이유는 유전자를 보호하면서 특정 유전자는 발현되고 다른 유전자들은 발현되지 않게끔 조절하기 위해서다. 유전자 코드는 같아도 유전자 발현을 조절하는 상태가 서로 다르게 전달되면서 다음 세대에서 기능이나 구조에 변화가 초래되는 것이다.

따라서 환경과 유전자가 서로 주고받으면서 인체에 영향을 미치는 방법 중에는 유전자 변이에 기초한 자연선택뿐 아니라 이렇게 유전자 발현을 다르게 함으로써 영향을 주는 후성유전학적인 방법도 있나. 후성유선학석인 기전 중 메틸화 방법을 예로 들어보자. 이 기전에 의하면 새로운 환경 노출에 따라 DNA가 메틸화되는 정도가 변할 수 있는데, 이렇게 변한 메틸화 상태가 안정적으로 유지되어 다음 세대에까지 전달될 수 있다는 것이다. 그렇게 되면 같은 유전자를 물려받은 다음 세대 중에 메틸화 상태에 따라서 나타나는 영향이 달라질 수 있다. 따라서 후성유전학은 주어진 환경에 보다 잘 적응할 수 있는 유전자 변이가 선택되어서 다음 세대로 전달될 확률이 높다는 자연선택 이론에 중대한 도전장을 내미는 것이다.

사실 같은 유전자라 하더라도 환경에 의해 조절되면서 전혀 다른 표현형으로 나타난다는 것은 이미 인체 각 조직의 세포 분화를 통해 잘 알려져 있다. 간세포나 심장근육세포는 세포 내의 유전자는 완전히 똑같지만 세포의 모양과 기능은 서로 다르다는 것을 쉽게 확인할 수 있다. 세포 단위가 아니라 개체 수준에서도 같은 유전자가 환경적인 요인이 달라지면 다른 표현형으로 나타난다는 것은 곤충의 변태를 통해서도 알 수 있다. 이런 현상은 유전자가 같은 구조를 가졌다 하더라도 유전자가 처한 환경 요인이 변화되면서 유전자 발현에 차이가 생기기 때문이다. 그리고 이러한 현상, 즉 환경적인 영향으로 사람의 유전자 발현에 차이가 나타나고 그 차이를 내는 유전자 조절 프로그램이 다음 세대로 전달될 수 있다는 것이 최근에 여러 연구들을 통해 밝혀지고 있다.

아구티쥐agouti mouse를 이용한 실험은 이와 관련된 아주 흥미로운 결과를 보여주었다. 같은 유전자를 가졌음에도 유전자가 후성유전학적 변화에 의해 다르게 표현되는 것을 잘 보여주었기 때문이다. 아구티쥐는 털 색깔이 A^{vy} 유전자의 메틸화 정도에 따라서 달라지는데 이 유전자의 메틸화가 부족하게 되면 노란색을 띠다가 메틸화가 과도하게 되면 갈색 계통으로 바뀐다.[3] 그리고 엽산이나 비타민 B12 등과 같이 메틸화를 증가시키는 음식을 어미쥐에게 많이 먹였더니 새끼쥐들의 털 색깔이 갈색으로 바뀌게 되는 것을 관찰할 수 있었다. 이는 어미의 영양 상태와 같은 환경 조건이 후성유전학적 변화를 주어 새끼의 유전자 발현에 영향을 준다는 것을 보여준 것이다.[4] 이와 같은 후성유전학적 환경 적응은 살아가면서 획득한 형질이 다음 세대로 전달될 수 있다는 것으로도 볼 수 있다.

환경에 대한 적응은 유전자 변이가 주도하는 자연선택이 중심이긴 하지만 이처럼 유전자 발현 조절 기능인 후성유전학적 방법을 또 하나의 방법으로 두었다고 볼 수 있다. 말하자면 유전자 변이가 자연선택의 기본적인 수단이라면 환경에 보다 잘 적응하기 위해 이를 보완하는 방법으로 후성유전학적인 유전자 발현 조절이 있고, 유전자 변이만이 아니라 유전자 발현 조절 프로그램도 다음 세대로 전달된다는 것이다. 예를 들자면 추운 겨울을 겪은 세대는 후손에게 유전자를 전달할 때 추운 겨울을 대비할 수 있도록 털이 더 조밀하게 나게끔 하는 유전자 발현 조절 프로그램을 전달할 수 있다는 것이다. 이는 유전자 변이에 의해 털이 더 조밀하게 있는 후손이 선택되는 것보다 훨씬 빠르게 변할 수 있기 때문에 환경에 대한 적응을 보다 쉽게 할 수 있는 장점도 가진다.

유전자 변이는 부작위적으로 발생된 이후에 이 중에서 유리한 유전자가 선택되는 자연선택 과정을 거친다. 다시 말하면 환경이 주도하여 유전자 변이를 초래하지는 않는다. 이에 비해 후성유전학적 변화는 환경에 잘 적응된 획득형질이 유전되는 것이기 때문에 처음부터 환경에 대한 적응성을 갖게 된다. 하지만 후성유전학적 변화는 유전자 변이에 비해 안정성이 떨어지는 측면이 있다. 유전자는 매우 안정적인 분자이지만 유전자 발현 조절 프로그램은 그리 안정적이라고 할 수 없기 때문이다. 그래서 후성유전학적 변화는 주어진 환경에 보다 다양하게 적응할 수 있는 유연성은 크지만 안정성이 떨어지기 때문에 자연선택의 기본 방법이 되기는 어려웠을지 모른다. 하지만 환경에 대한 적응의 측면이라는 점에서 보자면 유전자 변이에 의한 자연선택이나 후성유전학적 변화 모두 환경에 보다 잘 적응하기 위한 변화라는 측면에서 굳이 서로 다르다고 할 이유가 없을지도 모른다.

경쟁 이전에 필요한 선행 조건 하나

유전체는 한 종 혹은 한 개체 내에 있는 유전자 전체 세트를 의미하는데 인간에게는 약 3만 개 정도의 유전자가 있는 것으로 알려져 있다. 따라서 각 개별 유전자는 같은 유전체 내에 들어 있는 다른 유전자들과 이웃하여 살면서 서로 정보를 주고받고 협력하여 어떤 구조를 만들거나 기능을 발휘한다. 개별 유전자의 입장에서는 다른 유전자들은 동시대를 살고 있는 이웃이기도 하면서 자신의 역할을 위해 활용하는 환경이기도 하다.

최초의 자기복제 유전자가 탄생된 이후 유전자는 끊임없이 스스로를 복제하면서 살아왔다. 그런데 자기복제는 완전하지 않아서 조금씩 다른 변이들이 나타났고 그 변이들은 원래의 유전자보다 더 우수한 유전자를 만들어 내기도 했다. 우수한 유전자는 스스로를 더 많이 복제하면서 살아남았고 그렇지 못한 유전자는 사멸되어 갔다. 이렇게 유전자들 사이에서도 생존을 위한 경쟁이 치열한데 이와 같이 한 쌍의 상동염색체 안에서 서로 다른 형질을 나타내며 경쟁하는 유전자를 대립유전자라 한다. 그리고 생존 확률이 큰 대립유전자가 경쟁에서 이겨서 더 많은 후손에게 유전자를 물려주게 된다.

다윈주의자인 리처드 도킨스Richard Dawkins는 생존경쟁에서 이겨서 상대 대립유전자를 누르고 스스로 살아남으려는 유전자의 이기성을 역설하면서 바로 이 〈이기적 유전자selfish gene〉가 진화의 근원적인 힘이고 오늘날 현재의 인류가 있는 이유라고 한 바 있다.[5] 그런데 생각해 보자. 최초의 유전자가 스스로 복제의 능력을 갖추고 끊임없는 변이를 통해 대립유전자를 만들어 내면서 많은 세월을 보내면 저절로 오늘날과 같은 복잡한 세포들의 유기적 연합체인 인간이 탄생될 수 있었을까? 오랜 시간, 말하자면 수십억 년의 세월이 지나면 최초의 유전자에서 인간으로까지 저절로 발전되는 것일까?

진화생물학자들이 언급은 하면서도 강조해서 잘 이야기하지 않는 부분이 있다. 바로 생존경쟁을 만들어 내는 환경이다. 유전자를 둘러싼 환경이 전제되지 않고는 대립유전자 간의 생존경쟁이란 의미 없는 말이다. 유전자가 생존경쟁을 하고 자연선택에 의해 살아남아 복제되어 다음 세대에게 전파될 수 있는 것은 〈환경에 대한 적응〉이라는 과정이 있었기 때문이다. 유전자는 이전 세대에서 다음 세대로 그대로 전달되는 것이 아니라 주어진 환경에 잘 적응된 유전자만이 전달된다. 그러므로 특정 생명체의 유전자에는 그 생명체의 조상들이 겪어왔던, 다시 말하면 환경에 잘 적응하면서 최적화된 유전 정보가 담겨 있다. 즉 유전자와 환경은 서로 긴밀하게 정보를 교환해 온 것이다.

유전자 및 유전자가 표현형을 이루기 위해 발현하는 시스템, 예를 들어 RNA, 단백질 및 세포 내의 각종 구조물 등은 모두 과거에 환경에 적응하면서 진화되어 온 산물이고, 때로는 미토콘드리아와 같이 다른 개체와 공생적인 관계를 형성하면서 만들어진 것이다. 유전자와 환경을 서로 완전히 구분되는 이분법으로 생각하게 되면 오류에 빠지는 이유가 바로 이러한 사실 때문이다. 이처럼 환경의 변화와 생명체의 변화는 서로 주고받는 관계인 것이다. 이러한 개념은 사람의 질병을 이해하는 데에도 매우 중요하다. 사람이 갖고 있는 유전자와 사람이 처해 있는 환경을 서로 독립적인 별개로 보고 사람의 질병을 이해하려 한다면 유전자와 환경이 상호작용하면서 질병에 미치는 영향을 제대로 이해할 수 없기 때문이다.

사실 유전자는 주어진 환경이라는 주형鑄型에 맞추어 주물을 만들어 내는 쇳물과 같은 재료로, 주형에 잘 맞는 제품을 만드는 데 사용되는 도구일 뿐이다. 잘 맞지 않는 제품을 만들어 내는 유전자는 폐기되고 잘 맞는 제품을 만드는 유전자는 살아남는다. 제품을 만들어 내는 데 주형이 중요한지 재료가 중요한지는 사람마다 의견 차이가 있을 수 있지만 제품의 형상을 결정하는 것은 주형이다. 주물 재료만 갖고는 제품의 형상을 만들어 낼 수 없다. 만일 주형이 없고 주물 재료만 존재한다면, 즉 환경적인 다양성이 없고 유전자만 존재했다면 오늘날과 같은 다양성을 갖춘 생태계는 존재하지 못했을 것이다. 주형을 이루는 주어진 환경은 지구환경의 원시적 다양성을 바탕으로 해서 주물 재료인 유전자를 이용해 다양한 생명 형태를 만들어 나갈 수 있었다. 또한 각 생명은 또 다른 생명의 환경이 되고 유전자들은 끊임없이 새로워지는 환경 조건에 적응하려는 노력을 할 수밖에 없었으며 이것이 오늘날 수많은 생명체의 다양성이 존재하게 된 이유이다. 유전자는 독립적으로 오늘날의 생태계와 인류를 만들어 낸 것이 아니라, 환경이라는 주형의 가이드에 따라 생명을 만들기 위해 사용된 도구인 것이다.

그렇다면, 질병을 일으키는 요인은 무엇인가

표현형은 생물체의 구조와 기능과 같이 관찰될 수 있는 특성을 말하는데 구조와 기능의 이상에서 오는 질병도 표현형 중의 하나이다. 따라서 질병의 발생도 넓은 의미에서는 유전자의 발현이라고도 할 수 있다. 실제로 질병은 〈비정상적인 유전자의 발현〉이라는 개념을 토대로 많은 연구자들이 만성질환을 일으키는 유전자 변이를 찾으려고 노력을 기울여왔다. 그러나 그 결과는 대부분의 사람들의 예상과는 달리 만족스럽지 못했다. 예를 들어 사람의 유전체 전체를 분석해 유전자와 여러 가지 만성질환과의 관련성을 규명하고자 한 연구에서 유전자가 만성질환의 표현형에 미치는 영향은 과거에 생각했던 것보다 매우 미미하다는 것이 보고되고 있다. 이는 환경을 배제한 상태에서 유전자 변이가 독립적으로 만성질환과 관련되어 있다는 가설을 갖고 유전자의 영향을 평가하려고 한다면 성공하기 어렵다는 것을 보여주는 것이다.

결국 유전자 혹은 유전자 변이가 질병의 발생에 미치는 영향은 독립적이지 않기 때문에 환경의 변화 속에서 평가해야 한다. 유전자와 환경이 상호작용을 하는 경우 환경을 감안하지 않고 유전자 단독의 영향력을 살펴본다면 유전자의 영향은 적게 추정될 수밖에 없기 때문이다. 따라서 질병 발생에 있어서 유전자의 역할을 제대로 찾으려면 〈환경의 변화와 유전자의 적응〉이라는 유전자와 환경의 상호작용에서 그 해답을 구해야 한다.

물론 환경 요인이 관여되지 않았는데도 유전자 자체의 결함 때문에 생기는 질병도 있다. 소위 유전병이라고 불리는 질환들인데 이러한 질환은 특정 유전자의 결함에 의해 유전자 발현이 안 되어서 생긴다. 대부분의 유전병은 어떤 유전자 코드 중 어느 한 부분이 잘못되었기 때문에 생긴다. 이러한 오류는 특정 유전자의 입장에서 보면 자주 일어나지는 않지만, 세포 내의 유전자 수가 3만 개에 이르고 이 유전자를 이루는 유전자 코드의 수는 30억 개에 이르기 때문에 그 많은 유전자 코드 중에서 부모 세대에게는 없던 새로운 형태의 유전자 변이가 다음 세대에 나타날 확률은 상당히 높다. 그런데 다행스럽게도 이러한 변이의 대부분은 유전자의 기능에 전혀 영향을 주지 않거나 아주 사소한 영향을 주는데 그친다. 이 중 아주 드물게 일부가 구조나 기능에 치명적인 손상을 주어서 유전병으로 발전되는 것이다.

예를 들어 겸상적혈구빈혈증, 낭포성섬유화증, 페닐케톤요증, 혈우병 등과 같은 병들은 부모가 결함이 있는 유전자를 자식에게 물려주어서 생기는 병이다. 이러한 유전병들은 대부분 심각한 장애나 증상을 나타난다. 그런데 쌍을 이루는 두 개의 유전자 중 하나만 있어도 질환으로 나타나는 우성 유전자는 자연선택에 의해 거의 사라지기 때문에 대부분의 유전병은 열성 유전자에 의해 생긴다. 즉 부모 모두 겉으로는 문제가 나타나지 않지만 결함이 있는 유전자를 하나씩 갖고 있다가 자식에게 유전자를 전달할 때 각각 결함 있는 유전자 하나씩을 전달함으로써 자식은 두 개의 결함 있는 유전자를 물려받게 되어 유전병을 갖게 되는 것이다. 하지만 이러한 유전병은 그 수가 다른 질환에 비해 극히 적을 뿐 아니라 증가하는 방향으로 변할 가능성도 적기 때문에 크게 보았을 때 인류의 질병 발생에 미치는 영향은 매우 적다고 할 수 있다.

한편 유전자가 주도적으로 생명체의 다양성을 만들어 낼 수 없고 환경 조건이 생명체 다양성의 토대였다면, 질병과 같은 생명체의 불량한 표현형도 역시 환경의 영향을 받을 것이라는 점은 쉽게 생각해 볼 수 있다. 질병은 인체의 구조나 기능의 변화이고 여기에 유전자나 유전자 발현이 관여되지 않을 수는 없다. 하지만 질병이라는 변화를 일으키는 주된 요인으로 이제 우리는 환경 요인에 보다 주목해야 한다. 왜냐하면 유전자 변이 혹은 유전자 발현 조절 프로그램을 활용해 유전자는 환경에 적응하게 되는데, 농업혁명과 더불어 문명이 시작된 이후에 바뀐 생활 습관과 거주 양식, 그리고 산업혁명으로 촉발된 산업화, 도시화, 새로운 화학물질의 출현 등 환경 변화의 속도가 너무 빠른 경우 유전자가 이 속도를 따라갈 수 없기 때문이다. 다른 말로 표현하자면 앞 장에서도 언급했듯이, 환경의 변화와 이에 대한 유전자의 적응 사이에 시간 차이가 생기기 때문이다. 그리고 그 기간 동안에는 유전자로서는 변화된 새로운 환경에 적응된 최적의 상태로 있지 못하기 때문에 개체는 건강성을 잃고 질병에 걸리게 되는 것이다.

02

농업혁명,
질병 시대의 서막을 열다

인류의 출현에서 문명 사회로 진입하기까지

3백만 년 전까지는 아메리카 대륙의 남과 북이 이어져 있질 않아서 그 사이로 태평양과 대서양의 바다가 서로 섞이면서 북극해까지 따뜻한 해류가 올라갔다. 그런데 파나마 지협이 올라와서 아메리카 대륙을 잇게 되면서 더 이상 바닷물이 서로 섞이지 않게 되었다. 따라서 태평양과 대서양의 바다가 섞이면서 그 힘으로 북극까지 올라갔던 따뜻한 대서양의 해류가 더 이상 북극해까지 이르지 못하게 되자 북극에는 빙하가 형성되기 시작했다.[6] 이후 빙하는 조금씩 커지면서 북위도 지역까지 확장되어 내려왔고 이에 아프리카의 기후도 영향을 받아서 더운 열대우림의 기후에서 춥고 건조한 기후로 변화되기 시작했다. 바야흐로 빙하기가 시작된 것이다. 이후 지구는 몇 십만 년 간 지속되는 빙하기를 몇 차례 더 겪게 되었고 마지막 빙하기는 1만 2천 년 전에야 끝났다. 우리는 현재 빙하기와 빙하기의 사이에 있는 온난한 간빙기에 살고 있는 것이다.

첫 번째 빙하기가 시작되면서 아프리카 기후가 무더운 열대 기후에서 춥고 건조한 기후로 바뀌자 열대우림은 사바나 지역으로 바뀌게 되었다. 이것은 선행인류, 즉 당시에 아프리카에 살고 있던 오스트랄로피테쿠스의 생활 공간을 열대우림에서 사바나로 바꾼 커다란 사건이었다. 이러한 생활 공간의 변화는 이후에 일어난 선행인류에서 현생인류로의 변화를 초래한 시발점이 되었다. 사실 오스트랄로피테쿠스가 먹을 것도 풍부하고 숨을 곳도 많아 안전했던 열대우림을 스스로 벗어났다고 볼 수는 없다. 이들은 숲이 없어지면서 사바나에 살 수밖에 없게 되었고 이러한 환경 조건의 변화는 이후에 나타난 여러 변화를 초래한 기본적인 원인이 되었다.

사바나는 숲과 같이 안전한 지역도 아니었으며 먹을 것도 풍부하지 않았다. 식량을 구하려면 위험을 무릅쓰고 수렵과 채집 활동을 해야 했다. 대부분의 포식자들은 더 강하고 빨랐기 때문에 선행인류가 이들과 경쟁해서 이길 수 있는 방법은 머리와 손을 쓰는 방법뿐이었다. 다행히 선행인류는 이들보다 뛰어난 뇌를 갖고 있었고 돌을 던지고 막대기를 휘두를 수 있는 손을 가지고 있었다. 따라서 머리와 손의 사용은 선행인류가 자신의 취약성을 극복하고 사바나에서 살아갈 수 있는 능력을 제공해 주었다. 주어진 환경에 보다 잘 적응한 쪽이 생존에서 유리해지는 자연선택의 압력은 인류의 이 같은 능력을 발달시키는 방향으로 작용하게 되어 뇌가 커지고 도구의 사용과 발전을 가져오게끔 했다. 이러한 압력은 호모 하빌리스와 호모 에렉투스를 거쳐 호모 사피엔스인 현생인류로 오게 된 변화의 기본적인 동력이 되었다.

특히 두 발로 걸을 수 있는 직립보행 능력은 선행인류를 다른 동물들과 구분시켜 주는 매우 중요한 특성이었다. 언제부터 두 발로 걸을 수 있었는지는 정확히 알 수 없지만 대략 6백만 년 전쯤으로 생각되고 있다. 대부분의 포유동물은 말할 것도 없고 인간과 가장 가까운 유인원들 중에서도 인간처럼 두 발로 똑바로 서서 걸을 수 있는 동물은 없다. 걷는 능력은 보기에는 간단해 보이지만 발을 이용해서 앞으로 나아갈 때 시계추와 같은 움직임을 하면서 몸의 균형을 잡아주어야 하는 복잡하고 어려운 능력이다.

걷는 능력이 하루아침에 갖추어졌다고 보기는 어렵다. 아마도 많은 시간에 걸쳐 조금씩 요건을 갖추게 되면서 점차 개선되었을 것이다. 그런데 무엇이 선행인류가 다른 동물들과 다르게 두 발로 걷는 능력을 갖추게 만들었을까? 우선 손이 자유로워질 필요성이 있었을 것이다. 손이 자유로워야 도구 등을 만들거나 사용할 수 있기 때문이다. 또한 두 발로 서서 걸을 수 있게 되면서 몸, 특히 머리가 지표면에서 올라오는 열을 덜 받게 되었고 햇빛을 받는 면적도 줄어들게 되어 체내 열 조절이 보다 효율적으로 되었다. 왜냐하면 머리는 에너지의 상당 부분을 소모하는 곳이어서 열이 많이 나고 그래서 열에 민감할 수밖에 없는데 네 발로 바닥에 가깝게 평행하게 있는 것보다 두 발로 서 있으면 외부로부터 받는 열이 줄어들기 때문이다. 이는 마시는 물에 대한 욕구도 줄게 해 에너지 사용의 효율도 높였을 것이다. 또 두 발로 서게 되면서 나무에 달려 있는 과일과 열매 등을 따기도 쉬워졌고 멀리 내다볼 수도 있어서 맹수의 공격을 대비하는 데도 한결 수월해졌다.

인류의 조상이라 할 수 있는 선행인류는 실은 여러 종species이 있었으나 호모 사피엔스가 유일하게 남은 종이다. 인류는 한 시기에 하나의 종만 있는 형태가 아닌 동시대에 여러 종이 공존하는 방식으로 진화 발전되어 왔다. 그 결과 호모 사피엔스가 출현한 이후에도 비교적 최근인 3만 년 전까지만 해도 네안데르탈인이 호모 사피엔스와 공존했다.[7] 대개 같은 속genus에 속하는 종은 다양한 환경에 적응하면서 자연선택 과정을 거쳐 다양하게 분화하는 것이 일반적이어서 이후에 다른 종은 모두 사라지고 호모 사피엔스만이 남게 된 것은 매우 이례적이라고 할 수 있다. 그 이유는 자연선택의 힘보다 더 크게 작용한 힘, 아마도 생각하는 능력과 문화, 그리고 그 결과 나타났을 지배와 정복 때문이었을 것이다.

선행인류 이후 해부학적으로 현대인과 같은 인류가 출현한 것은 10만여 년 전쯤이다. 이 시기는 지구가 추운 시기를 지나 점차 따뜻해지던 시기였고 이미 석기 등 도구가 상당한 발전을 이루었던 시기이다. 인류의 발전은 지역에 따라 문화 수준의 차이를 나타냈는데, 이러한 차이는 근본적으로 주변 환경에 적응하고 그 환경을 이용하는 능력의 차이에서 온 것이라고 볼 수 있다. 주변 환경에 생물학적으로, 문화적으로 얼마나 잘 적응했는지가 그 지역에 거주하는 사람들의 생존과 번성을 결정했다. 그리고 사람들은 단순히 주어진 환경에 적응하는 수준에서 더 나아가 환경을 〈변화시켜〉 삶을 향상시키는 방향으로 발전해 문명 사회를 만들어 나갔다.

생활의 변동 폭이 큰 수렵채집인의 삶

수렵채집인으로 살아온 선행인류의 생활방식을 정확하게 알 수는 없지만 고고학적 유적을 통해 어느 정도 추정해 볼 수 있다. 지중해 연안의 니스 지역에서 발견된 테라 아마타Tera Amata는 전형적인 수렵채집 시대의 생활상을 보여주는 유적지다. 약 30만 년 전에 선행인류가 살았던 것으로 추정되는 이 거주지는 작은 동굴 형태로 되어 있으면서 주변에 마실 물이 있는 샘이 있었다. 이 거주지에 살던 사람들은 봄이면 찾아와서 잠시 머물면서 주변의 식량을 얻었고 일정 기간이 지나면 다시 다른 거처로 옮겼던 것으로 보인다. 이들은 나무와 돌로 임시 거주지를 만들고 불을 사용하여 음식을 만들면서 추위를 견뎠던 것 같다. 나무로 만든 용기들은 물이나 음식을 먹는 데 사용했고, 그림물감 같은 것도 발견되었는데 아마도 이는 몸을 칠하는 데 사용되었을 것으로 추정된다. 여러 가지 동물 및 생선과 조개류들

테라 아마타의 수렵채집인 거주지 모습

을 잡아먹은 후 남긴 뼈나 가시 등도 발견되었는데 이들 중 일부 뼈는 다시 도구로 만들어지기도 했다.[8]

  수렵채집인의 식생활은 오스트랄로피테쿠스의 채식 위주 식단에서 시작해 이후에 육식과 어패류를 추가해 가면서 다양한 음식을 섭취했던 것 같다. 그러나 음식이 미리 마련되어 있지 않고 수렵과 채집을 통해 식량을 구해야지만 가능했기 때문에 특정 식사 시간을 정해 놓고 먹을 수가 없었다. 그래서 식량이 없으면 굶고 있다가 먹거리가 확보되면 한 번에 많이 먹는 식습관을 가졌을 것이다. 왜냐하면 식량이 또 언제 확보될 수 있을지 불확실하기 때문이다. 그리고 이렇게 섭취한 음식을 체내에 글리코겐이나 지방으로 저장해 놓고 있다가 식량이 없을 때 에너지원으로 활용할 수 있게 해주는 대사 및 영양소 저장 시스템을 체내에 갖추게 되었을 것이다.

또한 일정하게 정해진 시간 동안 일하는 것이 아니라 불규칙하게 여러 가지 일을 했는데 간단하게 거주지 주변에서 야채를 얻는 일부터 어렵고 힘든 사냥까지 다양했을 것이다. 작은 동물은 거주지 근처에서 잡았지만 가끔씩은 큰 동물을 사냥하기 위해 장거리를 뛰기도 했다. 신발이나 의복이 없기 때문에 맨발과 맨몸으로 다니거나 신체 일부만 겨우 가릴 수 있었는데 동물의 가죽이나 식물의 잎사귀 등을 이용해 몸에 살짝 걸치는 수준이었다. 이렇다 보니 더위나 추위, 햇빛으로부터 신체를 충분히 보호할 수 없어 대부분 자연환경에 그대로 노출되었다.

물은 항상 필요했지만 물을 얻기 위해 다른 동물들과 경쟁해야 했고 또 이는 드물게는 맹수에게 잡아먹힐 수 있는 위험한 일이기도 했다. 저장해 놓고 사용할 수도 없었기 때문에 물은 항상 부족했고 따라서 몸을 자주 씻을 수도 없었다. 생활을 하는 공간이나 주거지를 청결하게 유지하기도 어려웠기 때문에 일반적으로 토양이나 자연환경에 존재하는 세균들에게 노출된 채로 살아갔다고 할 수 있다. 하지만 당시의 세균은 대부분 감염병을 초래하는 병원균이었다기보다는 노출되어도 질병을 일으키지도 않고 때로는 서로에게 이익을 주는 방향으로 공존했다.

이처럼 안정적인 먹거리를 바탕으로 예측 가능한 생활을 했다기보다는 불규칙적인 수렵과 채집 활동에 전적으로 의존해야 했기 때문에 주변에 구할 수 있는 먹거리가 얼마나 충분한지에 따라 생활의 변

■ 수렵채집인의 생활 모습

동이 컸다. 따라서 크고 작은 여러 가지 일들이 언제라도 발생할 수 있는 예측하기 어려운 생활이었다고 할 수 있다. 예를 들어 수렵 활동 중에 동물로부터 공격을 받거나 나무에 올라가서 채집 활동을 하다 떨어질 수도 있었고 독초에 중독intoxication이 되기도 했다. 때때로 맹수가 먹다가 남긴 동물의 사체에서 썩은 고기를 얻기도 하고, 오늘날과 같이 음식을 신선하게 저장할 수 없기 때문에 부패한 음식을 먹기도 했다. 덕분에 파리와 같은 매개곤충들이 기생충을 전파할 수 있었다. 또한 서로 다른 종 사이에 심한 경쟁과 다툼도 있었고 심지어는 같은 종끼리도 서로 모르는 경우에는 폭력을 사용해 죽이거나 잡아먹는 경우도 드물지 않았을 것이다.

건강을 위협한 요인들은 시대에 따라 다르다

문명 이전 시대의 화석을 분석한 결과에 의하면, 대개 수렵채집 생활을 한 선행인류의 평균 수명은 20-25세였고 40세를 넘어 살았던 경우는 열 명 중에서 한 명이 채 안 되었다.[9] 또 문명 이전 시기의 인구 증가율을 조사한 결과를 보면 당시 작은 인구 집단에서는 대개 일 년에 0.5퍼센트에서 2퍼센트 정도 인구가 증가하는 것으로 나타났다. 그러나 장기적인 인구 증가율을 추정한 결과는 그 증가율이 0퍼센트에 가까웠다. 즉 단기적으로는 인구가 증가하는 경향이지만 때때로 사망률을 갑작스럽게 높이는 여러 가지 사건들, 예를 들어 자연재해나 폭력, 기생충 감염 같은 감염성질환의 유행 때문에 장기적으로는 인구가 증가하지 않았다. 이러한 사건들은 아주 오랜 기간 수렵채집인의 인구를 일정 수준으로 유지하게끔 만든 원인이었다.[10]

미국의 인류학 연구자인 킴 힐Kim Hill 등은 베네수엘라에서 아직까지 원시적인 생활을 하는 히위족Hiwi tribe이라는 수렵채집인들의 사망률을 조사한 바 있다. 이들은 초원과 늪지대로 이루어져 있고 우기와 건기가 뚜렷한 사바나 지역에 살면서 물가에 사는 작은 동물과 거북, 물고기 그리고 나무뿌리나 과일들을 식량으로 삼아 생활하고 있었기 때문에 문명 이전 수렵채집 시대의 생활환경과 유사한 상황에서 살고 있다고 볼 수 있다. 조사한 결과에 의하면 이들은 먹을 것이 넉넉하지 못하고 게다가 항상 얻을 수 있는 것이 아니어서 배고픔에 자주 시달려야 했고 헤모글로빈 또한 매우 낮아 빈혈도 상당히 많은 것으로 관찰되었다. 더욱 큰 문제는 종족 내의 폭력으로 히위족 남자들은 항상 무기를 휴대한 채 자신과 가족들을 보호해야 했다. 이들의 사망률은 상당히 높은 편이어서 어른의 2.3퍼센트가 매년 사망했으며 10세까지 산 사람이 40세까지 살 확률은 절반 정도였다. 이들의 사망 원인 중 가장 비중이 높은 것은 기생충에 의한 감염성질환이었는데 사망 원인의 절반 정도를 차지했고 그 다음이 폭력에 의한 사망이었다.[11]

물론 히위족을 조사한 결과만으로 선행인류의 건강 상태와 질병 양상을 정확히 알 수 있는 것은 아니다. 히위족은 다른 종족에 비해 보다 폭력적일 수 있고 사망률도 더 높았을 수 있다. 감염성질환도 거주지의 특수성 때문에 나타난 결과일 수도 있다. 히위족에게는 감염성질환이 사망 원인의 절반을 차지할 정도로 중요하긴 했지만 이는 오늘날 인류가 경험하는 다양한 감염병이 아니라 몇 가지 종류에 국한된 문제였을 것이다.

이처럼 수렵채집 시기에는 불안정하고 생명을 위협하는 여러 가지 생활환경 요인들이 상존했다. 그러나 오늘날 현대인의 질환을 일으키는 질병 위험 요인에 국한해서 본다면 수렵채집인들은 상당한 신체 활동, 다양한 음식 섭취, 친밀함을 바탕으로 한 가족 중심의 인간관계, 충분한 수면과 휴식 등의 생활방식을 가졌다. 즉, 수렵채집 시기에 건강을 위협했던 요인들은 오늘날 인류의 건강을 크게 위협하고 있는 요인들, 말하자면 칼로리의 과잉 섭취, 비만, 운동 부족, 고혈압, 화학물질 등과는 상당히 다르다는 것을 쉽게 알 수 있다.

좋지도 않은 질병 시대를 연 농업혁명은 왜 일어난 걸까

수렵채집 생활을 해왔던 인류에게 농경목축으로의 전환, 즉 농업혁명은 그야말로 커다란 사건이었다. 선행인류 때부터 수백만 년 동안 식량을 얻는 주된 방법이었던 수렵채집 생활을 버리고 농경목축 생활로 전환한 이유는 무엇일까? 사실 수렵채집에 비해 농업은 허리가 휠 정도로 고되고 시간이 많이 들어가는 노동을 필요로 한다. 또한 초기 농업의 생산성이 수렵채집의 생산성에 비해 뛰어났다고 볼 수 없다는 근거도 상당히 많다. 게다가 수렵채집인의 영양 상태가 농업혁명 이후의 농경목축인보다 더 나빴다는 증거도 없으며 오히려 건강 상태가 더 좋았다는 증거들이 유골 화석 등을 통해서 밝혀졌다.[12] 수렵채집 시대에는 육류와 함께 과일, 견과류 등 야생 식물을 골고루 섭취했는데 농경 이후에는 주로 곡물 위주로 섭취하면서 식량의 질이 이전보다 떨어졌다는 분석도 나온다. 수렵채집 생활이 농업혁명 이후의 생활보다 더 건강한 생활양식이고 영양 섭취도 더 잘할 수 있었다면 더 안 좋은 농경 생활로 전환하게 된 다른 중요한 이유가 있을 것이다. 그렇다면 그 원인은 무엇일까?

농업은 수렵채집 방식에서 자연적으로 발전된 형태가 아니라 다른 방법이 없기 때문에 선택한 결과일지도 모른다. 아마도 인구가 증가하면서 수렵채집 방식으로 얻을 수 있는 자원과 식량이 부족해지면서 한계에 부딪혔을 것이다. 그러면서 생활을 유지하기 어려워진 것이 중요한 이유였을 것이다. 그런데 식량과 자원이 부족해져서 어쩔 수 없이 농경목축 생활로 전환했다는 논리도 다소 부족한 면이 있다. 아무리 생활이 어려워도 더 어려운 생활방식으로 전환할 이유는 없기 때문이다. 특히 농경으로 작물을 생산하려면 많은 시간을 기다려야 하는데 먹거리가 부족한 상태라면 그렇게까지 기다릴 수 있었을까? 아마도 인구 증가 외에 또 다른 중요한 요인이 농경목축 생활로의 전환을 촉진했을 것이다.

농업혁명 직전의 기후 변화가 초래한 환경의 변화는 인구 증가라는 생산성 변화의 필요성을 가져온 내적 요인과 결합하면서 농업혁명이라는 중요한 변화를 가져온 외적 요인이었다고 볼 수 있다. 마지막 빙하기가 1만 2천 년 전쯤 끝나면서 유럽의 대부분을 덮었던 빙하가 녹으면서 흙이 드러났다. 기후 또한 습하고 따뜻하게 변하면서 여러 가지 식물과 곡류의 성장에 적합하게 바뀌어 갔다. 곡류가 보다 잘 자라게 되면서 이 중 일부를 선택해 다시 심을 수 있는 기회들이 생기고 여기서 얻어진 농경 기술들은 곧 전파되기 시작했다. 한 번 전파된 농업 기술은 곡물의 생산을 예측할 수 있다는 장점 때문에 곧 수렵채집 생활의 불안정성을 극복할 수 있었고 더불어 늘어난 인구를 먹여 살릴 수 있는 방법으로 받아들여지게 되었을 것이다.

그러나 농업혁명은 단순히 수렵채집의 생활방식에서 작물을 경작하는 방식으로의 전환에 그친 것이 아니다. 농업혁명은 〈문명의 시작〉을 알리는 것이었으며 생활방식 전반에 엄청난 변화를 수반하는 것이었다. 농경과 목축은 사람들을 한곳에 모여 살게 했고 이는 부락을 이루면서 군집 생활로 이어졌다. 그리고 군집 생활은 사회적 질서를 필

고대 이집트 벽화에 남겨진 농경 생활의 모습. 도구와 가축을 이용한 것을 알 수 있다.

요로 하기 때문에 곧 문명 사회의 정치적, 경제적, 문화적 요소들을 갖추기 시작했다. 하지만 잉여 작물의 생산은 사회의 분화와 함께 지배와 피지배 계급의 사회적 관계를 만들어 내는 데 중요한 공헌을 했다. 지배 계급이 잉여 작물에 대한 관리를 맡게 되면서 작물을 비롯한 식량의 배분이 사회 전체적으로 공평하지 못해 피지배 계급이 제대로 영양 공급을 받지 못하는 경우에도 지배 계급은 풍족하게 먹을 수 있었다. 따라서 문명 사회로 접어들어 계급이 분화되면서 수렵채집 시기의 단순했던 질병 양상에서 벗어나 기아와 영양 부족에서 오는 질병과 더불어 한편으로는 오늘날의 영양 과다와 관련 있는 만성질병도 초기에 나타날 수 있었다.

또한 농업혁명으로 시작된 사회의 발전은 부족 사회와 국가의 출현을 가져왔다. 이는 강력한 힘을 바탕으로 한 침략과 정복이 시작됨을 뜻하는 것이다. 관개시설을 만드는 것과 같이 자연환경을 변화시키는 것뿐 아니라 이웃 부족이나 국가 혹은 멀리 떨어진 사회까지 정복하는 사건들이 생겼다. 그러나 침략과 정복이란 새로운 환경을 맞이하는 것일 뿐만 아니라 새로운 환경을 전파하는 기회이기도 하다. 따라서 전에는 한 번도 접해 보지 못한 새로운 세균 혹은 환경을 접하게 되면서 그동안 인류가 겪어온 대부분의 질병이 이때 출현하게 된 것이다. 즉 농업혁명이 시작되기 전인 지난 1만 년 전에는 오늘날 우리가 흔히 볼 수 있는 질병이 없었고 대부분의 질병은 농업혁명 이후에 나타났다. 농업혁명은 문명과 더불어 질병 시대의 시작을 알린 것이다.

보다 발전한 문명 시대로 들어섰는데 왜 질병은 더 창궐할까

선행인류의 수렵채집의 삶은 대개 풍족하고 여유로운 삶이었다기보다는 자연환경 조건에 의지하며 살아가야 하는 고단한 삶이었다. 도구의 사용과 발달로 수렵과 채집의 기술이 발달하면서 생존 능력이 향상되기는 했지만, 본격적으로 수명이 늘고 인구가 증가하게 된 시기는 농경목축 생활이 시작되고도 한참 지나서였다. 하지만 농경목축 생활이 시작된 초기에도 대부분의 사람들에게 생활은 풍족함과는 거리가 있었고 인구는 조금씩 증가했지만 수명은 정체를 벗어나기 어려웠다. 수명은 늘어나지 않고 그대로인데 인구가 늘어났던 이유는 수렵채집의 삶보다 농경목축의 생활이 보다 안정적이었고 이동하지 않고 한 주거지에 오래 살게 되면서 출산율이 높아졌기 때문이다.

　수렵채집 활동은 주변 환경에 자연적으로 존재하는 먹거리를 이용하는 것인데 이웃과 같이 사는 생활은 제한된 식량 자원을 그들과 공유해야 하기 때문에 바람직하지 않았다. 반면 농경과 목축은 일정하게 확보된 영역 안에서 식량을 산출하는 것일 뿐 아니라 많은 노동력을 필요로 하기 때문에 이웃과의 협업은 공동의 이익을 만들어 낼 수 있었다. 따라서 농경 시대의 군집 생활은 식량 확보에 유리했고 사람들은 점차 보다 큰 사회를 만들어 나가게 되었다. 이와 같이 농경과 목축은 사람들이 모여 사는 사회를 만들게끔 했는데 부락, 소도시, 대도시 등으로 이어지는 군집 생활은 가족을 중심으로 한 소규모 인구 집단이 서로 떨어져 살면서 교류와 접촉이 거의 없었던 수렵채집 시대의 생활과는 질병 전파에 있어서 크게 다른 생활방식이었다고 할 수 있다.

　감염성질환과 같은 경우 과거에는 질병이 전파될 만한 인구 집단 간의 접촉이 거의 없었기 때문에 오늘날과 같은 대유행은 없었을 것이고, 있었다 하더라도 그 양상은 매우 달랐을 것이다. 당시의 감염성질환은 인구 집단 간의 접촉과 교류에 의해서가 아니라 대개 거주지에 서식하는 기생충에 의한 질환이었다. 또는 동물한테서 병원균이 옮겨와 감염되거나 상처 등을 통해서 주변 환경 속에 존재하던 병원균에 감염되는 정도였을 것이다. 드물게는 먹거리를 제대로 구하지 못해 영양 상태가 나빠졌을 경우 영양 상태가 좋았을 때는 병을 일으키지 않는 세균이 감염성질환을 일으킬 수도 있었을 것이다.

오늘날처럼 만연하지는 않았지만 어쨌든 수렵채집 시기에도 기생충이나 세균 감염에 대응해야 했기 때문에 선행인류는 체내에 나름대로 그들에 대한 방어체계를 갖추어야 했다. 그리고 그들이 갖춘 방어체계는 오늘날 현대인이 갖고 있는 면역체계를 형성하는 데 매우 중요한 역할을 했다. 왜냐하면 인류는 자연에 적응하면서 같이 발달시켜 온 면역체계 등의 방어기전으로 주변 환경의 병원체들을 이겨내면서 혹은 그들과 더불어서 살아왔기 때문이다. 실은 오늘날의 인류도 선행인류와 크게 다르지 않은 생물학적 방어기전을 갖고 있다고 볼 수 있다. 왜냐하면 생물학적 방어기전이 변하는 데에는 상당한 시간을 요하기 때문이다. 생물학적 진화는 해당되는 종이 다음 세대를 출산할 때까지의 기간과 선택 압력의 강도에 영향을 받는다. 사람의 경우 새로운 외부 환경에 부딪혀서 이에 대한 적응을 할 때 생물학적 진화의 바탕이 되는, 즉 환경에 적응된 특정한 유전적인 변화가 나타나는 데는 대개 몇 천 년 이상이 걸린다. 인류 문명의 기간은 1만 년 정도이기 때문에 그 사이 일부 유전자의 변화가 일어나기는 했지만 생물학적 방어체계가 전체적으로 상당한 변화를 이루기에는 매우 짧았다.

한편 외부 환경의 공격에 대한 생물학적 방어기전은 미래의 변화를 예측하고 미리 준비하는 형태로 만들어질 수는 없다. 생물학적 방어기전은 오랜 경험에 의해 자연선택의 법칙에 따라서 만들어진다고 보아야 한다. 따라서 인류가 문명 시대에 들어서면서 삶을 개선시키고 이롭게 하기 위해 주변 환경을 변화시키게 된 이후에는 과거의 경험에 의해 구축된 생물학적인 방어기전만으로는 새롭게 전파되는 병원체뿐 아니라 주변 환경의 모든 위험 요소를 효과적으로 방어하는 데에는 분명한 한계가 있게 되었다. 예를 들어 인류의 생물학적인 시스템은 수렵채집 생활을 하던 시기에 주로 섭취하던 불포화지방산 위주의 식물성 기름과 동물성 지방, 그리고 기생충 감염 등에 맞추어져 있다. 따라서 오늘날 갑자기 섭취량이 늘어난 포화지방산을 적절히 처리하거나 문명 이후에 새롭게 나타난 여러 가지 감염균에 적절하게 대응하기에는 확실히 한계가 있고, 결국 이는 위험 요소로 작용하게 되는 것이다.

또한 오늘날 현대인의 주요 질환들이 대개 40대 이후에 나타나기 시작한다는 것은 당뇨병, 심장질환, 암 등의 질환은 인류의 조상들은 거의 겪어보지 못한 새로운 질환이라는 의미이다. 선행인류의 수명이 40세를 넘는 경우는 매우 드물었기 때문에 과거에는 이러한 질환을 경험해 보지 못했기 때문이다. 간혹 그러한 질환들이 있었다 하더라도 다음 세대를 출산할 수 있는 나이를 지나서 발생되는 질환이었기 때문에 자연선택의 압력이 있지도 않았을 것이다. 그러니 이러한 질환들을 막기 위한 생물학적인 방어기전이 선행인류에게는 존재할 수 없었던 것이다.

생물학적인 방어기전 말고도 인류는 자연환경 내에 있는 수많은 독소들과 위험 요인들을 냄새와 맛, 경험들을 통해 회피하거나 불을 이용해 무력화시키는 방법 등을 통해 적응해 왔다. 다른 동물들과는 달리 인류에게는 사회문화적 방어기전이 있다고 할 수 있다. 그런데 산업혁명 이후 현대 사회에 새롭게 등장한 화학물질, 즉 인공적 독소들에 대해서는 이러한 적응 전략도 갖추지 못했다. 너무나 많은 새로운 물질들이 우리가 그에 대한 적응 전략을 갖출 만큼의 충분한 시간도 갖지 못한 상태에서 생활 속으로 쏟아져 들어오기 때문이다. 새로운 환경에 대한 이러한 노출은 인류가 수렵채집 시기 동안 적응해 왔던 생활양식을 획기적으로 변화시킴으로써 건강에 새로운 도전적인 환경이 되고 있다.

이와 같은 변화가 근본적으로 오늘날의 인류에게 질병이 출현한 이유이다. 수백만 년에 걸쳐 수렵채집 환경에 적응을 하면서 살았던 시기에는 영양 결핍 및 손상, 기생충 감염, 폭력 등을 제외하고는 건강을 위협하는 요인이 없었다. 하지만 인간이 지금으로부터 1만 년 전 농업혁명의 도입과 함께 문명을 만들어 나가면서 1만 년이라는 짧은 시간 동안 수백만 년이라는 긴 세월에 걸쳐 형성해 온 생활환경을 급격히 변화시키게 되었고 결국 이 변화에 적응할 시간을 충분히 얻지 못한 상태가 된 것이다. 이렇게 변화된 환경은 각종 새로운 병원체 및 새로운 생활방식과 화학물질 등을 인간에게 가져왔고, 과거의 생활환경에 수백만 년 동안 적응되어 있는 유전자는 고작 1만 년에 걸친 단기간의 변화에 적절하게 대응할 수 있는 준비를 할 수 없었다. 그 결과 인류에게는 질병이 탄생하게 되었다.

03

인류의 이동은
질병의 탄생에
어떤 영향을 끼쳤을까

인류는 왜 익숙한 곳을 떠났을까

해부학적으로 보면 현생인류의 직접적인 조상은 10만 년 전에 아프리카에서 살았다. 그러나 해부학적으로 오늘날의 인류와 같다고 해서 행동 특징까지 같았던 것은 아니다. 그로부터 상당한 세월이 흐른 8만 년 전쯤 되어서야 비로소 보다 정교한 도구를 사용하고 집을 짓고 사냥을 했기 때문이다. 시간이 지나면서 상대적으로 자원은 제한되어 있는데 인구 집단은 커지면서 생존을 위한 경쟁이 치열해졌다. 그래서 이러한 경쟁에서 벗어나기 위한 방법을 찾아야 했는데 거주지를 이동해서 살 수 있을 만큼의 능력을 갖추게 되자 이들은 아프리카를 벗어나 대이동을 하기 시작했다.

자연선택론을 주장했던 찰스 다윈은 침팬지와 고릴라를 관찰하고는 인간은 아프리카에서 기원한다고 했다. 침팬지와 고릴라가 인간과 가장 가까운 동물이라면 그들이 살던 대륙에서 인간도 처음 나타났을 것이라는 추론을 했기 때문이다. 이 주장은 다윈이 살던 시대에는 놀라운 것이었지만 이후 많은 고고학적 증거들에 의해 다윈이 옳았다는 것이 증명되었다. 최근의 유전체 연구들을 보면 아프리카 사람들이 가장 다양한 유전체를 갖고 있고 유럽인과 아시아인은 그 다양성이 줄어든 것으로 나타났다. 또한 유전체의 유사성을 비교해 보면 유럽인과 아시아인은 각각 아프리카인과는 상대적으로 가까우면서도 서로는 상당히 다른 것으로 나타난다. 이와 같은 유전체 연구 결과도 역시 유럽인이나 아시아인이 아프리카에서 왔다는 것을 보여주는 것이다. 고고학적 증거나 유전체 연구 결과들은 유럽인이나 아시아인은 아프리카의 다양한 종족 중에서 각각 일부가 아프리카를 벗어나 각기 다른 지역으로 이동하여 서로 다른 인종을 이루었다는 점을 뒷받침한다.

인류는 언제부터인지는 모르지만 이동을 하고자 하는 욕구를 지녔던 것 같다. 이는 오늘날에도 사람들이 여행을 좋아하고 새로운 곳으로 가는 것에 흥미 혹은 열정을 느끼는 것에도 남아 있다. 사실 새로운 것에 대한 호기심은 인류의 중요한 특성 중 하나이다. 대부분의 동물들의 경우 호기심은 어렸을 때 잠깐 있다가 없어지는데 사람들은 늙어 죽을 때까지 새로운 것을 듣고 보고 배우기를 좋아한다. 이러한 호기심은 인류를 오랫동안 살아왔던 아프리카에서 벗어나 미지의 세계로, 때로는 아프리카와는 전혀 다른 혹독한 환경으로까지 이끈 동인 중 하나이다. 더욱이 지금껏 살아온 거주지에서 환경 변화가 일어나고 기존의 생활방식으로는 더 이상 살아가기 어렵게 된 경우 생존을 위해 다른 지역으로 이동하는 것은 지극히 자연스런 선택이었을 것이다. 여하튼 인류는 5만 년 전쯤부터 본격적으로 오랜 거주지였던 아프리카에서 벗어나서 지구의 각 지역으로 흩어지게 되었다.

인류의 이와 같은 이동이 일어나게 된 배경 중 또 다른 중요한 요인으로 기후 변화를 들 수 있는데, 13만 년 전부터 시작된 빙하기 때문에 7만 년 전에는 오늘날의 기온보다 7-8도 낮은 상태가 되었다. 이러한 기후 변화는 습도의 변화를 초래할 뿐만 아니라 식물 생태의 변화, 해수면의 감소, 해안선의 변화 그리고 동물의 분포와 개체 수의 변화도 함께 초래했다. 이제까지 살던 아프리카의 생태계가 크게 변하게 되면서 먹고 살 수 있는 자원이 부족해지자 새로운 자원을 찾아야 했고 따라서 인류는 본격적으로 아프리카를 떠나기 시작한 것이다.[13]

인류가 도구를 만들어 사냥이나 낚시를 하고 옷을 만들어 입게 된 것은 대략 5만 년 전부터이다. 이 시기 인류의 식생활은 보다 잡식성이 되어 이전보다 더욱 다양한 음식을 섭취하게 되면서 더 큰 동물과 물고기까지 잡아서 먹을 수 있게 되었고 추운 기후에서 생존할 수 있는 능력도 갖게 되었다. 이러한 능력으로 인류는 아프리카에서 나와 여러 지역으로 퍼져 나가서도 각 지역에서 생존해 나갈 수 있었다.

그러다 3만 년 전부터는 빙하기의 기운이 쇠퇴하여 1만 5천 년 전쯤부터 기온이 다시 상승하기 시작했는데, 기온의 상승은 따뜻한 기후를 가져와서 지구환경에 커다란 변화를 초래했고 이는 인류의 이동과 정착에도 상당한 영향을 미쳤다.

기온이 상승하면서 툰드라 지역은 줄어들고 상대적으로 습도가 높아진 따뜻한 지역이 늘어나면서 숲이 더 많아졌고 동물의 다양성도 증가했다. 인류는 다양해진 환경과 생태계를 이용하기 위해 이동을 보다 적극적으로 하게 되었다. 이동을 하면서 우림 지역에서 사막 지역까지, 고온 지역에서 한랭 지역까지, 해안 지역에서 산악 지역까지 다양한 환경을 경험했다. 그러나 이러한 이동은 대부분 새로운 지역에 정착하기 위한 것이었기 때문에 각각의 지역환경에 정착하여 살아남은 무리들은 한동안 서로 간에 밀접한 교류를 갖지 못한 채 단절된 상태로 살게 되었다. 그 중에는 아시아의 해안 지역을 따라 이동하면서 정착하거나 멀리 호주까지 이동한 무리, 아시아의 북쪽으로 가서 험준한 지역을 통과해서 동쪽으로 이동한 무리, 그리고 중동 지방을 거쳐 북쪽으로 이동했던 무리들이 있었는데 이들이 오늘날의 서태평양의 원주민과 동아시아인, 그리고 유럽의 백인이 되었다고 볼 수 있다.

인종 간의 차이는 피부색에 그치지 않는다

인류의 이동은 이 마을에서 저 마을로 단순하게 이동하는 수준이 아니라 몇 만 년의 시간을 두고 험한 지역을 거치면서 이전에 살던 지역과는 매우 다른 기후에 적응하는 과정이었다. 서로 다른 자연환경에 대한 적응은 유전적으로 상당한 변화와 차이를 가져왔을 것이고, 이는 오늘날 우리가 눈으로 확인하듯이 사람들이 서로 다르게 생긴 이유가 된다. 스웨덴인, 나이지리아인, 한국인을 서로 착각하는 일은 거의 없을 것이다. 오늘날 사람들이 지구촌 곳곳에 흩어져 서로 다른 인종으로 살고 있는 것은 〈환경에 대한 적응〉의 결과라고 할 수 있다. 이러한 적응은 유전자의 변화를 동반하는 진화 과정이라고 말할 수 있다. 진화란, 부모와는 다른 새로운 유전적 변이를 갖는 돌연변이를 기반으로 환경에 유리한 사람이 더 많은 자손을 갖게 되고 이러한 자연선택에 의해 서서히 환경에 적응하면서 변하는 과정을 말한다.

요약하자면, 인류는 아프리카에서 벗어나면서 그동안 오랜 세월 거주해 왔던 환경과는 전혀 다른 환경에 맞닥뜨리게 되었고 점차 새로운 환경에 적응하면서 지금과 같은 다양한 인종으로 분화되면서 다양성을 갖추게 된 것이다. 한편 각기 다른 환경은 영양 섭취 면에서도 다른 기회를 제공했다. 서로 다른 지역에 사는 사람들은 서로 다른 음식을 섭취하게 되었고, 계절적 변화가 있는 지역은 계절에 따라 풍부한 식량과 부족한 식량이 나뉘어지면서 영양소 섭취도 계절에 따라 다르게 되었다. 결국 계절적 변화와 자연재해 등에 의해 영양소 공급이 지역에 따라 다르게 되었고 이러한 요인들이 인종을 다양하게 만든 배경이 되었다.

인종을 특징 짓는 중요한 특성 중의 하나가 피부색인데, 피부색이 인종에 따라 다르게 된 이유에 대해서 미국의 니나 자브론스키Nina Jablonski 교수는 피부색은 자외선의 강도와 직접적인 관련이 있으며 이는 우리가 필요로 하는 비타민 때문이라고 설명한다.[14] 재미있는 사실은 인류의 조상을 거슬러 올라가면 원래 인류의 피부색은 검은색이 아니라 흰색이라는 것이다. 우리와 가장 가까운 동물인 침팬지의 털 밑의 피부색을 보면 이를 알 수 있다.

선행인류가 아프리카의 사바나 지역에 살 때는 강렬한 햇볕을 견디면서 먹거리를 수렵채집하는 생활을 해야 했는데, 포유류의 뇌는 고온에 매우 민감하기 때문에 체온이 조금만 올라가도 일사병에 걸리는 취약성이 있다. 따라서 체온을 내리는 인체기전이 필요한데 그것은 땀으로 몸을 식히는 방법이다. 먼 인류의 조상도 침팬지처럼 몸에 털이 많고 땀샘은 손발 정도에만 있었으나 털이 없어지면서 땀샘이 더 많아지는 쪽으로 진화가 이루어진 것이다. 땀으로 몸을 식힐수록 활동량을 늘릴 수 있어 그만큼 더 많은 식량 채집이 가능했고 더 많은 식량을 얻을수록 살아남아서 자손을 더 퍼트릴 수 있게 된 것이다. 그러나 몸에 털이 없어지면서 햇볕이 직접적으로 체온을 올리는 영향은 훨씬 더 클 수밖에 없게 되었다. 따라서 햇볕에 의한 영향을 차단할 자연 차광제가 필요한데 그것이 바로 피부의 멜라닌 색소였다.

한편 자외선은 우리 몸에 필수적인 비타민 D를 만들어 내는데 우리 몸에서는 다른 방법으로는 비타민 D를 합성할 수가 없기 때문에 햇볕을 받지 않으면 비타민 D 부족으로 건강에 심각한 문제가 생기게 된다. 따라서 자외선 강도가 높은 지역에는 멜라닌 색소를 많이 갖고 있는 흑인이 살게 되었지만, 자외선 강도가 낮은 고위도 지역으로 갈수록 멜라닌 색소를 적게 가진 아시아인이나 백인이 살게 되었다. 말하자면, 인류가 거주하는 지역에 따라 멜라닌 색소 농도가 적응된 결과가 바로 인간의 피부색을 결정한 것이다. 결국 인종을 구분하는 피부색은 각각의 환경에서의 햇볕, 특히 자외선에 대한 인간의 적응 결과인 것이다.

그러나 인종 간의 차이는 단지 피부색의 차이에 그치지만은 않는다. 지구의 여러 지역, 특히 위도가 다른 지역에 살 경우 자외선 노출의 차이만 있는 것이 아니라 기온과 습도도 크게 차이가 난다. 특히 기온은 자외선과 같이 위도에 따라 달라지는데 이는 피부색뿐 아니라 여러 가지 면에서 인종 간의 차이를 가져왔다. 최근 인류의 각 인종의 유전체를 조사한 하플로타입 지도 프로젝트HapMap Project에 의하면, 인종 간 유전체 차이가 상당히 있는 것으로 밝혀졌다. 이는 겉으로 보이는 피부색이나 체형과 같은 차이뿐 아니라 보이지 않는 차이가 상당히 있다는 것을 의미한다.

예를 들어 올림픽 경기를 보면 뛰어난 수영선수 중에는 흑인이 없고 100미터 달리기는 흑인들이 두각을 나타내는 것을 볼 수 있다. 그런데 이렇게 신체적 특성만 다른 것이 아니라 환경 조건에 대한 생리적 반응도 다를 수 있다. 2004년 여름 유럽에서는 폭염으로 2만 5천

명 이상이 사망했는데 아마도 그보다 훨씬 더웠을 아프리카나 인도네시아처럼 적도 지역에 거주하는 사람들이 폭염으로 대량 사망했다는 소식은 듣기 어려웠다. 물론 이러한 차이가 인종 간 우열의 차이로 해석되어서는 안 된다. 각 인종이 거주한 환경적인 조건이 다르면 그 환경에 적응한 인종 간에 차이가 나타나는 것은 너무나 당연한 일이고, 따라서 각각의 인종은 그 환경에 보다 잘 적응한 결과일 뿐이라고 할 수 있다.

아프리카에 그대로 남아 있던 흑인들은 열대의 기후에 적응하면서 다른 지역으로 이동한 이주자들이 겪었던 적자생존의 압력과는 다소 다른 압력을 겪어야 했다. 이들은 아프리카 대륙이 습기가 많은 환경에서 건조한 환경으로 바뀌면서 보다 발한을 잘 시키는 방향으로 적응해 갔다. 발한의 효과를 키우기 위해 체표면이 넓어지는, 즉 팔다리가 길어지는 방향으로 변했고, 머리에 뜨거운 햇볕을 덜 받기 위해서 머리는 다소 좁아졌고 얼굴은 길어졌다. 또 체온을 피부로부터 방출시키기 위해 피부 표면의 혈관들이 확장되면서 혈압을 유지하기 위해 심장 수축력이 커지고, 체내에 수분을 보다 잘 유지하기 위해 수분 저장소인 골격근이 커지게 되었다.[15]

미국의 저널리스트인 존 엔타인Jon Entine이 흑인과 백인의 신체적 특성이 다른 것을 설명한 것을 보면, 백인에 비해 흑인은 엉덩이가 좁아서 앞으로 나아가기가 훨씬 더 수월하다. 또한 흑인은 백인에 비해 팔다리가 길고 가슴 용적이 적으며 어깨가 넓고 체지방이 적은 대신 골격근의 양이 많다. 흑인 남성은 백인이나 아시아인에 비해 남성호르몬인 테스토스테론이 많은데 테스토스테론은 폭발적인 힘을 내는 데 아주 중요하다. 이와 같은 신체적 특성 때문에 흑인들이 폭발적인 힘이 필요한 권투, 농구, 달리기 등을 잘한다고 볼 수 있다.

 질병과 관련된 저항성에 있어서도 인종 간의 차이가 나타난다. 대표적인 예가 겸상세포돌연변이에 의한 말라리아 저항성이다. 적도 인근에 거주하는 흑인은 적혈구의 변형에 의해 말라리아에 대한 저항성이 높아진 겸상세포돌연변이를 갖고 있을 확률이 높으나, 추운 지역에 거주하여 말라리아에 걸릴 가능성이 적은 북유럽인이나 동북아시아인에게서는 이러한 겸상세포돌연변이를 발견하기 어렵다. 겸상세포돌연변이는 정상 적혈구에 비해 산소 전달 기능이 떨어져서 말라리아가 없는 조건에서는 자연선택에 의해 없어지는 방향으로 가지만 말라리아와 같은 치사율이 높은 질환에 대해서는 저항성을 갖기 때문에 흑인에게서는 이러한 돌연변이가 상당히 발견되는 것이다.

생물학적 이유 때문에 질병에 걸리는 걸까, 환경적인 이유 때문에 걸리는 걸까

인류가 아프리카를 떠나게 된 이유는 아프리카가 점점 거주하기 힘든 땅이 되었기 때문이다. 고온 다습한 기후에서 건조한 기후로 변하면서 먹거리가 줄어들자 아프리카에 거주하던 인류는 일찍 죽게 되었고, 그 결과 부모의 입장에서는 아이가 성인이 될 때까지 돌본다는 것이 생존전략으로 그다지 효과가 없었다. 오히려 아이를 많이 낳고 그 중 일부가 살아남기를 바라는 전략이 더 효과적이었을지 모른다. 그러나 이 경우에는 아이들을 돌보는 일이 소홀해지고 인구 집단 전체적으로는 문화가 발생하고 계승되는 일이 원활하지 않게 된다는 문제가 생긴다.

반면 유럽이나 아시아로 이주한 사람들은 아프리카에서는 볼 수 없었던 겨울을 맞게 되면서 살기 위해서 식량을 모으고 저장하는 일, 거주지를 마련하고 옷가지를 만드는 일, 겨울 동안에 아이들을 돌보는 일을 해야 했다. 혹독한 환경 조건은 생존에 상당한 어려움을 주었고 그 결과 이를 성공적으로 극복한 사람만이 살아남게 되었다. 유럽이나 아시아에서 어려움을 극복하고 안정적인 생활기반을 마련한 사람들은 아이들을 기르는 데 보다 집중할 수 있었다. 따라서 유럽과 아시아에서는 상대적으로 문명이 발달하기 쉬운 조건을 형성했고 문화가 보다 쉽게 계승될 수 있었다.

결국 아프리카에서 벗어나면서 다양한 환경의 도전에 직면하게 되었고 이를 자연선택의 법칙으로 극복하면서 인종 간 차이는 보다 확대되는 방향으로 나타난 것이다. 그러한 과정에서 수렵채집에서 농경목축 등으로 식량 취득 방법이 바뀌면서 생산량이 늘어나고 문화도 형성되었다. 그러니 인종 간의 차이가 문화적 차이냐 유전자의 차이냐 하는 논쟁은 그다지 의미가 없다. 오늘날 인종의 차이란, 인류가 처한 각자의 환경에서 살아남고 진화하는 과정에서 자연선택의 과정을 거치면서 형성된 표현일 뿐이다. 따라서 환경에 대한 적절한 이해 없이 인종의 차이를 논하는 것은 오해와 갈등을 불러일으키기 쉽다.

미국의 재레드 다이아몬드는 여러 다른 대륙의 민족들 간에 발전과 그 역사적 운명이 다르게 나타난 것은 어떤 일회적인 사건 때문이 아니라 보다 근본적인 불가피한 이유가 있었을 것으로 전제한다. 그리고 그 차이는 각 민족의 〈생물학적 차이〉 때문이 아니라 〈환경적 차이〉 때문이라고 주장한다. 예를 들어 그는 문명 발전 단계에 있어 가장 낙후된 그룹인 오스트레일리아 원주민의 조상이 유럽 지역에 살고 오늘날의 유럽인의 선조가 오스트레일리아에 살았다면 유럽 지역에 살게 된 오스트레일리아 원주민이 훨씬 앞선 문명을 만들어서 오스트레일리아에 사는 유럽인을 정복했을 것으로 설명한다.[16]

그런데 생물학적 차이와 환경적 차이를 분리하면서 그 중 무엇이 역사 발전에 더 큰 영향을 미쳤는지 우열을 논할 수 있을까? 과연 생물학적 차이와 환경적 차이는 분리될 수 있는 것일까? 사람의 생물학적 특성과 사람을 둘러싼 환경은 서로 조응하면서 영향을 주고받고, 인종적 특성을 포함한 인간의 생물학적 특성은 바로 수어진 환경에 적응된 결과라는 사실에 주목해야 한다. 아마도 지금의 유럽인의 조상과 오스트레일리아 원주민의 조상이 그 옛날 유럽과 오스트레일리아를 서로 바꿔서 갔다 하더라도 역시 유럽에서 온 백인이 오스트레일리아에 사는 원주민을 정복하는 역사는 그대로 되풀이되었을 가능성이 높다. 왜냐하면 그 어떤 조상이 유럽에 갔더라도 유럽의 환경에 맞는 생물학적 특성을 지니게 되어 결국 백인이 되었을 것이고, 그 누가 오스트레일리아에 갔더라도 그 지역의 환경에 맞는 생물학적 특성을 갖게 되어 오늘날의 원주민처럼 되었을 것이기 때문이다. 결국 여러 지역으로 이동하면서 각기 다른 환경에 적응하게 되었고 이러한 환경 적응성이 인종의 다양성을 포함한 인간 유전자의 다양성을 가져온 것이다.

인종의 다양성은 질병 발생에 있어서도 차이를 가져왔다. 질병 발생은 변화된 생활환경에 유전자의 적응이 제대로 이루어지지 않아서 발생되는 것이다. 따라서 A 인종이 B 인종이 사는 생활환경으로 이동하게 되면 A 인종은 질병이 발생되기 쉽게 되기 때문에 A와 B 인종이 같은 생활환경에 살더라도 질병 발생률은 서로 차이가 날 수 있다. 예를 들어 아프리카에서 살다가 미국으로 이주하게 된 흑인은 미국에서 산 백인에 비해 고혈압 발생률이 높다. 왜냐하면 흑인의 유전자는 더운 기후의 환경에 적응되어 있는데 갑자기 추운 기후를 가진 환경을 접하게 되면서 이에 대한 적응이 이루어지지 않았기 때문이다. 따라서 각 지역별 질병 발생 양상을 살펴볼 때 생활환경에 대한 각 인종 간의 적응의 차이를 고려해야 한다.

04

유전자,
억울한 누명을 쓰다

환경에 유리한 유전자가 살아남는다

앞에서도 언급했지만 지금으로부터 1만 2천 년 전은 인류 역사의 중요한 분기점이다. 빙하기가 끝나면서 유라시아의 기후가 온화해졌고 이로 인해 문명이 태동되기 시작했기 때문이다. 문명은 다름 아닌 농사를 짓는 것에서 출발했다. 온화해진 유라시아 대륙의 기후는 농사 짓기에 적절했고 사람들은 집단을 이루어 살기 시작했다. 야생 곡류 생산지가 확대되면서 수확량도 크게 늘어났고 덕분에 곧 좋은 곡류만을 골라 심을 수 있게 되어 곡류의 작물화로 이어지게 되었다. 바야흐로 수렵채집의 시기에서 본격적으로 농업의 시대로 전환된 것이다. 곡류의 수확이 늘면서 이를 가공하고 저장하는 기술도 신속하게 나타났다. 식량 생산의 증가는 곡물을 베는 낫이나 운반용 도구, 껍질을 벗기는 기술, 남은 곡물을 저장하는 시설 등의 발명을 낳게 되었는데 이러한 변화는 인간 문명의 시작을 알리는 것이었다.[17]

농업혁명은 단순히 작물 생산의 증대에 그치는 것이 아니라 인류 최초의 문명의 기반을 이룬 것으로 볼 수 있다. 식량의 생산과 분배 체계, 잉여분에 대한 저장 시설의 발전은 과거보다 복잡한 사회를 형성시켜 가는 가장 중요한 계기가 됐으며 또한 정치적 집중화를 가져와서 국가로 발전해 나가는 원동력이 되었다. 이러한 발전은 수렵채집 시대의 제한된 활동 반경을 크게 넓혀 잉여 생산물의 교환을 위한 교역을 불러왔으며 이로 인해 인간의 활동 반경은 먼 지역에까지 이르게 되었다. 하지만 활동 반경의 확장은 다른 한편으로는 새로운 질병과 접하게 되고 서로의 질병을 교환하여 공유하는 계기도 되었다.

새로운 환경을 접했을 때 인류가 적응해 왔던 주된 방법은 자연선택이었을 것이다. 변이가 있는 유전자 중에서 그 환경에 유리한 대립유전자가 살아남기 쉽고, 이 대립유전자는 그 환경에서 훨씬 전파력이 좋기 때문에 어느 정도의 시간이 지나면 그곳에 거주하는 인구 집단의 다수가 그 대립유전자를 갖게 된다. 오늘날과 달리 의료 기술이 발전하지 못한 과거에는 자연선택이라는 기전이 보다 강력하게 작용해서 대립유전자의 분포에 미치는 환경의 영향이 상당히 컸다고 할 수 있다. 따라서 환경이 다른 곳에 사는 인구 집단 간에는 대립유전자의 빈도가 서로 차이가 나게 된다. 예를 들어 과거에 수질이 좋지 못해 음용수로 적절한 물을 찾기 어려웠던 지역에서는 포도주 등 알코올 소비가 높을 수밖에 없었고 따라서 알코올을 대사해서 독성이 적은 물질로 만드는 대립유전자의 빈도도 높아져서 알코올에 과민하게 반응하는 사람을 찾기가 어렵다. 반면에 한국이나 일본과 같이 수질이 좋고 음용수가 풍부했던 지역에서는 알코올이 생존에 영향을 줄 만큼 중요하지 않았다. 그래서 알코올을 비독성물질로 대사하는 대립유전자의 빈도가 상대적으로 낮아지게 되었으며 그 결과 오늘날 한국이나 일본 등에서는 알코올에 과민한 사람들을 흔히 볼 수 있게 된 것이다.

물론 자연선택만이 인구 집단의 다양성을 가져온 것은 아니다. 실제로 인구 집단 간의 유전체를 비교해 볼 때 나타나는 대립유전자의 빈도 및 대사 기능의 차이 등을 자연선택만으로 설명하기 어려운 경우들이 있다. 어떤 작은 인구 집단이 비교적 큰 인구 집단에서 떨어져 나와 새로운 곳으로 이동하여 고립된 채 살아갈 때 원래의 환경과는 전혀 다른 환경에 적응하게 되면서 자연선택된 대립유전자의 빈도가 늘어나는 경우도 있지만 환경 적응과는 아무런 관련 없이 유전자 빈도가 변하게 되는 경우도 있다.

예를 들어 약 3만 년에서 1만 5천 년 전에 대략 3-4개의 대가족이 얼어붙은 베링해를 건너 북아메리카로 이동하여 그곳에 정착하고 그중 일부가 다시 남아메리카로 이동한 것으로 알려져 있다. 이동과 정착 과정에서 자연선택과는 관련 없는 여러 가지 이유로 이들 중에서 다시 일부만 생존하여 자손을 낳았다면 최종적으로 만들어진 인구 집단의 유전자적 특성 혹은 대립유전자 빈도는 이들이 떠나온 인구 집단과는 상당히 다르게 될 수 있었을 것이다.[18] 그러나 이처럼 대립유전자 빈도에 영향을 미치는 요인이 여러 가지 있다 하더라도 결국은 환경에 대한 적응 압력인 자연선택의 힘이 가장 컸다고 볼 수 있다. 특히 인구 집단 중 상당수가 다음 세대로 유전자를 전달하기 전에 사망했던, 즉 오늘날처럼 수명이 길지 않았던 과거에는 주어진 환경에 얼마나 잘 적응하느냐가 생존과 유전자 전달에 가장 중요했을 것이다.

1만 년 전부터 급격한 변화를 요구받는 유전자

인류의 유전자는 현생인류뿐 아니라 선행인류까지 포함한다면 수백만 년이라는 긴 세월에 걸쳐 만들어지고 조성되었기 때문에 상당히 오랜 기간 동안 서서히 형성되었다고 보아야 한다. 또 인간은 다른 동물들과는 다르게 환경에 적응하면서 한편으로는 자신을 둘러싼 환경 자체도 변화시키면서 살아 왔다. 집을 짓고 의복을 만들어 입고 불과 도구를 사용해 오면서 인간이 만든 환경에 대한 적응도 오랜 기간에 걸쳐 같이 이루어졌다. 그런데 인류가 아프리카를 벗어나 이동을 시작하면서 비교적 짧은 기간에 환경 변화에 의한 영향을 많이 받게 되었고 유전자의 입장에서는 그 이전과는 전혀 다른 새로운 환경의 도전을 맞이하게 되었다. 인류의 이동이 시작된 5만 년 전부터 유전자는 인류가 맞닥뜨린 다양한 환경에 적응하면서 보다 빠르게 변할 것을 요구받았을 것이고, 최근 1만 년 전부터는 문명이 만들어지면서 더욱 빠른 속도로 변화를 요구받았을 것이다.

인류의 대이동 이후 문명화는 지리적 환경 때문에 서로 고립되어 진행되기도 했는데 이는 자연환경과 더불어 생활환경의 차이를 만들어서 인구 집단 간에 서로 다른 대립유전자의 비율을 갖게 한 원인으로도 작용했다. 우유를 소화할 수 있는 효소인 락타아제lactase 생산 유전자를 보면 대립유전자의 비율이 인구 집단 간에 달라지는 이유를 알 수 있다. 일반적으로 락타아제 생산은 인간을 포함한 대부분의 포유류에서 이유기 시기에 멈추어 더 이상 체내에서 만들어지지 않는다. 그러나 우유를 중요한 영양소 공급원으로 삼아온 문화권에서는 성인기에도 체내에서 락타아제를 생산해야 우유를 계속 마실 수 있기 때문에 이와 관련된 대립유전자는 유럽 등 우유를 마시는 문화권에서는 급속하게 증가될 수 있었다. 그래서 오늘날 대부분의 유럽인들은 우유를 마시는 데 별 문제가 없다. 반면 우유가 주된 영양소 공급원이 아니었던 한국과 같은 동아시아 문화권에서는 우유를 마시면 설사 등의 증상이 생겨서 우유를 마시지 못하는 사람들을 흔히 볼 수 있다. 이들에게는 락타아제 생산과 관련된 대립유전자가 적기 때문이다.

이러한 예는 유전자의 변화가 환경의 변화에 적응되면서 자연선택 과정을 통해 이루어진다는 것을 보여주는 것이다. 이와 같이 유전자의 변화는 환경의 변화보다 나중에 일어난다고 볼 수 있지만, 자연선택의 힘이 강력할 때는 비교적 짧은 기간, 예를 들어 몇 천 년 정도의 시간 안에 일부 유전자는 환경의 변화에 조응하여 상당한 변화를 초래할 수 있다. 최근 인간 유전체를 연구하는 국제 연구팀이 인간 유전자 변이의 공통 패턴을 분석하여 서로 연속되어 있는 염기서열의 구간을 일체배형haplotype이라 정의했는데, 이 일체배형을 연구한 결과를 보면 인종 간 혹은 지역 간에 차이가 나는 것을 알 수 있다. 또 일체배형이 발생한 시기도 추정할 수 있는데 차이가 나는 유전자의 경우 그 발생 시기가 상당 부분 1만 년이 채 안 되는 가까운 과거였다는 것이 밝혀졌다. 이는 1만 년 전 문명화가 진행되는 과정에 유럽이나 동아시아의 각 지역에서 자연선택의 강력한 힘이 있었다면 일부 유전자의 경우 그 영향을 많이 받았을 가능성을 의미한다.[19]

따서 유전자의 변이, 즉 새로운 대립유전자의 발생은 최근 인류 역사, 그 중에서도 1만 년 전부터 이루어진 인류의 문명화와도 상당한 관련이 있다고 볼 수 있다. 특히 강력한 선택적 이익과 관련이 있는 대립유전자는 그 지역의 생활환경에 매우 적응된 유전자일 수 있다. 그리고 환경적인 변화에 대한 자연선택의 압력이 상당히 크다면 환경 적응에 유리한 대립유전자가 새롭게 발생되어 그 인구 집단의 상당수에 이르는 데 걸리는 시간은 몇 천 년이면 가능하다. 이 몇 천 년이란 시간은 인류가 각 지역의 서로 다른 환경에 정착하는 데 걸린 시간보다 짧기 때문에 오늘날 우리는 인종 간 유전자 변이의 상당한 차이를 볼 수 있는 것이다. 따라서 우리가 인종 간에 유전적 차이가 있다고 이야기할 때 그 차이는 원래부터 갖고 있었던 것이 아니다.

다양한 환경에 적응하면서 자연선택된 유전적 차이가 인종 간의 차이를 만든 것이다.

DNA 정보는 단지 설계도이다

지금까지 생명 현상의 가장 중요한 과정인 유전자에서 단백질 발현까지를 설명하는 정설로 알려져 온 센트럴 도그마Central Dogma라고 불리는 이론에서는 DNA의 정보가 RNA로 복사되고 이렇게 만들어진 RNA 정보는 단백질을 생산하는 데 사용된다는 핵심적인 틀을 주장한다. 1953년에 프랜시스 크릭Francis Crick과 제임스 왓슨James Watson이 DNA의 구조를 밝힌 이후 DNA가 단백질을 만들어 내고 다음 세대로 유전 정보를 전달하는 가장 핵심적인 역할을 한다는 센트럴 도그마는 생물학적 현상을 설명하는 기본적인 이론으로 자리를 잡아왔다. 그러나 유전 정보를 갖고 있는 DNA가 생물체가 나타내는 생물 현상의 가장 정점에서 명령을 내리고 수행을 할 것이라는 이러한 이론은 사실 DNA의 역할에 대한 심각한 오해를 불러일으킬 수 있다.

DNA는 세포에서 끄집어내어 적절한 곳에 보관만 잘하면 아주 오랜 기간 보존될 수 있다. 오래된 화석에서 DNA를 얻어 염기서열을 분석했다는 보도를 종종 접할 수 있는 것은 A, C, G, T로 구성된 염기가 서로 연결되어 있는 긴 사슬의 DNA가 특별한 보존 방법 없이도 오랫동안 유지될 수 있기 때문이다. 즉 DNA는 살아 있는 생명체라기보다는 마치 정보가 가득 들어 있는 책과 같다고 할 수 있다. 실제로 생물체의 정보를 갖고 있는 설계도라고 하는 것이 더욱 정확한 표현일 것이다. 생물체는 이러한 설계도를 바탕으로 생물 현상을 표현하고 다음 세대로 전달하는 것이다. 결국 DNA는 정보를 표현하게 하는 설계도로서의 역할을 하는 것이지 생물 현상의 표현을 주관하는 것은 아니다.

생명 현상의 지휘체계의 가장 정점에서 DNA가 갖고 있는 정보를 이용해 표현을 주관하는 것은 사실 DNA 운영체계이고 단백질이 중요한 역할을 하고 있다. 단백질은 생물체가 외부와 접하는 모든 기관, 즉 눈이나 피부, 기관지와 폐, 그리고 위장 등으로부터 외부 자극을 세포 표면에서 감지하는 역할을 하고 또 이를 세포 내의 핵으로 전달한다. 핵 내에는 유전자의 덩어리인 염색체가 있는데 이 염색체는 사실 DNA와 이를 둘러싼 단백질이 거의 반반씩 차지하고 있다. 감지된 자극이 핵 내의 염색체로 전달되면 적절한 반응을 하기 위해 염색체 중 해당되는 유전자를 둘러싼 단백질이 풀어진다. 마치 책에서 읽고 싶은 페이지를 펼치듯이 유전자를 드러내게 되고 이 유전자로부터 RNA를 거쳐 원하는 단백질이 만들어지게 되는 것이다.

생명체가 외부 환경에 적응하면서 유지되고 발전했다면 외부의 환경적 자극을 감지하고 DNA 정보를 이용해 반응하게 하는 것이 생명 현상을 주도하는 과정일 것이다. 그렇게 본다면 DNA의 유전 정보가 아니라 이러한 유전 정보를 활용하는 단백질이 생명 현상을 나타내는 데 있어서 보다 주도적인 위치에 있다고 볼 수 있다. 단백질이 외부 환경적 자극을 감지하고 이에 대한 대응을 주도하는 생명체 내의 물질이라면 생명 현상을 이끌어가는 안내자의 역할을 하는 것은 환경적 자극이다. 생명 현상은 생명체가 외부 환경적 자극에 반응하고 이를 이용해 생명을 유지하고 다음 세대를 퍼트리는 것이므로 생명체의 존속과 발전을 위해 그 길을 유도하는 것은 환경적 자극인 것이다. 따라서 DNA의 유전자 정보는 이러한 환경-생명체 관계의 틀 안에서 생명체의 반응을 만들어 내는 데 매우 중요하게 활용되지만 생명 현상을 주도하는 것은 아니다.

유전자는 특정한 형질을 만들어 내는 유전체의 어떤 한 부분을 말한다. 유전자가 만성질환의 가장 중요한 요인일 것이라는 생각 역시 유전자 역할에 대한 오해에서 생겨난 것이다. 유전자는 생명체의 정보체계이고 이 정보는 오랜 시간에 걸쳐 환경에 대응하고 적응해 왔다. 이 중 주어진 환경에 최적으로 적응되어 표현될 수 있는 정보체계가 살아남아 오늘날 우리 몸의 유전자를 이루고 있는 것이다. 따라서 유전자가 질병을 주도적으로 일으킬 것이라는 생각은 마치 설계도를 갖고 있으면 집이 저절로 지어질 뿐 아니라 결함 있는 설계도 때문에 잘못된 집들도 저절로 지어질 것이라는 생각과 같다. DNA라는 설계도를 이용해 실제로 집을 짓는 일을 하는 것은 단백질이며 잘못된 집, 즉 질병이 나타나는 이유는 우리가 갖고 있는 대부분의 유전자의 설계도는 오래전에 만들어진 것이어서 지금의 환경에 맞지 앓는 집을 짓기 때문이다.

유전자 혼자 힘만으로 질병이 가능할까

유전자는 유전체에서 특정한 형질을 만들어 내는 어떤 한 부분을 말한다. 유전자의 변이는 유전자의 자연 발생적인 돌연변이 혹은 유전자 복제의 오류 등에 의해 발생하게 된다. A, C, G, T의 조합으로 구성되어 있는 긴 유전자의 사슬 중 어느 한 곳이 오류에 의해 코드가 바뀌었기 때문이다. A 자리에 C가 들어갔거나 G라는 코드가 어떤 자리에 있다가 없어졌거나 또는 TT와 같이 T 하나가 들어갈 자리에 두 개가 들어갔거나 하는 오류에 의한 것이다. 그런데 유전자의 변이로 인해 나타나는 표현형이 다양해지면 그 중에는 현재의 표현형보다 특정 환경에 보다 잘 적응하는 표현형이 나타날 수 있고 이러한 유전자는 살아남기가 쉽다.

　유전자는 정보의 형태로 우리 몸의 표현형을 결정하는 기본 골격이라고 할 수 있는데 생물체의 다양성은 유전자의 차이에서 나오는 것으로 이해할 수 있다. 그러나 대부분의 표현형은 어느 특정 유전자에 국한되지 않고 여러 유전자가 복합적으로 작용하여 나타난다고 보는 것이 타당하다. 체격, 지능과 같은 특성뿐 아니라 고혈압이나 당뇨병과 같은 질환에 이르기까지 어느 한 유전자가 아니라 많은 유전자들이 서로 연결되어 영향을 준다. 더욱 중요한 것은 이러한 유전자들은 환경 적응의 산물이므로 인간을 둘러싼 환경과 상호작용하면서 서로 영향을 준다는 것이다. 따라서 환경과의 상호작용을 고려하지 않고 유전자들의 영향만으로 이러한 특성이나 질병을 설명하려고 하는 시도는 성공하기 어렵다.

최근에 유전체 전체와 질병 발생과의 관련성 연구를 통해 유전자 변이로 생성된 대립유전자가 만성질환의 위험도를 얼마나 높이는지에 대한 정보들이 많이 산출되었다. 유전체 전체를 이용한 관련성 연구의 기본적인 논리는 특정 인구 집단에서 흔한 질환은 그 집단에 비교적 흔한 유전자 변이의 영향을 받을 것이라는 것이다. 여러 대규모 연구가 흥분과 기대 속에서 이루어졌는데 많은 사람들이 예상했던 것과 달리, 대부분의 흔한 유전자 변이도 그 자체가 질병 발생을 일으킬 확률은 적을 뿐 아니라 이러한 변이들 전체를 갖고 질병 발생을 설명할 수 있는 부분 또한 매우 적다는 것이 밝혀졌다. 예를 들어 전 세계의 여러 연구자들이 많은 연구를 통해 만성질환과 연관되어 있는 1천2백 개 이상의 유전자 변이를 찾았지만 이러한 변이로 설명할 수 있는 질병 영향은 고작 몇 퍼센트밖에 되지 않는 것으로 나타났다.[20] 또한 이러한 유전자 변이 중에서도 뚜렷하게 만성질환의 발생과 관련되어 있는 유전자 변이는 아주 소수에 불과했다. 면역 반응을 조절하는 MHC 유전자 변이와 세포 노화에 영향을 주는 INK4/ARF 유전자 변이 정도가 만성질환의 발생에 뚜렷한 역할을 한다는 것이다.[21]

이렇게 인간의 유전체만으로 질병을 이해하고 설명하려는 시도는 결국 유전자의 역할이 증발된 것 같다는 미스터리에 빠져버렸다. 유전자 설명력이란, 어떤 인구 집단에서 집안의 내력적인 모든 영향을 분모로 하고 그 중 유전자 변이에 의한 영향을 분자로 했을 때의 비율이다. 키는 집안의 내력적인 영향이 크다고 알려졌지만 키와 관련이 있다고 알려진 40개의 유전자가 실제로 설명할 수 있는 부분은 내력적인 영향의 5퍼센트에 불과하다.[22] 만성질환인 당뇨병이나 관상동맥질환의 경우도 지금까지 밝혀진 유전자로는 집안의 내력적인 영향을 5퍼센트 이상 설명하기 어렵다.[23] 물론 연구 대상 규모가 커지면 더 많은 유전자가 관련이 있다고 밝혀질 수도 있겠지만 이 경우에도 유전자 설명력이 크게 바뀌지는 않을 것이다. 이렇게 유전자 설명력이 낮은 이유에 대해서는 아직도 찾지 못한 유전자 변이가 상당히 많이 있을 가능성과, 분모에 해당되는 값, 즉 인구 집단에서 집안의 내력적인 영향을 과다하게 추정했기 때문에 상대적으로 비율이 작게 산출되었다는 점 등을 들고 있기는 하지만, 근본적으로는 만성질환을 유전자 혹은 유전자 변이가 초래한다고 할 수 없기 때문이다.

사실 이는 놀라운 결과였다. 왜냐하면 유전자가 표현형을 결정하기 때문에 질병이라는 표현형도 유전자에 의해 발생할 것이라는 오랜 믿음을 근본부터 흔들었기 때문이다. 노란 콩은 노란 콩을 맺고, 녹색 콩은 녹색 콩을 맺거나 교배에 의해 중간색이 나온다는 멘델의 법칙, 즉 표현형을 결정하는 것은 특정 유전자의 구성이며 그 유전자가 후세에 전달된다는 오래된 원칙이 적어도 만성질환에서는 잘 통하지 않는 것처럼 보인다. 이러한 결과들이 연구자들을 혼란에 빠뜨리고 있지만 실은 유전자 변이만을 갖고 유전적인 영향을 설명하려 했던 시도 자체가 무리였다고도 볼 수 있다. 인류는 자연선택이라는 과정을 통해 질병의 발생 위험을 높이는 유전자 혹은 유전자 변이를 제거하거나 줄여왔다. 이처럼 유전자는 인류의 진화 과정을 통해 질병의 위험을 줄이는 방향으로 변해 왔기 때문에 유전자로 질병의 대부분을 설명할 수 있다는 생각은 처음부터 맞지 않는 것이다. 오히려 특정 질병의 위험도를 높이는 유전자의 변이가 5퍼센트 이상 있다면 이는 매우 예외적인 경우이며 이와 관련된 자연선택의 이익이 있는 경우라고 할 수 있다.

질병을 사라지게 할 수 있는 방법

인간의 질병을 결정하는 주 요인으로 〈유전적인 영향이 큰가, 환경적인 영향이 큰가?〉 하는 논란은 아직도 중요한 논의의 하나이다. 혹자는 인간의 현재 표현형을 결정하는 것이 유전자이므로 당연히 유전자가 인간의 질병을 결정하는 요인이고 환경은 부차적일 뿐만 아니라 기여하는 바도 적다고 주장하기도 한다. 사실 이러한 생각이 지난 몇 십 년간 학계를 지배해 왔다. 이는 언뜻 생각해 보면 타당하게 보이지만 실은 인류의 역사, 즉 인류의 탄생부터 현재까지 인간이라는 존재가 진화하면서 거쳐온 역사를 제대로 이해한다면 곧 그렇지 않다는 것을 알게 된다.

인간의 유전자는 아무런 이유 없이 스스로 변화되어 온 것이 아니며 자연선택의 압력에 의해 환경에 잘 적응된 유전자만 살아남아 오늘날 인간의 유전체를 이루고 있다. 이러한 인식은 오늘날 크게 늘어나고 있는 여러 가지 질환의 원인을 이해하는 데에 중요한 의미를 지닌다. 왜냐하면 그동안 유전자는 환경에 잘 적응해 왔는데 최근에 아무런 이유 없이 질병을 일으키는 유전자 변이가 생겨서 갑자기 질병이 많이 발생하게 되었다고는 할 수 없기 때문이다. 만일 질병을 스스로 초래하는 유전자가 있었다면 이미 자연선택 과정을 통해 탈락되었을 것이다. 즉 질병이란 환경 조건이 바뀌었는데 이에 대한 유전자의 적응이 이루어지지 않았을 때 생기는 것이지, 유전자 자체에 질병을 일으키는 특성 혹은 프로그램이 있어서 질병을 일으키는 것이라고 보기는 어렵다.

인간의 유전자는 오랜 세월에 걸쳐서 인류의 조상이 겪어온 생활환경에 적응하는 과정을 거쳤다고 할 수 있는데, 문제는 과거의 생활환경과 오늘날의 생활환경은 상당히 다르다는 것이다. 오늘날 우리가 일상생활에서 접하는 환경적인 요인, 예를 들어 흡연 등과 같은 유해환경은 길어봐야 수백 년의 역사에 불과하다. 특히 현대인의 생활환경 대부분은 수백 년의 기간 중에서도 지난 몇 십 년 동안에 만들어진 것이기 때문에 지금과 같은 새로운 환경에 노출된 기간은 더욱 짧다고 할 수 있다. 따라서 현대인의 유전자는 바뀐 생활환경에 아직 적응되지 못한 상태로 남아 있는 것이다.

인류가 생활환경을 만들어 가는 데 필요했던 시간과 이에 대한 유전자의 적응과 진화에 걸리는 시간에 별반 차이가 없을 때는 질병의 발생이라는 문제가 거의 없었다. 생활환경의 변화가 거의 없었던 문명 이전이나 변화가 있었다 하더라도 아주 느리게 진행된 문명 초기에는 환경의 변화와 유전자 적응의 시간 차이로 인한 문제는 크지 않았을 것이다. 그러나 새로운 환경이 만들어지는 데 걸리는 시간이 매우 짧아진 현대에는 유전자가 적응을 할 만큼의 시간적 여유가 없기 때문에 부적응이 생기게 되고 이 부적응은 현대인에게 질병으로 나타날 수 있다. 더욱이 최근에는 여러 가지 의학 기술의 발전 등으로 자연선택의 압력이 더 이상 큰 효력을 발휘하지 못하고 있어서 상대적으로 새로운 환경 노출과 유전자의 부적절한 대응 사이에 형성된 부적응 상태는 자연선택으로 해소될 수가 없다. 또한 우리의 생활환경을 살펴보면 과거와는 다른 생활 습관 이외에도 대기오염, 식품 첨가물, 플라스틱, 화학물질 등 상당히 많은 물질들이 최근에 노출되기 시작했다. 이러한 현대인의 생활환경이 〈유전자와 환경의 부적응 상태〉를 더욱 크게 만들어서 질병으로 나타나는 것이다.

현대인의 생활환경이 변하지 않는다고 가정했을 때, 지금의 환경에 유전자가 적응하여 오늘날 만연해 있는 여러 가지 현대인의 질병이 없어지려면 시간이 필요할 것이다. 특히 과거와는 달리 자연선택의 압력이 크지 않은 현대에 유전자 변이에 의해 새로운 환경에 적응하는 데에는 상당히 오랜 시간이 필요할지 모른다. 물론 환경에 대한 적응은 1장에서 살펴본 것처럼 유전자 변이만으로 이루어지는 것이 아니라 유전자 발현을 조절하는 후성유전학적 변화도 중요한 역할을 할 수 있다. 만일 후성유전학적인 변화를 통해 새로운 환경에 적응을 하게 된다면 유전자 변이에 의한 적응보다 더 빠른 시기에 적응할 수도 있어서 몇 세대 지나면서 현재의 질병은 줄어드는 양상을 보일지도 모른다. 최근에 보고되고 있는 여러 가지 주목할 만한 과학적 증거들은 이러한 적응 현상을 나타내고 있어서 후성유전학적인 변화와 함께 생활환경을 유전자의 적응 상태에 보다 맞게 변화시키는 노력을 하면서 질병에 대한 치료 기술을 더욱 발전시켜 나간다면 질병의 극복이 불가능한 것만은 아니다.

제2부

질병을
탄생시킨
8가지
환경 요인

05

드디어,
영양 섭취에 문제가 생겼다

식물성 먹거리에서 잡식성으로

약 3백만 년 전 오스트랄로피테쿠스가 살던 시기는 기온이 내려가면서 추워지고 울창한 밀림이 점차 사라지면서 건조한 사바나 기후의 초원으로 바뀌던 때였다. 그래서 나무에서 쉽게 열매나 잎을 따먹는 생활에서 땅에서 자라는 풀이나 채소 등을 주로 먹는 생활로 바뀌었던 것으로 보인다. 따라서 사바나 기후에서 살았던 초기 선행인류의 식품 섭취는 아마도 거의 대부분이 풀이나 채소, 식물 줄기와 같은 식물류를 통해서 했을 것이며, 또 낮게 자라나는 덤불의 열매나 씨앗 등도 얻을 수 있었을 것이다.[1] 발굴된 고생태학적 증거를 통해 오스트랄로피테쿠스의 치아 구조와 마모 패턴 등을 볼 때 풀이나 채소,

과일 등을 주로 섭취했다는 것을 추정할 수 있다. 이들의 어금니는 현대인보다 상당히 큰 반면에 송곳니와 앞니는 작아서 고기를 씹는 데에는 적합하지 않지만 채소나 과일을 씹는 데에는 효과적이기 때문이다.[2] 이후 시간이 지나면서 더 딱딱하거나 잘게 갈아서 먹을 수 있는 견과류나 씨앗 등의 섭취가 증가하게 되었다. 이러한 변화는 식물성 지방 섭취의 증가를 가져와 음식물 섭취를 통한 에너지 확보가 보다 원활해졌음을 의미한다.

선행인류 초기에는 식물류 외에도 곤충이나 벌레 혹은 작은 동물들을 먹다가 세월이 흐르면서 사냥을 통해 좀 더 큰 동물을 잡아먹게 되었고 이를 통해 동물성 단백질과 지방 섭취량을 조금씩 늘려왔다. 사실 우리가 바삭바삭한 음식을 좋아하는 이유가 딱딱한 껍질의 곤충을 즐겨 먹었기 때문이라는 분석도 있다. 최근까지만 해도 우리가 번데기뿐 아니라 메뚜기를 튀겨서 즐겨 먹었다는 사실을 보면 대체 음식이 없을 때는 언제든 곤충이 우리의 훌륭한 음식이 될 수 있다는 것을 보여준다. 아마도 곤충류나 그 애벌레는 상당히 오랫동안 인류에게 중요한 영양소를 제공해 주는 역할을 했을 것이다. 하지만 근래에 곤충이 우리의 식단에서 사라진 것은 동물성 단백질이나 지방을 제공할 수 있는 다른 먹거리가 충분히 생겼기 때문일 수 있다.

침팬지의 생활 습성을 연구한 제인 구달은 침팬지가 어린 비비원숭이를 잡아먹는 것을 관찰한 적이 있는데, 이러한 습성을 보면 침팬지와 공통 조상을 갖는 오스트랄로피테쿠스도 아마 작은 동물을 잡아먹거나 죽은 동물의 사체를 먹기도 했던 것으로 추정해 볼 수 있다.³ 선행인류에게는 대략 250만 년 전부터 동물성 식품이 에너지 섭취에 있어서 중요해지기 시작했던 것 같다. 이 시기 이후에 어금니와 아래턱이 작아지면서 송곳니의 모양이 변하는 것을 보면 견과류나 씨앗을 갈아 먹는 것보다 고기 등을 찢어 먹기에 좋은 쪽으로 변화가 생긴 것을 알 수 있다. 120만 년 전쯤에 이르면 선행인류는 도구를 잘 다룰 수 있게 되면서 도구를 이용해 동물을 잡아 죽이고 찢어서 먹을 수 있게 되었을 뿐만 아니라 불을 이용해 고기를 안전하게 익혀 먹게 되었다. 그러면서 이후 점차 동물성 식품의 비중을 높여가게 되었다. 또한 초원이나 호숫가 같은 환경에서 살면서 물고기를 포함한 다양한 음식을 섭취하게 되어 잡식성으로 바뀌었음을 여러 증거를 통해 확인할 수 있다.⁴ 오늘날에도 수렵채집인으로 살아가고 있는 아프리카의 칼라하리 사막 남부 지역의 종족은 150종류 이상의 식물과 100종류 이상의 동물을 먹는다. 또한 오스트레일리아의 원주민들 역시 100종류 이상의 식물과 200종류가 넘는 동물과 물고기 등을 먹는 것을 볼 수 있다.⁵

먹잇감이 풍부하지 못한 사바나 기후 환경에서는 식습관이 어떤 특정 음식 섭취로 고정되는 것보다는 닥치는 대로 먹는 잡식성으로 되는 것이 살아남기에 유리했다. 이처럼 잡식성이었던 선행인류의 영양 섭취를 식품 영양학적으로 본다면 현대인보다 훨씬 단백질 섭취 비중이 높았을 것이다.⁶ 탄수화물 섭취는 오늘날에 비해 훨씬 적었는데, 대개 적은 양의 녹말 정도를 섭취할 뿐이어서 탄수화물이 현대인의 식이 에너지에서 차지하는 비중에 비하면 이에 훨씬 못 미치는 수준이었다. 식이섬유는 오늘날에 비해 훨씬 많이 섭취했고, 비타민과 미네랄도 대부분 더 많이 섭취했던 것 같다.[7] 한편 지방 섭취, 특히 콜레스테롤을 높이는 포화지방산은 지금보다 훨씬 적게 섭취했을 것이다. 지방은 주로 불포화지방산으로 섭취했는데, 구성비를 보면 오메가6와 오메가3가 같은 수준이거나 오메가3의 섭취가 오메가6에 비해 다소 많았다.[8]

뇌가 요구하는 것을 모두 들어준 수렵채집인들

식품 섭취에서 육식이 차지하는 비중이 점차 커지면서 동물성 단백질 섭취가 늘어났을 것인데, 이는 신장이 커지면서 오스트랄로피테쿠스에서 직립원인으로 변화되는 것과 시기가 일치한다.[9] 그런데 동물성 단백질의 섭취는 단순히 신장을 늘어나게 한 것뿐만 아니라 영양학적으로 훨씬 중요한 영향을 미쳤다. 특히 인간의 진화에 가장 중요한 특징인 뇌 크기의 증가에 결정적인 영향을 미쳤다고 할 수 있다. 인류의 두개골 용적은 대략 오스트랄로피테쿠스의 3배 정도 된다. 복잡한 사회관계를 만들어 가는 특성이 뇌를 크게 하는 데 중요한 역할을 했다고 볼 수 있지만, 침팬지나 고릴라의 조상들이 사회관계를 형성하는 능력에 있어서 초기의 선행인류와 특별히 달랐다고 가정할 만한 이유는 없다. 따라서 사회적 복잡성은 뇌의 크기를 증가

■
왼쪽부터 오랑우탄, 침팬지, 인간의 모습.
다른 유인원보다 인간의 뇌 크기가 훨씬 크다는 것을 알 수 있다.

시키는 데 반드시 필요하기는 하지만 그 이유만으로 뇌가 커지는 것은 아니라고 할 수 있다.

   사바나에서 살게 된 선행인류는 어디에 어떤 식물이나 먹이가 있는지 그리고 다른 맹수들을 어떻게 피해야 하는지 등을 알아야 했고 이러한 새로운 환경이 주는 선택압력이 뇌의 크기를 크게 하는 방향으로 작용했을 것이다. 사실 맹수와 같은 날카로운 발톱이나 이빨도 없고 달리는 속도도 빠르지 않은 데다 먹이마저 쉽게 얻지 못하는 환경에서 선행인류가 유일하게 생존을 유지하는 방법은 생각의 힘이었

드디어, 영양 섭취에 문제가 생겼다   95

다. 따라서 새로운 환경에 적응하지 못한 이들은 도태되었고, 새로운 환경에 효과적으로 적응할 수 있는 지적 능력을 갖춘 이들이 선택되어 퍼져 나갔을 것이다. 그리고 이러한 지적 능력의 발달을 뒷받침해 준 것이 뇌조직 형성에 필요한 적절한 식품 섭취였을 것이다.[10]

선행인류는 수렵 활동을 통해 다양한 동물의 지방, 특히 동물의 뇌와 골수를 먹을 수 있게 되었는데 동물성 지방은 단순히 에너지를 제공한 것뿐 아니라 긴 사슬의 불포화지방산도 제공해 주었다. 긴 사슬의 불포화지방산은 뇌신경세포막의 주요 구성 성분이어서 뇌기능과 밀접한 관련이 있다. 특히 아라키돈산AA, 도코사테트라엔산DTA, 도코사헥사엔산DHA은 포유류의 뇌 회백질에 있는 불포화지방산의 90퍼센트 이상을 차지하기 때문에 뇌의 성장과 발달에 매우 중요한 역할을 했다. 한편 뇌를 구성하는 신경세포인 뉴런은 다른 세포에 비해 에너지를 많이 사용한다. 사람의 뇌는 몸무게의 2퍼센트만을 차지할 뿐이지만 기초 대사율은 전체의 20퍼센트를 차지하기 때문이다. 즉 뇌의 크기 증가는 인류 진화의 가장 핵심적인 부분이지만 이는 기본적으로 에너지 소모를 상당히 많이 필요로 하기 때문에 고비용 체계로의 전환을 의미한다. 선행인류는 육류 혹은 고칼로리 식물성 음식을 섭취함으로써 에너지 소모를 감당했고 한편으로는 뇌 크기를 증가시킬 수 있었다. 특히 수렵을 통한 육류 섭취와 불을 이용한 조리는 현생인류로의 진화에 결정적인 역할을 했다고 볼 수 있다.

과거 수렵채집인들은 수렵에 의한 육류 섭취뿐 아니라 초원의 호수나 강에서 물고기나 수중생물 등을 잡아서 먹었을 가능성도 많이 있다. 물이 없으면 살 수가 없기 때문에 호수나 강 근처에 살면서 수렵보다 위험하지 않고 또 상당 수준의 인지 능력을 요하지 않는 수중 생물 획득은 충분히 가능한 일이었을 것이다. 다른 지역으로 이동을 할 때도 강을 따라가거나 혹은 바닷가를 따라 이동했고, 덕분에 강이나 바다에서 나오는 물고기와 조개 등을 섭취할 수 있었다. 수중생물 섭취 역시 뇌 발달에 중요한 역할을 하는데, 특히 DHA라 하는 도코사헥사엔산은 신경계 발달에 아주 중요한 긴 사슬의 불포화지방산으로 물고기나 조개 등 수중생물에 많기 때문이다.

음식 섭취에 의한 영양소의 공급뿐 아니라 식량 획득과 음식 준비는 기억과 계획에 크게 의존해야 하기 때문에 선행인류의 뇌 발달을 더욱 촉진시켰을 것이다. 수렵 활동은 먹이가 될 만한 동물이 있는 위치와 경쟁자인 맹수의 위치를 알고 있어야 하고 물이나 지형적인 특성 또한 기억하고 있어야 한다. 채집 활동 역시 어디에서 어떠한 식물이나 과일, 견과류 등을 얻을 수 있는지, 또 계절에 따라 어떻게 변하는지를 기억하고 있어야 한다. 한편 음식의 준비, 특히 불을 이용한 조리는 상당한 계획이 있어야 한다. 음식을 어디에 담아 어느 정도까지 익힐 것인지 등을 계획하지 않으면 귀하게 얻은 재료를 망칠 수 있기 때문이다. 더욱이 불은 위험하기 때문에 조심해야 하고 또 신경을 쓰지 않으면 꺼지기도 해 상당한 뇌 활동을 요구한다.

결국 수렵채집 활동을 통해 인류에게 영양학적, 해부학적, 행동학적 변화가 나타난 것이다. 그런데 이러한 변화는 어느 한순간에 일어났다기보다는 점차적으로 이루어졌다. 수백만 년에 걸친 이와 같은 여러 측면에서의 변화는 한편으로는 유전자의 변화와 함께 이루어졌을 것이며, 유전자의 변화 역시 점차적인 환경에 대한 적응의 결과였을 것이다.

농업혁명의 배신

농경과 목축 생활이 본격적으로 시작된 시기는 약 1만 년 전으로 알려지고 있다. 오늘날 서아시아가 지중해와 연한 지역, 흔히 비옥한 초승달 지대로 불리는 지역에서 농경과 목축이 처음 시작되었다. 아마도 초기에는 수렵채집 활동과 농경, 목축, 혹은 어류 획득이 뒤섞여 있다가 작물 생산이 늘어나는 지역에서는 농경이 주된 생활방식이 되었을 것이고, 작물 생산이 적합하지 않거나 목축이 효율적인 지역에서는 목축이 중심이 된 생활방식을 취했을 것이다. 농경과 목축은 곧 유럽, 아시아, 북아프리카 등으로 퍼져 나갔는데 각 지역에 맞는 방식으로 정착하게 되었다. 예를 들면 밀과 보리는 유럽과 서아시아의 주된 곡물이 되었으며 이후에 다소 추운 유럽 지역에서는 호밀과 귀리가 더해졌다. 포도와 올리브는 지중해 기후에서 잘 자랐으며, 수수와 기장은 밀과 보리와 더불어 인도 쪽으로 전해졌다. 약 9천 년 전쯤에는 중국에도 농경이 퍼져서 수수, 배추, 콩, 메밀, 복숭아, 감 등이 재배되었다. 쌀은 7천 년 전쯤부터 경작되기 시작했는데 곧 동

남아시아, 인도, 그리고 한국과 일본에까지 퍼져 나갔다.[11]

특히 오늘날의 문명을 형성하는 데 크게 기여한 작물은 밀, 쌀, 옥수수다. 현재 우리가 섭취하는 밀, 쌀, 옥수수는 원래의 자연 상태에서 자라나는 야생 그대로가 아니다. 돌연변이로 생긴 여러 종류 중에서 더 편리하게, 더 많이 생산할 수 있는 작물을 선택해 재배함으로써 이를 확산시킨 인간에 의한 선택 과정의 결과물이다. 인간은 이처럼 야생 작물에 대한 선택을 통해 작물의 형질을 변화시켜 왔고 그 작물을 통해 영양소를 공급받아 왔다. 이후 보다 우수한 작물이 나오면서 작물에 대한 의존도가 훨씬 높아져서 주된 영양 섭취를 단일 작물에 의존하게 되는 현상이 나타났다. 즉 야채, 과일, 견과류뿐 아니라 육류 등 〈다양한 음식〉을 통해 영양 섭취를 했던 수렵채집 시기에서 농경이 시작되면서 밀, 쌀, 옥수수 등 〈단일 작물〉을 통한 영양 섭취의 시대로 바뀌게 되었는데 이는 영양학적으로는 바람직하지 못한 방향으로 바뀌게 된 것이다.

본격적인 농경 사회로 들어서면서 탄수화물 섭취는 몇 배나 늘어난 반면 육류 등을 통한 단백질 섭취는 거의 바닥으로 떨어졌다.[12] 수렵채집 시기에는 곡류의 채집 자체도 쉽지 않았지만 채집한 곡류를 갈아서 먹는 것이 다른 야채류나 견과류를 먹는 것보다 훨씬 힘들기 때문에 곡류 섭취 자체가 적었다. 그러나 수렵채집으로 얻을 수 있는 식량이 적어지면서 농경 생활로 전환되는 지역이 늘어나게 되었고 이러한 전환이 성공적으로 이루어진 경우에는 곡류가 주된 음식이 되었다. 사실 이와 같은 변화는 오랜 세월 수렵채집 시기에 이루어진 영양소 섭취 방식과는 엄청나게 변화된 것이다. 그리고 곡류가 주식인 동물은 인간이 유일하다.

에너지원으로 곡류에 주로 의존하게 되면서 음식 섭취의 다양성은 줄어들게 되었고 수렵채집 시기에 주된 음식이었던 과일과 채소의 섭취도 점차 줄게 되었다. 농경 생활 전에는 대략 에너지의 65퍼센트가량을 과일과 채소로부터 얻었다면 곡류에 의존하게 되면서 그 비율은 20퍼센트 이하로 떨어졌다. 더불어서 과일과 채소로부터 얻었던 비타민, 미네랄 및 식물성 영양 물질의 섭취도 상당히 줄어들었다. 곡류에도 이러한 영양 성분이 있기는 하지만, 과일과 채소를 섭취하면서 수백만 년 동안 형성되고 적응된 인체에 필요한 성분을 곡류가 충분히 제공할 수는 없었다. 결국 농경 생활로의 전환은 때때로 비타민과 같은 필수 영양소의 부족을 초래하게 되었다.

실제로 농경으로 전환된 초기에는 건강 상태가 나빠지고 수명도 수렵채집 시기에 비해 짧아졌다. 영양소 섭취의 질적 측면에서 보면 수렵채집 시기에 비해 나빠졌기 때문에 면역 상태도 떨어졌다. 이는 농경 사회의 변화된 환경에서 노출되는 여러 가지 병원체의 공격에 대한 저항력을 떨어뜨려서 감염성질병에 걸리게 한 이유가 되기도 했다. 또한 일부 작물을 집중적으로 키우는 농경 방식은 그 작물이 가뭄 등의 기상 재해를 맞게 되는 경우 기근으로 이어질 수도 있어서 사람들의 건강은 심각한 위협에 자주 직면하곤 했다.

수렵채집인과 농경 생활자, 질병은 누구를 더 좋아할까

농업혁명 이후 목축을 주로 했던 사람들은 동물성 단백질을 과거 시기처럼 혹은 그 이상으로 섭취했지만, 대부분의 농경 생활자들은 가축을 통해 아주 제한적으로만 육류 섭취를 할 수 있었다. 그래서 농경 생활자들은 수렵채집인에 비해 단백질과 지방을 충분히 섭취할 수 없었다. 이러한 변화는 수렵채집인보다 농경 생활자의 키가 줄어들게 된 원인이었을 것이다.[13] 그리스와 터키에서 출토된 유골을 보면 수렵채집인의 평균 키는 남성이 175센티미터, 여성이 165센티미터 정도였다. 하지만 농경이 채택된 후인 기원전 3천년경에는 평균 키가 남성이 160센티미터, 여성이 152센티미터로 줄어든 것을 알 수 있다.[14] 오늘날에도 농경 의존도가 높은 지역에 거주하는 사람들의 키는 농경 의존도가 비교적 적은 사람들의 키보다 대개 작은 것을 볼 수 있다.

실제로 수렵채집인이 농경 생활자보다 더 건강했다는 증거들이 많이 있다. 수렵채집인은 아프리카 부시맨의 영양 섭취를 참고로 추정해 본다면 하루 2천 킬로칼로리 이상을 다양한 음식으로 섭취하고, 특히 현재의 권장 섭취량을 넘는 단백질을 섭취했을 것으로 짐작된다. 그런데 농경 생활 이후에 주된 영양 섭취원인 곡물은 일상생활에 필요한 칼로리는 제공해 주지만 다양한 식단을 제공해 주지는 못했기 때문에 필수 영양소를 모두 포함하고 있지는 못했다. 따라서 농경 생활자들은 구루병이나 각기병, 혹은 펠라그라pellagra나 괴혈병 등 비타민 결핍으로 생기는 병들을 앓곤 했는데 이러한 병은 수렵채집인에게서는 발견되지 않았다.[15] 또한 수렵채집인보다 농경 생활자들에게 영양실조에 의한 치아 에나멜 결손이나 철결핍성빈혈, 그리고 감염성 뼈질환이 몇 배 더 많았고 수명 또한 짧았던 것으로 나타났다.[16] 또한 집단으로 한곳에 정착해서 생활하는 방식 때문에 나병, 결핵, 말라리아 같은 전염성질환에 걸리기도 쉬웠다. 곡물 위주의 식단은 주로 탄수화물을 섭취하는 것인데 탄수화물은 입 안에서 침과 섞여 당분으로 변하기 때문에 농경 생활자들은 충치로도 고생을 많이 했다.

그렇다면 왜 이렇게 인류는 영양학적으로도 불충분하고 불균형적이며 육체적으로 고된 노동까지 요하는 농경 생활로 접어들게 된 것일까? 아마도 불충분하더라도 농경에 의해 수확물이 어느 정도 예상되고 이를 통해 가족을 부양할 수 있는 〈안정성〉 때문일 것이다. 힘들기는 해도 안정된 생활은 먹거리를 얻는 것이 매우 불규칙해 생활의 기반이 불안정한 수렵채집인들의 삶보다는 훨씬 나았을 것이다. 특히 자녀의 출산과 양육에는 충분히 계획하고 예측할 수 있는 안정된 기반이 아무리 먹을 것이 풍부하다고 해도 계절적인 차이가 심하고 불안정한 삶의 기반보다 훨씬 중요했을 것이다. 한편 농경 생활을 위해서는 노동력이 많이 필요한데 이를 위해 보다 많은 자녀의 출산이 요구되면서 여성들은 수렵채집 시기에 비해 훨씬 많은 자녀를 출산하게 되었다. 하지만 아이를 출산하는 간격이 줄어들게 되고 출산력이 높아지기는 했으나 이는 칠레에서 발견된 미라 분석의 결과에서

알 수 있듯이 여성들이 남성들보다 여러 가지 질병에 더 취약하게 된 요인이기도 했다.[17]

드디어, 또 다른 영양학적인 문제에 직면하다

농경 생활이 본격화되고 문명화가 진행되면서 알코올의 섭취, 소금 생산의 증가, 또 최근 급격히 늘어난 설탕의 보급 등은 과거 인류의 조상은 경험하지 못했던 것이다. 하지만 이러한 새로운 식품의 섭취는 인류의 건강에 상당한 영향을 미치게 되었다. 특히 산업혁명 이후 인류의 영양 섭취는 초기 선행인류 및 석기 시대뿐 아니라 농업혁명 이후 단일 작물에 의존하던 시기의 영양 섭취와도 크게 거리가 멀어졌다.

연마에 의한 도정이 가능해지면서 곡류에 들어 있는 섬유질의 양이 줄어들게 되었고 그러면서 전체 섬유 섭취량은 수렵채집 시기나 농경 시대보다 줄어들게 되었다.[18] 소고기 등 상업화된 육류의 소비 또한 증가했는데 상업용으로 사육된 동물은 야생 동물에 비해 지방이 훨씬 많을 뿐 아니라 포화지방산의 비중 또한 높다. 포화지방산은 우리 몸을 구성하는 요소로 작용하기보다는 에너지원으로 사용되는데, 포화지방산 섭취가 늘면 콜레스테롤이 높아지게 되고 신체 활동을 위한 에너지로 사용하고 남은 포화지방산은 지방으로 우리 몸에 그대로 쌓인다.

또한 상업용으로 사육된 동물은 오메가6가 많은 옥수수 등을 사료로 섭취했는데 이는 육류에 포함되어 있는 불포화지방산 중 오메가6를 오메가3에 비해 훨씬 많게 해주는 역할을 한다. 이처럼 옥수수를 사료로 먹고 자란 육류의 섭취 증가는 우리가 섭취하는 영양소에서 오메가6의 양을 오메가3의 양보다 훨씬 많게 했다. 이는 과거 수렵채집 시기에 오메가3의 비중이 컸던 불포화지방산 섭취의 양상과는 크게 다른 것이다. 수렵채집인들의 오메가3와 오메가6 섭취 비율은 1:1 이상이었으며 인류의 유전자는 이러한 비율에 오랜 세월 적응되어 왔다.[19] 따라서 현대인의 영양소 섭취에서 오메가6와 오메가3의 비율은 변화 혹은 역전되었는데 이는 우리의 건강에 상당한 영향을 미칠 수 있다. 예를 들어 오메가3에 비해 상대적으로 과다하게 오메가6를 섭취하게 되면 혈소판에 영향을 주어 혈액 응고가 잘 생기고 또한 동맥벽에도 영향을 주어서 동맥경화증을 촉진시킨다.

산업 사회 이전의 대부분의 인간은 식량을 얻기 위한 노동을 직접 했기 때문에 영장류에서 볼 수 있는 것과 같은 상당한 근육을 갖고 있었다. 그러나 오늘날 식량 획득은 더 이상 근육 노동에 의존하지 않는다. 이제는 음식을 얻기 위해 사용하는 에너지가 음식으로 얻어지는 에너지에 비해 훨씬 적기 때문에 그 결과 골격근의 상대적인 감소가 나타났다. 오늘날 선진국 대부분의 사람들의 골격근과 지방조직의 비율은 과거 조상과는 비교될 수 없을 만큼 낮다. 근육과 지방조직은 인슐린의 작용에 의해 혈액 내의 포도당을 조직 속에 집어넣는 역할을 하는데 그 능력은 근육이 지방조직에 비해 훨씬 크다. 따라서 탄수화물 섭취 후에 인슐린이 분비되었을 때 인슐린에 의해 혈중 포도당을 줄이는 효과는 골격근이 상대적으로 적은 현대인이 선행인류에 비해 떨어진다. 이것이 현대인에게서 당뇨병의 원인인 인슐린 저항성이 커진 기본적인 이유라 할 수 있다. (이 내용에 대해서는 3부 당뇨병 편에서 보다 구체적으로 살펴볼 것이다.)

이렇게 인류는 수렵채집 시대에서 농경 시대를 거쳐 현대 사회로 오면서 영양학적인 문제에 직면하게 되었다. 즉 단일 경작 위주의 농경 시대를 거치면서 과다하게 곡류를 섭취하게 되었고, 현대 사회에서는 육류 소비의 증가로 동물성 지방을 과다하게 섭취하게 되었다. 이와 같은 과다한 당분 섭취와 동물성 지방의 섭취는 현대인의 질병 상당수를 초래하는 요인이 되었는데, 이는 이러한 영양 환경의 변화에 우리의 유전자가 적절히 대응할 만큼의 시간을 갖지 못했기 때문이다. 호모 사피엔스인 현생인류로 살아왔던 기간만을 따져도 10만 년 이상이기 때문에 문명화되면서 식생활의 변화가 있었던 1만 년을 빼면 인류는 90퍼센트 이상을 수렵채집 시대의 생활을 해왔다. 더욱이 수백만 년의 선행인류 기간까지 포함시킨다면 수렵채집의 생활이 차지하는 비율은 이보다 훨씬 더 커진다.

수렵채집에 전적으로 의존했던 생활방식에서 농경 생활로의 전환, 그리고 또 산업혁명에 이은 현대 사회의 도래는 그야말로 식생활 및 영양 섭취 측면에서 보자면 짧은 기간에 이루어진 획기적인 변화였다. 자연선택의 압력이 상당히 큰 경우에는 유전자의 변화가 수천 년이라는 기간 안에도 발생할 수 있지만, 수렵채집 생활에 적응되어 있는 우리의 유전자가 그처럼 짧은 기간 동안에 현대인의 영양 환경에 맞게 변했다고 보기는 어렵다. 인류의 조상은 오랜 기간 수렵채집을 통해 영양 섭취를 해왔기 때문에 현생인류의 유전자는 기본적으로 수렵채집 생활의 기반 위에서 선택되고 적응되었다고 볼 수 있다. 결국 변화된 영양 섭취와 현대인이 갖고 있는 유전자의 〈부조화〉 내지는 〈부적응〉이 오늘날 많은 질병의 원인을 제공했다고 볼 수 있다. 요약하자면 수렵채집 시대의 영양소 섭취 양상과 크게 다르게 될수록 현대인은 그만큼 여러 가지 만성적인 질환에 걸릴 가능성이 높아지는 것이다.

06
질병의 배후에는 기후 변화가 있었다

질병을 가져온 출발점

3백만 년 전 덥고 습했던 아프리카의 기후가 기온이 내려가고 건조해지면서 밀림을 이루던 숲이 상당히 줄어들고 사바나 초원으로 바뀌기 시작했다. 선행인류는 사바나에서 생활하기 시작하면서 다양한 도전을 맞게 되었는데 이렇게 바뀐 환경에 적응하는 데 성공한 개체만이 살아남는 혹독한 자연선택의 과정을 거쳐야 했다. 자연선택의 압력은 오스트랄로피테쿠스에서 호모 하빌리스와 호모 에렉투스를 거쳐 호모 사피엔스까지 인류가 도약적 발전을 이루게 한 힘이었다. 게다가 호모 사피엔스는 본격적으로 세계 각지로 흩어져 나가면서 지구환경의 다양한 조건을 경험하게 되었다.

한편 비교적 위도가 높은 지역과 산악 지역은 기온이 평균보다 더 내려가서 빙하로 덮이는 빙하기와 기온이 다시 올라가서 빙하가 녹는 따뜻한 간빙기가 각각 수만 년씩 번갈아 지속되는 기후 변화를 겪어왔다. 빙하기와 간빙기의 기온 차이는 5-6도 정도이지만 이 정도의 기온 차이도 각 지역의 환경에 미치는 영향은 적지 않다. 예를 들어 빙하기 때 북아프리카와 북미 서부 지역의 사막은 큰 호수와 넓은 초원으로 이루어져서 각종 동물들이 서식을 했고, 지표면의 상당량의 물은 거대한 빙하에 가로막혀서 바다로 흘러 들어가지 못해 해수면은 지금보다 120미터 이상 내려갔었다.[20] 오늘날 우리는 빙하기 사이의 따뜻한 간빙기에 살고 있는데 마지막 빙하기는 1만 2천 년 전 끝나 지금과 같은 따뜻한 기후를 맞게 되었다.[21]

지구는 빙하기와 온난기를 교대로 겪어왔기 때문에 사실 기후 변화는 새로운 현상이 아니다. 특히 인류는 최초의 삶의 터전이었던 아프리카에서 나와 세계 각 지역으로 흩어져 살기 시작한 이후 빙하기를 두 번이나 겪었다. 빙하기 때는 해수면이 낮아지기 때문에 오스트레일리아와 같이 오늘날에는 깊은 바다로 둘러싸여 있어 가기가 힘든 곳도 빙하기 때는 큰 어려움 없이 가서 정착할 수 있었다. 아시아와 아메리카도 해수면이 낮아지면서 지표면이 드러나 서로 이어져 있었기 때문에 아시아로 이동했던 일부 무리들은 베링 해협을 지나서 알래스카에 도달한 후 남쪽으로 이동해 아메리카 원주민이 될 수 있었다.[22]

1만 2천 년 전쯤 마지막 빙하기가 끝나고 지표면의 온도가 섭씨

5-6도 정도 높아지면서 인류는 온난한 기후를 맞게 되었는데, 이때 해수면이 높아지면서 이전에는 육로로 접근 가능했던 지역들이 바닷물로 막히게 되었고 각 지역에 거주하던 사람들은 고립된 채로 각자 살아가게 되었다. 따라서 서로 교류하던 지역들 간의 교류가 끊기면서 각자 살고 있는 지역에 적응하면서 따로따로 지내다가 근대에 이르러서 바다를 통한 교류가 다시 시작된 지역도 많다. 빙하기에서 간빙기로 기후가 바뀐 이후인 1만 년 전부터는 농경을 시작함으로써 오랜 기간의 수렵채집 시기를 벗어나 문명을 만들어 갔다. 이처럼 기후 변화는 인류의 이동과 문화권의 교류, 문명의 탄생에 크게 영향을 미쳤다.

온난화와 함께 농경이 시작되었고 생산력의 증가는 동시에 문명 발전의 원동력이었기 때문에 오늘날 인류의 지역적 분포와 문명의 태동은 기후 변화가 그 시발점이라고 볼 수 있다. 하지만 농경의 시작과 더불어 문명의 발전은 자연 생태계의 교란을 인위적으로 초래하게 되었다. 왜냐하면 문명이란 기본적으로 자연을 이용하고 변화시키면서 이룬 것이기 때문이다. 따라서 자연을 이루는 생태계는 문명 이전의 〈조화와 균형〉 상태에서 새로운 정복자에 의한 〈교란의 시대〉를 맞이하게 되었다. 생태계의 교란은 인류에게 건강에 대한 영향을 되돌려주었다. 인구의 증가 및 거주 양식의 변화는 교란된 생태계를 통해 병원균이 사람과 조우할 수 있는 기회를 유발한 것이다.

문명화가 진행된 지난 1만 년 정도의 역사에서 나타난 대부분의 감염성질환은 문명화 이전의 시기에는 없었던 질환이다. 수렵채집 시기에는 주어진 자연환경에 대한 제한된 접촉만 있었기 때문에 여러 종류의 병원균을 경험하지 않았기 때문이다. 특히 가축으로부터 균이 옮겨져서 나타나기 시작한 다양한 감염성질환은 없었다고 할 수 있다. 문명이 고도화되면서 최근에 나타나기 시작한 생활양식과 관련된 만성질환 역시 문명화 이전의 시기에는 없었다. 오늘날 이러한 질환이 발생하고 있는 것은 현대인의 생활양식이 수렵채집 시기의 생활과는 매우 거리가 멀기 때문이다. 결국 감염성질환이든 비감염성질환이든 문명화 이후부터 현재까지 사람들이 겪어왔고 또 겪고 있는 질환의 대부분은 온난화와 함께 촉진된 농경과 그 이후의 문명의 발전에 따라서 나타난 것이다. 이렇게 보면 기후 변화는 우리가 아는 대부분의 질환을 가져온 시작이었다고 할 수 있다.

따뜻한 기후는 문명을 만들고, 문명은 기후를 변화시키고

오늘날 우리가 기후 변화에 더욱 관심을 갖는 것은 자연적인 변화 외에 인간에 의해 초래된 변화가 지구 온난화를 가속화시킨다는 문제 때문이다. 지구 온난화는 특히 화석 연료의 사용으로 이산화탄소가 대기 중에 많이 방출되면서 대기 중에 있는 열을 바깥으로 나가지 못하게 가두는 온실효과가 주 원인으로 알려져 있다. 이산화탄소 배출은 산업혁명이 시작된 때보다 30퍼센트 이상 증가했고 현재도 지속적으로 늘어나고 있기 때문에 지금과 같은 상태가 지속된다면 대기 중의 이산화탄소는 금세기 안에 상당한 규모의 기후 변화를 초래할 수준에 이를 것으로 예측되고 있다.[23]

2013년 들어서 우리는 대기 중의 이산화탄소 농도가 이미 400ppm을 넘어섰다는 소식을 접해야 했다. 지구의 역사 전체를 놓고 볼 때 이산화탄소 농도가 이 수준을 넘어선 것은 단지 몇 차례에 불과하며 이는 인류 역사에서는 처음 나타나는 수준이다. 찰스 킬링Charles Keeling이 1958년에 하와이의 마우나로아에서 처음 이산화탄소를 측정한 값이 318ppm이었으므로 이산화탄소 농도는 50여 년 만에 80ppm 이상 증가된 것이다. 지난 80만 년 동안 이산화탄소 농도가 빙하기 때 180ppm, 간빙기 때 280ppm 정도였던 것을 보면 400ppm을 넘어선 것은 실로 엄청난 증가가 아닐 수 없다. 정상적인 지구환경의 최대 이산화탄소 농도라 할 수 있는 350ppm을 넘어섰을 뿐 아니라 그 증가 속도도 1950년대에는 일 년에 0.7ppm이던 것이 지난 10년간은 일 년에 2.1ppm으로 크게 늘어난 것이다. 이와 같은 이산화탄소 농도의 증가는 자연적인 변화라고 할 수 없고 대부분이 석유, 석탄, 천연가스 등으로 대표되는 화석 연료의 사용과 같은 인류의 활동에 기인한 것이라고 볼 수 있다. 사실 산업혁명 이전의 대기 중 이산화탄소 농도는 280ppm으로 추정되기 때문에 찰스 킬링이 이산화탄소를 측정했을 때는 이미 산업혁명으로 인해 대기 중의 이산화탄소 농도가 급격하게 증가된 상태였다.[24]

2007년에 발표된 〈UN 기후 변화에 대한 정부간 패널의 4차 보고서)에 의하면 21세기 말까지 지구 대기의 평균 기온은 섭씨 1.1-6.4도 상승할 것으로 예측되었다.[25] 특히 20세기 중반 이후 관측되는 평균 기온의 상승은 태양 활동의 변화나 화산 활동 등에 일부 영향을 받기도 했지만 대부분은 인간의 활동으로 발생한 온실가스의 영향일 가능성이 매우 높다고 지적되었다. 이러한 기온의 상승은 지난 1만 년간 문명이 발전한 이후에 겪은 그 어떤 변화보다도 큰 것이고 문명의 기반을 뒤흔드는 변화일 수 있다. 1만 2천 년 전 따뜻한 기후로 변하면서 문명의 초석을 다졌지만, 이제는 인류가 만든 그 문명이 오히려 기후의 패턴을 바꾸어 전례 없는 온난화를 가져오면서 인류는 지금까지 경험해 보지 못한 새로운 위협을 맞고 있는 것이다.

특히 기온의 변화는 위도가 높은 지역에서 더욱 심하게 나타나기 때문에 평균적으로 지구 표면의 기온이 섭씨 1-2도 높아졌을 때 고위도 지역에서는 그 변화가 5-6도에 이를 수도 있다. 이러한 변화는 인류가 지금까지 적응해 온 기후 환경의 상당한 변화를 의미하기 때문에 인체의 부적응 상태를 만들어 낸다. 따라서 위도가 비교적 높은 지역에 사는 사람들은 더워진 기후 때문에 감염성질환뿐 아니라 부적응에 의해 초래되는 질병들 또한 보다 더 경험할지 모른다.

기후 변화는 질병을 어떻게 죄지우지할까

대기로 방출된 이산화탄소는 열에너지를 기체 가스 안에 품게 되기 때문에 기온을 상승시키게 되는데 이렇게 해서 지구의 대기에 쌓이는 열에너지는 엄청나다. 이산화탄소가 증가하면서 늘어난 열에너지는 기온을 높일 뿐만 아니라 공기 흐름의 변화도 가속화시켜서 허리케인이나 사이클론, 또는 태풍과 같은 바람의 위력을 크게 만든다. 또한 빙하 감소, 홍수, 가뭄 및 사막화, 해수면 상승 등을 초래하고 이로 인해 전 지구적으로 자연 생태계의 변화를 급격하게 일으킬 수 있다. 일반적으로 급속한 기온 상승은 단순히 날씨를 덥게만 하는 것이 아니라 기후의 변이성을 크게 한다. 이는 불안정한 날씨를 초래하게 되고 집중호우 및 태풍을 빈번하게 가져와서 사람들의 안전과 건강을 심각하게 위협할 수 있다.

그러나 기후 변화는 자연재해만을 초래하는 것이 아니다. 기후 변화는 홍수 및 가뭄 등의 자연재해를 통해 인류의 사망과 질병을 증가시키는 이외에도 폭염에 의한 사망의 증가 또는 감염성질환 발생의 증가도 가져온다. 또한 여러 가지 중요한 질병들이 기온 및 강수의 변화에 따라 매우 민감하게 나타날 수 있다. 많은 수의 감염성질환이 파리와 모기같이 병원균을 옮기는 곤충 매개체에 의해 전파되는데 이러한 곤충들은 기온과 강우량 같은 기후인자에 크게 영향을 받는다. 따라서 기후 변화는 곤충 매개 질환의 발생 변화를 초래할 것이라는 것을 쉽게 예측할 수 있다. 특히 말라리아, 뎅기열, 뇌염 그리고

■
질병을 전파하는 역할을 하는 모기

황열과 같은 질병은 기후 변화에 따라 상당히 변화될 것이다. 아마도 이러한 질병의 유행 지역과 가까이 있는 지역이 가장 영향을 많이 받을 것으로 예측된다. 왜냐하면 질병 매개곤충이 현재의 질병 유행 지역에서 인근 지역으로 퍼져 나가기 때문이다. 곤충 매개 질환 이외에도 기후 변화에 동반되어 태풍과 홍수 등의 자연재해가 늘어나면서 같이 증가될 것으로 예상되는 콜레라나 이질 등과 같은 수인성 전염병 등도 사망과 질병 증가에 영향을 미친다. 특히 전염성질환에 대한 대응력이 부족한 지역이나 국가에서는 그 영향이 매우 클 수 있다.

가뭄 또한 지구 온난화 현상에 동반되어 빈번하게 나타날 수 있다. 기후 변화 때문에 가뭄이 극심해지는 지역, 예를 들어 사하라 사막의 남부 접경 지역은 기후 변화 영향을 현재 가장 많이 받고 있는 곳이라고 할 수 있다. 온난화된 기후는 이 지역의 작물 생산을 떨어뜨려 식량난을 일으키고 강수량이 적어지면서 생활용수의 공급 또한 줄어들게 했다. 결국 사막화는 더욱 빨라지고 사람들은 영양 결핍이라는 심각한 문제에 부딪히게 되었다. 더욱이 사하라 사막의 남부 접경 지역은 이러한 변화를 수용하고 적응할 수 있는 역량을 갖추지 못했기 때문에 기후 변화로 시작된 어려움과 갈등이 부족 간, 심지어는 부족 내의 심각한 폭력으로도 이어지고 있다.[26]

또한 오늘날의 지역 사회는 과거와는 비교도 안 되게 서로 연결되어 있어 어느 한 지역의 문제는 또 다른 지역의 문제가 된다. 특히 농산물은 기후 변화에 직접적인 영향을 받은 한 지역에 국한되는 것이 아니라 다른 지역에까지 상당한 영향을 미칠 수 있다. 예를 들어 2010년 여름 러시아는 폭염과 이로 인해 자연 발화된 화재로 밀 생산지의 3분의 1에서 밀 생산을 할 수 없게 되었는데, 이는 곧 전 세계 밀가루 가격의 상승으로 이어져 러시아뿐 아니라 파키스탄이나 이집트 같은 나라의 저소득층은 배고픔에 시달려야 했다.[27]

기후 변화와 관련이 있는 엘니뇨 현상도 작물 생산에 심각한 영향을 줄 수 있다. 엘니뇨 현상은 태평양의 적도 부근 해류와 공기가 보통은 동쪽에서 서쪽으로 흐르는데 이것이 바뀌어서 서쪽에서 동쪽으로 흐르면서 페루 등 남아메리카의 서쪽 해안의 수온을 3-4도 정도 상승시키고 비를 많이 뿌리는 현상을 말한다. 이러한 엘니뇨 현상은 지구 온난화에 따른 기상 변이의 증가와 관련이 있는 것으로 추정되고 있고 앞으로 그 강도와 빈도는 점차 커질 것으로 예측되고 있다. 엘니뇨 현상은 대개 5년 주기로 나타나는데 역사적으로 가장 영향이 컸던 것은 1877-78년에 발생했다. 이와 동반된 가뭄과 기근으로 중국에서 1천만 명, 인도에서 8백만 명이 사망한 것으로 추정되며, 브라질과 아프리카에서도 가뭄으로 인한 기근으로 많은 사람들이 목숨을 잃었다. 같은 기간에 미국에서는 많은 양의 비가 왔고 황열이 미국 남부를 휩쓸어서 테네시의 멤피스 시에서만 2만 명이 사망했다. 엘니뇨 현상은 오늘날에도 주기적으로 지역적 가뭄과 홍수를 초래해 오스트레일리아와 동남아에서의 대형 산불과 남아메리카와 아프리카에서의 콜레라의 유행을 가져오고 있다.[28]

질병은 기온이 올라가길 원할까, 내려가길 원할까

온난화되는 기후 변화는 때로는 지역적으로 좋은 영향을 가져올 수도 있겠지만 대부분의 인간에게는 해로운 영향을 줄 것으로 예상되고 있다. 기후 변화로 인한 재해 관련 질병 및 사망, 기아로 인한 질환, 말라리아의 지역적인 분포 변화와 감염 증가, 대기오염 악화로 인한 질병 및 사망 등이 증가되어 사람들의 건강은 크게 위협받을 것이다. 또한 수온의 상승으로 콜레라가 증가할 것이며, 감염성질환과 호흡기 및 피부질환이 증가하고 재해로 인한 피난민의 증가와 이로 인한 건강상의 문제가 본격적으로 생길 것이라고도 예측된다. 이렇게 기후 변화는 인간의 건강과 안녕에 영향을 미치는 중요한 요인 중 하나이다.

기후 변화에 의한 공중보건학적인 영향은 단순히 온도 변화에 의한 영향으로 이해하기보다는 더 넓은 환경적인 문제, 즉 깨끗한 식수와 위생, 기아와 영양실조, 콜레라 등과 같은 감염성질환 등과의 관련성을 함께 고려해야 한다. 특히 기후 변화가 초래할 작물 생산의 변화는 많은 나라에서 기근을 초래하고 빈곤에 의한 건강 영향을 일으킬 것이다. 어쩌면 이러한 비교적 가시적인 영향 외에도 과거 기후 변화가 문명화를 촉진하고 이로 인해 우리가 알고 있는 대부분의 질병을 발생시켰듯이, 지금의 기후 변화는 현재 우리가 예측할 수 없는 새로운 질환을 야기할 수도 있다.

2003년 여름, 프랑스 등 유럽에서는 갑작스럽게 닥친 더위 앞에서 사람들이 속절없이 죽어가는 사건이 있었다. 당시 더위로 인한 사망자 수가 2만 명에서 3만 5천 명까지로 추산되었고, 파리에서는 시신을 보관할 수 있는 시설이 많지 않아 혼란에 빠지기도 했다. 대부분의 사망자는 노인이었는데, 유럽에서는 여름에 젊은 사람들이 대부분 휴가를 떠나기 때문에 노인들을 돌볼 수 있는 사람이 없어 사망자 수가 더욱 증가한 것으로 추정된다. 노인들은 젊은 사람과 비교해 보았을 때 상대적으로 기온 변화에 민감하게 반응하지 못한다. 특히 기온이 어느 범위를 넘게 되면 탈수와 체온 상승으로 신체 내부의 조절 기능이 크게 떨어지게 된다. 이때 더 이상 악화되는 것을 막고 신체 조절 기능을 회복하기 위한 조치를 취해야 하는데 노인들은 이에 대한 대처를 잘하기가 어렵다. 노인들은 더위를 먹게 되면 판단 기능 또한 떨어지기 때문에 보다 위험해지는 것이다.

지구 온난화로 이어질 것으로 예상되는 기후 변화의 큰 특징 중 하나는 이상기후 현상이 보다 자주 발생한다는 것인데, 그 중에는 역설적이게도 여름철 폭염뿐 아니라 겨울철 한파도 자주 찾아올 수 있다는 것이다. 그런데 이러한 기온의 급격한 계절적 변화 그리고 심한 일교차는 건강에 어느 정도 영향을 미칠까? 흔히 건강의 위험인자를 이야기할 때, 예를 들어 고혈압의 위험 요인으로 우리는 흡연, 운동 부족, 비만, 스트레스, 나쁜 식습관 등을 들고 있지만, 기온이 혈압에 크게 영향을 미친다는 것은 잘 알려져 있지 않은 것 같다. 그러나 사실은 기온만큼 혈압에 직접적인 영향을 미치는 요인도 찾아보기 어려울 정도로 기온은 건강에 아주 중요한 위험 요인이라고 할 수 있다. 기온이 내려가는 겨울철에는 혈압이 올라가고 혈액이 응고되기 쉽기 때문에 뇌졸중이나 심근경색증 등에 의한 사망률이 상당히 올라간다. 반면 기온이 크게 올라가서 폭염이 되면 탈수와 혈압 변동 등 때문에 심장질환에 의한 사망자가 많아진다.

존재의 기반을 흔드는 변화

현생인류는 두 번이나 빙하기를 겪으면서 빙하기와 간빙기 사이에 상당한 기온의 변화를 경험했다. 또한 인류는 지구환경이 초래하는 기후 변화뿐 아니라 아프리카에서 나와 세계 각지로 이동하면서 지역 차이로 인한 심한 기온의 변화도 경험했다. 따라서 오늘날의 기후 변화는 새로운 환경의 도전이라기보다는 오래된 환경적 도전의 재등장이라고 볼 수 있다. 그러나 과거에 경험했다고 해서 여기에 쉽게 적응되는 것은 아니다. 적응이란 어느 한 상태가 지속될 때 그 환경에 적합한 개체가 살아남는 현상이지만, 기후 변화는 빙하기와 간빙기의 교대적인 등장으로 어느 한 상태가 지속된 것이 아니기 때문이다. 단지 현생인류가 아프리카에서 나와 각 지역에 정착한 이후, 특히 빙하기가 끝나고 간빙기의 더워진 기후를 1만 년 이상 경험했던 것이 현생인류의 적응이었다면 이제 그 환경에서 더욱 더워지는 새로운 도전에 직면하게 된 것이다.

기후 변화는 생태계 내의 각 종의 생존에 영향을 미치지만 생태계의 다양성에도 심각한 영향을 줄 수 있다. 기후가 일정하게 유지되면 유전자 변이에 의해 유전자의 다양성이 만들어지고 유전자 다양성은 종 다양성의 기초가 된다. 그러나 기후가 크게 변화하게 되면, 예를 들어 기온이 크게 높아지거나 떨어지게 되면 이러한 급격한 변화에 적응할 수 있는 개체나 종만 살아남고 그렇지 못한 개체나 종은 생존할 수 없게 된다. 동식물이 더워지는 기온 변화에 적응하기 위해서는 현재의 서식지 환경보다 더워진 기온 조건에서 살아남을 수 있는 유전자를 가진 개체만이 선택되거나 현재의 서식지 기온과 같은 기온 조건을 가진 고도가 높은 지역이나 위도가 높은 지역으로 서식지를 이동할 수 있어야 한다. 그러나 이렇게 성공적으로 기온 변화에 적응할 수 있는 개체나 종은 원래의 수보다 줄어들 수밖에 없고 따라서 유전자와 종의 다양성은 줄어들게 된다.

그런데 기후 변화에 의해 유전자 및 종의 다양성이 위협을 많이 받게 되는 지역은 이러한 다양성이 많이 존재하는 곳이다. 예를 들어 지중해 연안은 곤충이 가장 다양하게 살고 있는 지역 중의 하나인데 기온이 상승하면서 여러 종의 곤충이 사라질 위험에 처하게 되었다. 다양성의 감소는 환경에 대한 〈적응력의 감소〉를 나타내며 더불어 생태계 전체의 적응력 감소라는 위기를 나타낸다.[29]

사실 다양성의 감소는 곤충류에만 국한되는 것이 아니라 작물, 수목, 어류, 동물 등 생태계 전반에 나타나는 문제이다.[30] 그런데 생태계 다양성의 감소는 인간의 건강에도 영향을 줄 수 있다. 작물 생산에서 다양성이 감소하게 되면 인간은 특정 작물에 의존하게 되고 만약 이 작물이 질병이나 재해로 영향을 받으면 작물 생산은 급속히 줄어들 수 있다. 또한 특정 작물에 대한 지나친 의존은 영양학적인 측면에서도 불균형 섭취를 가져올 수 있다. 따라서 생태계의 위기는 그 구성원인 인류에게도 위기로 다가올 수 있는 것이다.

아마도 기후 변화에 의한 건강 위험은 매우 다양하고 지구적인 규모로 일어나며 아마도 다시 돌이키기 어려운 비가역적 변화일 것이다. 인간의 생산 활동으로 인한 이산화탄소 등의 온난화 가스 증가는 자연적인 지구환경의 변화 위에 더해져서 지구 표면의 온도를 과거로 되돌릴 수 있는 상태는 이미 지났다고 보는 것이 타당하다. 또한 인간의 생산 활동을 지금 바로 줄여서 온난화 가스 배출을 크게 줄인다 하더라도 지표면의 기온의 변화는 관성에 의해 상당 기간 지속될 것으로 예측된다. 문제는 기후 변화가 지금과 같은 속도로 진행된다면 앞으로 어떤 일들이 벌어질지 확실하게 알 수 없다는 것이다. 기온의 상승이 인류가 경험했던 범위를 넘어섰을 때 지금까지 경험했던 과거의 역사를 바탕으로 미래를 예측하는 것은 어렵기 때문이다. 물론 우리는 과거의 역사를 통해서 빙하기 이후 5-6도 정도의 기온 상승이 인류의 교류와 문명에 커다란 영향을 주었던 것을 알 수 있다. 불확실하긴 하지만 앞으로 지금보다 기온이 더 많이 오르면 어쩌면 질병자 수나 사망자 수로 평가하는 것 이상의 영향을 인류 문명에 줄지도 모른다.

더욱 문제인 것은 이러한 위험성은 불평등하게 적용된다는 것이다. 즉, 화석 연료의 사용으로 기후 변화에 보다 책임이 있는 선진국보다 기후 변화를 초래하는 데 별로 역할을 하지 못한 후진국일수록 위험성이 더 크다는 것이다. 기후 변화의 건강 영향은 일차적으로는 기존의 재해나 질병이 보다 확대되어 나타나는 것으로 보는 것이 타당하다. 그렇다면 재해나 질병에 대한 대비가 잘 되어 있는 선진국은 기후 변화에 의한 영향을 덜 받고 반면에 이러한 대비 체계가 잘 갖추어져 있지 않은 후진국은 그 영향을 훨씬 더 심각하게 받을 수 있다. 기후 변화에 보다 책임이 있는 선진국은 그 피해가 적고 책임이 훨씬 적은 후진국은 그 피해가 비교가 안 될 정도로 클 수 있다는 것이다.

인간이 초래한 기후 변화는 우리에게 지금까지와는 다른 새로운 위협으로 등장하고 있고 이제는 이에 대한 광범위한 대책이 필요한 시점이다. 기후 변화와 같은 환경 문제가 초래되는 근본적인 이유는 우리 인간은 마치 우리가 살고 있는 이 지구의 환경과 동떨어져 살고 있으며 문명을 위해 이 환경을 이용해야 한다고 믿기 때문이다. 우리의 존재 자체, 즉 인간의 물리적, 화학적, 생물학적 기반이 바로 지구환경이고, 이 지구환경이 변하면 우리 존재의 기반이 흔들린다는 것을 깨닫지 못하고 있는 것이다. 무엇보다 인간의 건강과 안녕은 오늘날의 기술적인 진보만으로 확보되는 것이 아니라 지구환경의 보존과 보호가 함께 이루어져야 얻어질 수 있는 것이다.

07

만성질환의 유행에 햇빛은 책임이 있을까, 없을까

내 피부색과 자외선의 상관관계

햇빛은 인간뿐 아니라 지구상의 모든 생명체에게 에너지를 공급하는 필수불가결한 환경 요소인데, 햇빛만큼 최근 들어 오해를 많이 받고 있는 것도 없다. 인간은 햇빛으로부터 영양을 공급받고 있는 자연의 일부이고 햇빛이 없으면 생명을 유지할 수 없다. 태양에서 나오는 햇빛, 즉 전자기 방사선은 파장이 짧은 X선부터 파장이 긴 라디오파까지 다양하다. 자외선 역시 햇빛에서 나오는 전자기 방사선으로 자외선 A, 자외선 B, 자외선 C로 나눌 수 있다. 지표면에 살고 있는 인간이 자외선을 받는 양은 햇빛이 내리쬐는 시간, 계절, 그리고 그 지역의 위도 및 고도에 따라 달라진다. 또한 자외선이 태양에서 나와 지표면에 도달하게 될 때 지구의 대기는 자외선을 흡수하거나 산란시키는 작용을 하기 때문에 구름이나 먼지, 오존층 등도 자외선을 받는 양에 중요한 영향을 미친다.

자외선 C는 에너지를 가장 많이 갖고 있어서 사람에게 노출되면 쉽게 피부 화상을 입힐 수 있다. 그러나 다행스럽게도 자외선 C는 오존층이 대부분 차단하기 때문에 일반적으로는 잘 노출되지 않는다. 반면 파장이 중간쯤 되는 자외선 B나 파장이 긴 자외선 A는 가시광선이나 적외선처럼 지표면에 도달하기 때문에 건강에 영향을 미칠 수 있다. 자외선 A는 피부 깊숙이 도달하기는 하지만 에너지가 약해 피부 화상을 초래하지는 않는다. 그러나 피부를 검게 그을리게 하는 역할을 할 수 있고 장기적으로 많이 노출되면 피부를 노화시킬 수 있다. 자외선 B는 자외선 A와 자외선 C의 중간 위치에 있는데, 이 자외선 B에 대한 노출이 우리 몸에서 가장 중요한 역할을 한다.

인간의 피부색은 아주 검은색부터 선분홍색이 도는 하얀색까지 다양하게 있는데, 피부색에 영향을 미치는 요인은 여러 가지가 있지만 가장 중요한 것은 멜라닌 색소이다. 피부는 자외선으로부터 보호하기 위해 멜라닌 세포를 자극해 천연 자외선 차단제인 멜라닌 색소를 생산해서 지나치게 자외선에 노출되는 것을 막는다. 멜라닌 세포에서 만들어지는 멜라닌 색소가 아주 많으면 피부는 검게 되고 이 색소가 거의 없으면 희게 되는데, 이 경우 피부 속의 혈관에 있는 혈액의 색 때문에 다소 선분홍색을 띠게 될 수 있다. 멜라닌 색소가 자외선을 차단하는 역할을 하고 그 양에 따라 피부색이 달라진다는 것은 멜라닌 색소가 단순히 자외선을 차단하는 역할만 하는 것이 아니라 적절한 자외선을 받을 수 있도록 조절한다는 의미로도 볼 수 있다.

피부색을 결정하는 멜라닌 색소는 실제로는 두 가지 종류가 있다. 하나는 노란색에서 붉은색을 띠고 다른 하나는 갈색에서 검은색을 띤다. 피부색이 단지 검은색에서 흰색으로의 변화가 아니라 인종에 따라 노란색, 갈색, 붉은색이 섞여 있는 것은 이 두 가지 종류의 멜라닌 색소의 비율이 서로 다르기 때문이다. 그러나 피부색이 짙고 옅은 것을 결정하는 데 보다 중요한 것은 멜라닌 색소의 종류가 아니라 양이다. 또한 피부색은 어떤 단일 유전자로 결정되는 것이 아니라 20개 이상의 여러 유전자들이 서로 작용해 색깔을 나타내기 때문에 유전자들의 조합은 상당히 많은 경우의 수를 만들어 낼 수 있다. 따라서 피부색의 다양성은 백인, 흑인, 아시아인으로 명확하게 구분되는 것이 아니라 실제로는 연속적인 변화를 보인다. 전체 인류의 피부색을 흰색에서 검은색까지 늘어놓고 그 분포를 보면 아주 흰색의 피부와 아주 검은색의 피부는 드물고 중간색을 가진 사람이 많은 종 모양의 분포를 이룬다.[31]

지표면에 도달하는 자외선 중에서 자외선 A는 파장이 길기 때문에 태양이 비추는 각도에 관계 없이 해가 떠 있으면 언제나 사람에게 노출되지만, 자외선 B는 파장이 이보다 짧아서 산란되기가 쉽기 때문에 태양이 비추는 각도와 밀접한 관계가 있다. 그렇기 때문에 위도가 높은 지역의 경우에는 자외선 A에 노출되는 시간이 해가 떠 있는 시간과 거의 같아서 아주 짧지는 않지만, 자외선 B에 노출되는 시간은 대개 대낮으로만 국한되고 그것도 매우 짧은 시간 동안만 노출된다. 예를 들어 핀란드는 위도가 높기 때문에 그곳에 거주하는 사람들은 대낮에만 자외선 B에 잠시 노출될 수 있고, 그것도 겨울철에는 아주 짧다. 따라서 아시아보다 위도가 높은 지역에 사는 유럽인의 피부색이 대부분 더 희고, 또 같은 유럽인 중에서도 위도가 높은 지역에 사는 사람일수록 보다 더 희게 된 이유는 햇빛이 비치는 일조량이 아니라 자외선 B 노출량과 관련이 있다. 즉 자외선 B 노출량이 적기 때문에 자외선을 차단하는 멜라닌 색소의 필요성이 적어지고 그러면서 오히려 자외선을 더 많이 받아야 할 필요성이 커져서 피부색이 희게 된 것이다.

그런데 위도가 높은 지역이라 하더라도 해안가에 살면서 어류 등 해산물을 주로 섭취한 인구 집단의 피부는 대개 흰색이 아니라 짙은 갈색이다. 왜냐하면 어류 섭취를 통해 비타민 D를 얻을 수 있었고 반면에 눈과 얼음 등에서 반사되는 자외선의 나쁜 영향은 줄일 필요가 있었기 때문이다. 예를 들어 그린란드나 알래스카에 사는 이누이트 족은 북극과 가까운 고위도 지역에 살고 있지만 비타민 D가 많은 물고기와 바다동물을 잡아먹으면서 비타민 D를 얻을 수 있었다. 따라서 이들은 자외선을 더 받기 위해 피부색이 흰색으로 변할 필요가 없었다.

피부색은 생존을 위한 방어체계

비타민 D는 그 이름이 비타민으로 불리고 있기는 하지만 사실 단순한 영양 요소가 아니라 호르몬이다. 따라서 생체대사에서 매우 중요한 역할을 하는데, 비타민 D를 공급받는 가장 좋은 방법은 자외선에 피부를 적절히 노출시키는 것이다. 그런데 자외선이 비타민 D 합성에 매우 중요하고 비타민 D가 여러 가지 매우 중요한 건강 문제로부터 우리를 보호하는 역할을 한다면, 모든 인류의 피부색이 흰색으로 되지 않고 멜라닌 색소를 이용해서 자외선으로부터 우리의 몸을 보호하게 된 이유는 무엇일까?

자외선에 노출될 때 대부분의 사람들의 피부는 검게 되려는 경향을 갖고 있다. 즉 자외선에 노출되면 피부는 일시적으로 검게 그을리게 된다. 이는 멜라닌 색소가 피부 밑에서 표면으로 이동하거나 짙어지기 때문에 나타나는 현상이다. 또한 자외선에 반복적으로 오래 노출되면 이미 갖고 있는 멜라닌 색소를 이용하는 방법 외에도 새롭게 멜라닌 색소를 합성하기 때문에 피부의 검은색이 비교적 오래 가게 된다. 이처럼 자외선을 받으면 멜라닌에 의해 피부가 검게 변하는 현상은 무엇인가 생존과 번식에 있어서 매우 중요한 것을 보호하려는 목적이 있음을 나타내는 것이다. 특히 피부색이 검을수록 같은 양의 자외선에도 피부가 검게 그을리는 반응이 더 잘 나타난다. 반면 일부 고위도 지역에 사는 유럽인들은 자외선을 받아도 피부가 검게 되지 않는다. 이는 짙은 색의 피부일수록 자외선에 대한 민감성이 크고 열은색의 피부일수록 자외선에 대한 민감성이 떨어져서 피부 표면에 있는 멜라닌 색소의 양을 늘리는 반응이 다르게 나타나기 때문이다. 예를 들어 고위도 지역에 사는 사람에게는 자외선이 부족한 상태여서 멜라닌 색소를 동원한 방어체계를 제대로 갖출 이유가 없었기 때문이다.

 그렇다면 검은색의 피부가 자외선이 강한 환경에서 자연선택에 의한 경쟁에서 유리한 조건이 된 이유를 살펴보자. 강한 자외선이 있는 적도 부근에서는 흰색 피부의 경우 화상에 의해 피부가 벗겨질 수 있고 세균에 감염되기 쉽다. 따라서 강력한 햇빛을 차단함으로써 체온을 조절하기 쉽게 하고 피부 화상을 막으며 피부가 감염되는 것을 피하는 방향으로 자연선택의 압력이 있었을 것이다. 특히 멜라닌 색소에 의한 햇빛의 차단은 강한 햇빛이 있는 낮에도 체온이 오르는 것을 어느 정도 막을 수 있었기 때문에 수렵채집 활동을 활발하게 할 수 있었다.

 그런데 이렇게 피부에 미치는 직접적인 영향 외에도 강한 자외선은 건강에 매우 위험한 영향을 미치는데 그것은 엽산을 파괴하는 작용이다. 자외선이 피부를 통과해서 너무 많이 몸 안에 들어오게 되면 엽산을 파괴하게 되는데, 엽산은 유전 정보의 기본 골격인 DNA를 합성하는 과정에서 핵심적인 역할을 하며 또한 유전자 발현 조절에도 반드시 있어야 하는 물질이다. 특히 임신부에게 엽산이 부족해지면 빈혈이 발생하고 유산 가능성이 높아지며 태어나는 아기에게는 척추이분증과 같은 신경관 기형이 발생할 가능성이 높아진다. 따라서 자외선이 엽산을 파괴하는 것을 막는 멜라닌 보호막은 선행인류가 숲에서 나와 몸에서 털이 없어지면서부터 바로 필요했을 것이다.

인체 내의 엽산 농도는 음식을 통해 섭취하거나 영양제로 보충하는 양과 자외선에 의해 파괴되는 양으로 결정된다고 할 수 있다.[32] 그런데 자외선에 의해 파괴되는 엽산의 양은 같은 자외선을 받는다면 멜라닌 색소의 양과 관련이 있을 것이다. 실제로 미국에서 보면 엽산 결핍은 멜라닌 색소가 많은 흑인보다 멜라닌 색소가 적은 백인에게 더 많이 일어나고 신경관 기형도 백인에게 더 많이 발생한다. 신경관 기형의 발생에 엽산이 관여된다는 것이 밝혀지면서 미국이나 캐나다 등에서는 아예 밀가루에 엽산을 강화시키는 정책을 시행했는데 이는 신경관 기형 외에도 심장이나 안면부 기형 및 비뇨기계 기형을 줄어들게 하는 데에 상당히 효과가 있는 것으로 알려졌다.

따라서 자외선이 강한 곳에서는 이를 차단할 멜라닌 색소가 많이 필요하게 되었고, 검은 피부는 자외선에 의해 엽산 등의 영양소가 분해되는 것을 막는 역할을 하게 된 것이다. 또한 비타민 A나 E의 경우에도 자외선에 의한 분해가 일어날 수 있기 때문에 이는 엽산에 국한된 문제라기보다는 광분해에 의한 주요 영양소의 파괴 문제로 보는 것이 타당할 것이다. 자외선이 강한 환경에서는 중요한 영양소의 광분해를 촉진시켜 건강에 나쁜 영향을 끼치는 자외선의 차단이 매우 중요한 문제였고, 따라서 자외선이 강한 적도 근처에 사는 사람은 자외선 차단제 역할을 하는 멜라닌 색소를 많이 보유한 검은색의 피부가 자연선택된 것이다.

반면 멜라닌이 자외선을 완전히 차단해 버리면 그것 또한 심각한 문제를 초래할 수 있다. 왜냐하면 어느 정도의 자외선 B가 피부를 뚫고 들어와야 비타민 D가 생성되기 때문이다. 인간은 비타민 D를 스스로 합성할 수 없으며 대개 90퍼센트 정도는 자외선 B에 의해 합성되고 나머지 10퍼센트는 어류나 계란 등의 섭취를 통해 이루어진다. 따라서 우리 몸에 필요한 비타민 D의 합성을 대부분 자외선에 의존해야 하기 때문에 어느 정도는 자외선을 받아야지만 생존할 수 있다. 결국 비타민 D의 합성을 원활하게 하기 위해 자외선을 많이 받으려는 힘과, 엽산 등 주요 영양소가 파괴되지 않도록 하기 위해 자외선을 덜 받으려는 힘이 서로 작용하면서 인체 내의 비타민 D와 엽산 농도의 수준을 최적화하기 위한 방법으로 멜라닌 색소에 의한 피부색의 차이가 생겨난 것이다.

결국, 문명화가 피부색을 결정했다

피부색이 자연선택된 결과라면 인류의 원래 피부는 어떤 색이었을까라는 흥미로운 질문을 던지게 된다. 대부분의 신체 피부에서 털이 없어지기 전 선행인류의 피부색은 어떠했을까를 알기 위한 가장 좋은 방법은 인류와 가까운 유인원류의 피부색을 보면 되는데, 가장 가까운 유인원인 침팬지의 털로 가려져 있는 피부의 색을 보면 흰색에 가

깝다. 따라서 아프리카에 살았던 선행인류의 피부가 털로 덮여 있었을 때는 흰색의 피부였다가 털이 없어지면서 강한 자외선으로부터 보호하기 위해 검은색의 피부로 변했다는 주장은 상당히 설득력이 있다. 학자들은 대개 120만 년 전에 선행인류의 털이 없어지면서 피부가 검게 된 것으로 추정되고 있다.[33]

한편 인류의 직접적인 조상들이 5만 년 전부터 아프리카에서 나와 각지로 흩어졌을 때 북쪽으로 간 사람들은 위도가 높아지면서 자외선을 자연적으로 덜 받게 되었다. 게다가 추위를 막기 위해 옷을 입게 되자 자외선 노출량이 더욱 줄어들어 자외선으로부터 보호하기 위한 검은색 피부가 더 이상 필요하지 않게 되었다. 또 피부에서 합성되는 비타민 D가 부족해지면서 흰색 피부 유전자를 억제할 필요성도 없어지게 되었다.

더욱이 이러한 변화를 급속히 초래하게 된 계기는 수렵채집 사회에서 농경 사회로의 전환이다. 농경 생활을 하게 되면서 영양소 섭취를 몇 종류의 곡물에 주로 의지하게 되자 동물이나 물고기 등 다양한 먹거리로부터 섭취하는 비타민 D가 부족하게 되어 급격하게 흰색 피부가 퍼져 나갈 수 있었다. 즉 음식으로 섭취하는 비타민 D의 양이 적어지면서 자외선으로부터 비타민 D를 합성할 필요성이 커졌는데 멜라닌 농도가 짙은 색의 피부에서는 충분히 비타민 D를 만들어 낼 수 없었기 때문이다.

유럽인의 흰색 피부와 관련이 있는 SLC24A5 유전자를 보면 그 변화가 생긴 시점은 1만 2천 년에서 6천 년 전임을 알 수 있는데, 이러한 결과는 흰색 피부로의 전환에 결정적인 계기가 된 것은 농경 사회로의 전환이라는 것을 보여주는 것이다. 유전자가 변화된 환경 조건을 따라가는 데는 시간이 걸리기 때문에 환경의 변화와 유전자의 적응 사이에는 시간적 차이가 존재할 수밖에 없다. 그러나 그 유전자 변화의 시점이 수렵채집 사회에서 농경 사회로 전환된 때라는 것은 인류의 이동에 의한 자외선 조사량의 변화가 기본적인 이유이긴 하지만, 농경의 시작이 유전자의 변화를 촉발시켰다는 것을 보여주는 것이라고 할 수 있다. 요약하자면, 문명화는 질병의 발생에만 영향을 미친 것이 아니라 인종을 구분하는 피부색을 결정짓는 데에도 중요한 역할을 한 것이다.[34]

한편 아시아인 중에서도 남아시아인은 피부색이 짙고 동아시아인은 비교적 옅다. 남아시아인은 아프리카에서 나온 이후에 흰색으로의 유전자 변이가 발생하지 않았다고 볼 수 있다. 그런데 동아시아인은 발생 시기는 분명하지 않지만 유럽인에게서 흰색으로의 유전자 변이가 생겼던 것처럼 비슷한 유전자 변이가 나타났다. 즉, 동아시아인에게는 멜라닌 세포와 관련된 OCA2 유전자의 변이가 다른 인종에 비해 상당히 많은데 이러한 변화가 동아시아인의 피부색에 영향을 준 것이다.[35] 유럽인과 동아시아인의 피부색이 다른 것은 위도의 차이에 따른 영향도 있지만 피부색을 결정하는 유전자들의 변이가 서로 달라 색조가 다르게 나타났기 때문이다.

햇빛이 품고 있는 영양소, 비타민 D

비타민 D의 가장 중요한 역할은 뼈와 관련된 칼슘과 인의 흡수와 대사다. 따라서 비타민 D는 뼈가 제대로 자라도록 하는 역할을 한다. 여성의 경우 골반뼈에 발달장애가 생기면 출산을 하지 못하는 문제가 생기기 때문에 비타민 D는 자연선택의 힘이 매우 크게 작용하게 한 요인이었다. 실제로 위도에 따라서 달라지는 자외선 조사량 때문에 위도가 높아질수록 비타민 D의 합성에 필요한 자외선을 더 많이 받기 위해 피부가 흰색으로 적응되었다는 사실만 보아도 인류의 생존과 적응에 비타민 D가 얼마나 중요한지를 알 수 있다.

여성이 남성보다 피부색이 하얀 것은 임신과 수유 기간에 아이에게 공급할 비타민 D를 더 많이 만들기 위해서다. 특히 태아 또는 신생아는 임신과 수유 기간에 뼈가 매우 빨리 자라기 때문에 엄마의 비타민 D의 농도가 매우 중요하다. 신생아에게 비타민 D가 부족하게 되면 칼슘과 인이 뼈로 가지 못해서 뼈가 제대로 만들어지지 못하게 되고 결국 제대로 성장하지 못하게 된다. 또 비타민 D가 심하게 부족하게 되면 뼈가 기형적으로 되고 잘 부러지는 구루병에 걸리게 된다. 구루병은 영양 섭취 및 햇빛 노출이 부족한 산업혁명 초기에 많이 발생했지만 오늘날은 거의 보기 어려운데, 그 이유는 영양 섭취 면에서 크게 개선이 되었고 우유 등에 비타민 D를 강화했기 때문이다. 그러나 미국의 경우 간혹 아직도 모유 수유를 하는 흑인의 신생아에게서 구루병이 나타나는 경우가 있다. 이는 흑인의 경우 멜라닌 색소가 자외선을 차단해 비타민 D가 충분히 합성되지 못하기 때문에 흑인 엄마의 모유에 비타민 D가 부족하게 되었고 흑인 신생아 역시 햇빛에 의한 비타민 D 생성이 효율적이지 못하기 때문이다.

겨울철에 태어난 아이가 여름철에 태어난 아이에 비해 골밀도가 떨어진다는 결과나 신생아에게 비타민 D를 충분히 주었더니 비타민 D를 먹지 않은 아이들에 비해 1형당뇨병이 5분의 1로 줄었다는 연구 결과들은 임산부 및 신생아에게 비타민 D가 얼마나 중요한지를 말해 준다.[36] 물론 청소년 시기에도 비타민 D가 뼈의 형성과 성장에 중요한 역할을 하기 때문에 청소년에게도 많은 영향을 준다. 노인들에게도 비타민 D는 건강에 상당한 영향을 미치는데, 왜냐하면 우선 젊은 사람에 비해 햇빛 노출이 적을 뿐더러 햇빛을 받아도 비타민 D가 잘 만들어지지 않기 때문이다. 더욱이 비타민 D 부족과 관련된 골다공증은 대개 노인들에게 나타나는 질병이어서 노인은 젊은 사람과 비교했을 때 더욱 문제가 될 수 있다.

비타민 D는 우리의 몸 안에서 매우 중요한 역할을 하는 영양소이자 호르몬이어서 부족할 때는 대사증후군 등 여러 문제를 일으킬 뿐만 아니라 세포의 성장과 죽음에도 관여하기 때문에 암 발생의 위험도도 증가시킨다. 이러한 사실은 1980년에 미국의 세드릭 갈랜드 Cedric Garland가 미국의 암 사망률을 나타낸 지도를 보다가 자외선 노출량이 많은 남서부 지역에서 대장암 사망률이 가장 낮다는 것을 발견하면서 밝혀지기 시작했다.[37] 게다가 최근의 연구들에 의하면, 비타민 D를 적정하게 공급받으면 상당수의 유방암과 대장암 발생을 예방할 수 있을 뿐만 아니라 암에 걸린 사람도 비타민 D가 충분히 공급되면 생존율이 높아진다고 한다. 유방암이나 대장암뿐 아니라 식도암, 위암, 폐암, 갑상선암, 그리고 조혈기암까지 비타민 D가 암 발생률을 낮출 수 있는 것으로 밝혀지고 있다.

면역 기능을 강화시키는 데도 비타민 D는 중요한 역할을 한다. 예를 들어 쥐에게 자외선 B를 쪼였더니 피부 내에서 항균 작용을 하는 것으로 알려진 아미노산 화합물들이 증가되었다.[38] 또한 비타민 D는 결핵균과 같이 외부에서 침입한 세균이나 이물질을 잡아먹는 기능을 하는 대식세포의 탐식 작용도 활성화시킨다.[39] 그래서 과거 결핵 치료를 위한 약제가 변변치 못해 어려움을 겪었을 때 결핵 요양소에서 했던 치료법 중에 환자에게 햇빛을 많이 쬐게 하는 것이 중요한 치료 방법의 하나였는데 그와 같은 요법은 어느 정도 효과를 거두었다고 알려지고 있다.

비타민 D는 항균 기능을 높이는 역할뿐 아니라 자기자신에게 이상면역 반응이 생겨서 질병이 되는 류머티즘성 관절염이나 크론씨병 혹은 다발성경화증도 억제하는 기능이 있다. 또한 알레르기 질환, 예를 들어 아토피 피부염이나 알레르기성 천식 환자에게서 비타민 D가 낮은 것으로 종종 보고되고 있다.[40] 우리 연구진이 한국 노인을 대상으로 분석한 연구에 의하면 비타민 D가 부족하게 되면 고혈압이나 대사증후군의 위험도를 높이는 것으로 나타났다.[41] 이외에도 비타민 D가 부족하면 우울증도 더 잘 생기고 사물을 인지하는 능력도 떨어지며 근육의 힘도 약해지는 것으로 보고되고 있다.

만성질환의 유행에 햇빛은 책임이 있을까, 없을까?

비타민 D의 부족은 햇빛에 충분히 노출되지 못한 상태에서 생기며 특히 비타민 D를 음식으로 제대로 섭취하지 못할 때 더욱 악화된다. 그러면 하루에 어느 정도의 비타민 D가 필요할까? 미국의 마이클 홀릭Michael Holick 박사는 대개 하루에 적어도 1,000IU(International Unit, 국제 단위) 정도는 필요하다고 주장한다. 그런데 이 중 음식을 통해 섭취하는 양은 하루에 200IU 정도이고 나머지는 영양제나 햇빛 노출로 공급을 받아야 한다. 영양제에 포함되어 있는 비타민 D의 양은 대개 400IU 정도이니 필요한 비타민 D를 충분히 공급받기 위해서는 햇빛을 자주 쬐는 것이 반드시 필요하다.

중위도 지역에 거주하는 사람들이라면 하루에 햇빛 차단제를 사용하지 않은 상태에서 머리와 목, 팔을 노출시키고 15분에서 20분 정도 햇빛을 쬐는 것이 바람직하다. 그러나 햇빛에 대한 피부 노출 시간은 절대적이지 않다. 햇빛의 투과력은 피부가 검을수록 떨어지기 때문에 피부가 검은 경우에는 햇빛 노출을 더 오래 해야 같은 효과를 볼 수 있다. 같은 위도상의 위치에 여러 인종이 살고 있다면 백인, 아시아인, 흑인의 순으로 피부 노출 시간을 좀 더 길게 갖는 것이 바람직하다. 계절적인 차이도 상당히 크기 때문에 여름에는 보다 짧게, 겨울에는 보다 긴 시간 동안 노출되는 것이 좋다. 이처럼 피부색에 따라 효과가 다르고 사는 지역의 위도 혹은 대기 중의 오존 농도 등에도 영향을 받기 때문에 햇빛에 피부를 노출시키는 절대적인 시간 기준이 있다고 보기는 어렵다. 단지 햇빛에 너무 많이 노출되면 자외선이 엽산 등 영양소를 파괴하고 또 피부를 햇빛에 자주 태우면 피부암 발생이 높아진다는 점도 기억해 두어야 한다. 피부가 햇빛을 받으면 검게 되는 것은 햇빛으로부터 보호하려는 반응이므로 햇빛에 피부를 노출시켜 비타민 D를 생성하되 피부가 검게 그을리지 않을 정도로 하는 것이 가장 좋다.

위도가 높은 지역은 특히 겨울철에 자외선 B 조사량이 적어서 자외선에 의한 비타민 D 형성이 적어지기 때문에 주의해야 한다. 위도가 42.5도인 보스턴은 일 년에 4-5개월 정도는 자외선 조사에 의한 비타민 D 형성이 거의 되지 않는 것으로 밝혀졌다. 대개 위도가 37도 이상 되는 서울과 같은 지역에서는 자외선 조사로 피부에서 생성되는 비타민 D의 양이 적다고 할 수 있는데 겨울철에는 특히나 더 심해 겨울이 끝나가는 2, 3월에 체내의 비타민 D 농도는 가장 낮아진다. 따라서 비타민 D 부족은 겨울철에 주로 문제가 될 수 있으며, 특히 아프리카에서 북위도로 이주해 간 흑인들은 더 심한 문제를 겪을 수 있다.

미국의 국민건강영양조사 결과에 의하면 1988-1994년에는 인구의 45퍼센트가 혈액 내에 충분한 비타민 D를 갖고 있었으나 10년 뒤에 조사한 결과는 23퍼센트만이 충분한 혈중 비타민 D 농도를 나타내었다. 10년 사이에 그 수가 반으로 줄어든 것이다. 최근 한국의 국민건강영양조사 결과에서도 심각한 문제가 드러났다. 한국인의 5퍼센트만이 혈중에 비타민 D를 충분히 갖고 있을 뿐 아니라 비타민 D

의 혈중 농도도 매년 감소하고 있는 것으로 나타난 것이다. 이렇게 급속하게 비타민 D가 감소되는 현상은 비타민 D와 관련되어 있는 여러 질환을 생각해 볼 때 상당히 우려할 만한 일이다.

최근에 피부암을 줄이려면 햇빛에 너무 많이 노출되지 않아야 하며 노출되더라도 강력한 햇빛 차단제를 사용해야 한다는 캠페인이 상당히 성공적으로 진행되었다. 그런데 이러한 캠페인을 통해 피부암의 발생은 다소 줄었다고 볼 수 있지만 이는 또 다른 문제 즉, 비타민 D의 결핍 문제를 초래함으로써 한편으로는 건강에 나쁜 영향을 주게 된 결과가 되어버렸다. 역설적이게도 피부암의 발생을 막기 위한 캠페인이 피부암을 제외한 다른 암, 즉 비타민 D 부족 때문에 유발될 수 있는 유방암이나 대장암의 발생을 증가시킨 결과를 초래한 것이다.

결국 햇빛에 너무 많이 노출되거나 너무 적게 노출되는 것 둘 다 건강에 안 좋은 영향을 미친다. 인류의 피부색은 농업혁명을 거치면서 각 지역에 맞게 결정되었다고 볼 수 있으나 중세 이후 인류의 본격적인 교류와 산업혁명 이후 실내 생활의 증가는 피부색의 자연적인 적응 상태에 다시 한 번 새로운 도전을 가져오게 되었다. 특히 동서간의 교류보다는 남북간의 교류, 예를 들어 고위도 지역에 사는 백인이 저위도 지역으로 오거나 적도 부근의 흑인이 북미나 유럽으로 이동한 경우는 피부색과 자외선 조사량 사이에 불균형이 생겨서 암이나 여러 가지 만성병의 증가를 초래했다. 특히 중위도 이상의 지역에서는 자외선 조사량이 상대적으로 적은데 현대 사회로 올수록 실내 거주 시간이 길어지면서 전반적으로 자외선 노출량도 점점 적어지고 있어 비타민 D는 더욱더 부족해지는 방향으로 변화되고 있다. 이러한 변화가 최근 만성질환이 유행하게 된 주요한 원인 중 하나가 된 것이다.

08

어떻게 인간은
오래달리기를
가장 잘하게 되었을까

인간은 언제부터 달렸을까

규칙적으로 하는 달리기는 건강, 특히 심혈관계의 기능을 좋게 만들면서 결과적으로 관상동맥질환, 고혈압, 당뇨병, 암 등을 예방하고 치료하는 데 매우 중요한 역할을 한다. 수많은 연구 결과들이 달리기의 효과에 대해서 증명하고 있고, 만성질환으로 환자가 진료실을 찾을 때 의사들이 주는 가장 흔한 처방 중의 하나가 달리기를 규칙적으로 하라는 것이다. 일례로 미국 캘리포니아에서 21년간 관찰한 연구 결과에 의하면, 규칙적으로 달리기를 한 사람은 달리기를 제대로 하지 않은 사람에 비해 나이가 들었을 때 질병으로 인한 장애가 훨씬 적고 수명 또한 수년 이상 긴 것으로 나타났다.[42] 그렇다면 왜 달리기는 건강에 좋은 것일까? 그리고 언제부터 인류는 달리는 능력을 갖게 되었을까?

오스트랄로피테쿠스의 화석을 보면 수백만 년 전부터 인류의 초기 조상들이 두 발로 걸어 다녔다는 것을 알 수 있다. 오스트랄로피테쿠스가 살던 초기 주변 환경은 모두 숲이었기 때문에 아마도 등을 곧게 펴고 걸었다기보다는 침팬지나 고릴라가 걷는 것과 오늘날의 인류가 걷는 것의 중간쯤으로 걸었을 것으로 추측된다. 즉 등이 곧게 펴지지 않은 상태에서 걷는 것이 나뭇가지와 같은 주변 환경에 부딪히지 않고 다니기에 편리했을 것이다.

그러다 기후 변화로 인해 생활환경이 숲에서 사바나 초원으로 바뀌게 되면서 걸을 때 거추장스럽게 부딪히는 것도 없어졌고 멀리 있는 먹잇감이나 맹수를 볼 필요성과 더 빨리 몸을 이동해야 할 필요성 등이 생기게 되었다. 이러한 필요를 충족시키기 위해서는 직립보행이나 달리기를 해야 하는데 긴 다리가 이에 유리했다. 결국 오스트랄로피테쿠스 이후 다리가 길어지는 방향으로 자연선택의 힘이 작용하게 되었다. 그 결과 오늘날 인류의 다리 길이는 오스트랄로피테쿠스보다 1.5배 정도 길다. 한편 화석 연구 결과를 보면 오스트랄로피테쿠스는 현생인류처럼 발달된 아킬레스건이 없다. 두 발로 달리기 위해서는 다리에 긴 힘줄이 있어야 하는데 아킬레스건이 없었다는 것은 오스트랄로피테쿠스에게는 달릴 수 있는 능력이 없었다는 뜻이다. 이는 곧 인류에게 달리는 능력은 오스트랄로피테쿠스 이후에 생겼다는 것을 의미하기도 한다.

현생인류의 발은 평평하지 않고 바닥이 휘어져 있어서 충격을 흡수할 수 있는데, 특히 달리기를 할 때 발바닥은 스프링 같은 역할을 해서 달릴 때 땅을 디딘 쪽의 무게 에너지의 20퍼센트 정도를 되돌려주는 역할을 한다. 이렇게 바닥이 휜 발 모양은 침팬지 등 유인원류에게서도 일부 나타나기는 하지만 오늘날 인류와 같은 발 모양이 나타난 것은 호모 하빌리스 때부터다. 즉 본격적으로 달리기를 하는 능력을 갖추게 된 시기는 약 2백만 년 전의 호모 하빌리스 때라 할 수 있고 이러한 능력은 현생인류로 오면서 더욱 발전되었다.

우리 몸은 달리기에 유리하게 진화되었다

걷기와 달리기의 차이부터 살펴보자면 주로 사용하는 근골격계의 부위가 서로 다르며 이들의 기능과 역할 또한 다르다.[43] 따라서 달리기는 걷기가 발전하면서 파생된 것이 아니라 걷기와는 다른 발달 과정을 거쳤다고 볼 수 있다. 우선 걷기와 달리기는 위치 에너지와 운동 에너지를 교환하는 방식에 차이가 난다. 걷기는 앞으로 나아갈 때 대개 다리를 쭉 뻗으면서 무게 중심이 그 다리 쪽으로 옮겨가는 방식으로 이동한다. 그런데 이동 속도가 높아지면 발을 디뎠을 때의 탄력을 이용한 달리기가 걷기보다 이동 거리당 에너지를 훨씬 덜 쓰게 된다. 특히 이러한 탄력을 잘 이용하기 위해서는 앞으로 나아가는 다리

달리는 능력을 갖춘 인간

를 쭉 뻗는 것보다는 다리를 굽히는 쪽이 더 효과적이다. 따라서 이동 속도가 높은 경우에는 달리기가 걷기에 비해 매우 에너지 효율적인 이동 수단이다.

그런데 달리기는 두 발이 공중에 모두 떠 있다가 한 발을 딛고 그 반작용을 이용해서 앞으로 가기 때문에 걷기에 비해 상당히 불안정한 상태가 될 수 있다. 따라서 균형을 갖추기 위한 평형감각, 근골격계의 반사 작용, 비교적 가는 허리, 그리고 발달된 엉덩이 근육이 필요했다.[44] 이처럼 달리기와 걷기는 운동 역학적으로 매우 다르고 달리기를 위한 신체 구조, 즉 긴 다리, 짧은 발가락, 땀으로 체열을 발산하는 능력 등이 인간에게 발달했다는 것은 달리기가 인간의 생존을 위해서 매우 중요한 이동 방법이었다는 것을 보여준다.

따라서 걷는 능력이 발전되면서 달릴 수 있는 능력을 갖추게 되었다기보다는 새로운 방향으로 진화되었다고 보는 것이 타당하다. 걷기와는 다른 방식으로 이동할 수 있는 능력, 즉 보다 빨리 이동할 수 있는 능력이 필요하게 되었고 이러한 필요성이 선택압력으로 작용하여 인류는 달리는 능력을 갖추게 된 것이다. 아마도 달리기는 걷는 것보다 수렵이나 채집 생활을 하는 데 보다 유리했고 또 이를 통해 동물의 고기나 골수 혹은 뇌를 먹음으로써 단백질과 지방을 충분히 섭취할 수 있었을 것이다.

인간의 달리기 속도는 동물들이 달리는 속도보다 느리지만 동물들이 빠른 걸음으로 가는 속도보다는 빠르다. 이러한 속도는 사냥에 있어서 매우 중요한데, 왜냐하면 동물들은 빠른 걸음으로는 오래 갈 수 있지만 달리기로는 금방 지쳐서 오래 갈 수 없기 때문이다. 즉 사냥을 나선 인간으로부터 도망가려면 동물들은 빨리 달려서 가야 하는데 이렇게 되면 곧 지치게 된다. 하지만 빠른 걸음으로 도망가면 오래 갈 수는 있지만 사람의 달리기 속도보다는 느려서 잡힐 수 있게 된다.

또한 인간은 달리기를 하는 데 있어서 네발동물에 비해 호흡상의 이점이 있다. 네발동물의 경우 달리기를 할 때 폐를 둘러싼 뼈와 근육이 직접적인 압박을 받기 때문에 달리면서 근육이 운동하는 간격과 숨쉬는 속도가 서로 잘 맞아야 호흡을 할 수 있다. 대개 근육이 한 번 수축했다 이완되는 동안에 호흡도 한 번 하게 되는데 호흡 때문에 달리는 속도가 일정하게 제한될 수밖에 없다. 그래서 동물들은 달리기를 할 때 속도가 비교적 일정한 것이다. 반면 인간은 달리기를 할 때 사용하는 뼈와 근육이 폐를 직접적으로 압박하지 않기 때문에 달리는 중에도 호흡을 자유롭게 할 수 있다. 덕분에 인간은 달리기 속도를 자유롭게 변화시킬 수 있다. 이 같은 능력 역시 동물을 사냥하는 데 유리하게 작용했을 것이다.[45]

빠르게 달릴까, 아니면 오래 달릴까

그런데 짧은 거리를 단시간 안에 갈 때 인간은 빠르게 달리는 동물들에 비해 그리 빨리 달릴 수가 없다. 대부분의 동물은 네 발을 이용해 두 발씩 한 번에 말 달리듯이 뛰는데 인간은 두 발만을 이용해 뛰기 때문이다. 또한 인간의 달리기는 비슷한 크기의 동물에 비하면 약 두 배 정도 에너지를 더 소모한다. 결국 인간은 이러한 문제를 극복하면서 동물을 사냥해야 했는데 그 결과 독특하게 달리는 방법을 이용하게 되었다. 그것이 바로 오래달리기이다. 즉 인간은 상당히 오랜 시간 동안 먼 거리를 달릴 수 있는 능력을 갖춘 것이다.

인간과 가까운 유인원 중에는 오래달리기를 할 수 있는 종이 없다. 침팬지도 빨리 달릴 수는 있으나 자주 달리지 않으며 또 달려봐야 100미터가 안 되는 짧은 거리를 달리는데 불과하다. 또한 개, 하이에나, 말과 같은 몇 가지 네발동물을 제외하면 동물 중에서도 오래달리기를 잘하는 종은 매우 드물다. 말같이 비교적 오래달리기를 잘할 수 있는 동물도 더운 기온에서 10분이나 15분 정도 달리면 속도가 줄어들게 되어서 더운 날씨에 아주 먼 거리를 달리는 경우에는 사람이 말보다 더 빨리 갈 수도 있다.

그러면 어떻게 인간은 오래달리기를 가장 잘하게 된 것일까? 대부분의 동물들은 단거리를 달릴 때는 사람보다 빠르지만 장거리의 경우는 사정이 다르다. 네발동물은 털이 많고 피부에 땀샘이 없기 때문에 쉽게 체온이 올라가 지치기 때문에 먼 거리를 달려서 가기는 힘들다. 동물들은 어느 정도 달리게 되면 체온 상승을 막기 위해 혀를 내밀고 헐떡거린다. 하지만 이때 혀가 공기의 흐름을 가로막으면서 숨쉬는 것을 방해하게 되고 따라서 에너지를 제대로 사용할 수 없기 때문에 계속해서 뛸 수가 없게 된다.

그러나 사람은 털이 거의 없고 피부에 땀샘이 많기 때문에 달리기를 오래 해도 땀샘을 통해 땀을 흘려 체온을 보다 효율적으로 조절할 수 있기 때문에 네발동물보다 오래달리기에서 유리하다. 단거리 달리기에서 네발동물을 앞지르기 어려웠던 선행인류는 오래달리기의 이점을 강화하는 방향, 즉 달리기를 오래 해도 지속적으로 근육에서 만들어지는 열을 효과적으로 처리해서 체온이 상승하지 않는 방법을 특별히 갖추게 되었다. 결국 인간은 피부의 털이 적어지고 땀샘이 많아지는 방향으로 변화되어 적응하게 된 것이다.

걷기도, 단거리 달리기도 아닌, 오래달리기의 탄생

인간은 동물에 비해 달리기를 할 때 비효율적으로 에너지를 이용하는 데에도 불구하고 어떤 동물보다도 오래달리기를 잘한다는 것은 달리는 동안에 소모되는 에너지를 미리 저장해 놓았다가 달리기를 할 때 사용할 수 있는 시스템을 갖추었다는 것을 의미한다. 즉 오랜 시간 달리기를 하려면 도중에 먹지 않고도 상당한 에너지를 사용해야 하기 때문에 에너지 저장 시스템을 잘 갖추어야 한다. 인간은 근육이나 간에 글리코겐을 비축해 놓고 오래달리기의 에너지원으로 사용할 수 있게 되었다. 그런데 글리코겐은 먹지 않고 하루 이상 사용하는 에너지를 저장하기는 어렵기 때문에 또 다른 방법으로 지방에 에너지를 비축해 두고 보다 오랜 기간 동안 에너지 수요를 담당하게 했다. 이와 같이 인간은 에너지를 저장하고 이용하는 두 가지 시스템을 인체 내에 갖춤으로써 오랜 시간을 달릴 수 있었다.

오래달리기는 체열 발산 능력과 에너지 저장 시스템뿐 아니라 또 다른 매우 중요한 능력을 필요로 한다. 그것은 오래달리기를 할 수 있는 넓은 지형과 어디에 어떤 동물이 있고 어디를 가면 물이 있는지 등의 정보를 저장하고 이용할 수 있는 뇌의 〈지적 능력〉이다. 최근의 연구들을 보면 오래달리기 자체가 뇌세포의 성장을 자극하고 뇌기능을 좋게 만드는 것으로 알려졌다. 달리기는 뇌에 있는 신경성장촉진인자의 생산을 자극시켜서 신경세포가 자라게 하고 또 줄기세포에서 새로운 신경세포가 만들어지게도 한다.[46] 어디에 어떤 먹을거리가 있는지 알 수 있는 우수한 지적 능력을 갖춘 뇌가 자연선택의 경쟁에서 유리했지만, 한편으로는 뇌의 지적 능력이 달리기를 통해서 보다 향상될 수 있었던 것이다. 결국 오늘날 인간의 뇌와 우수한 지적 능력은 오래 달리는 능력을 위해 선택되었을 뿐만 아니라 오래달리기를 통해 더욱 발전되었다고 볼 수 있다.

인간은 오래달리기를 그 어떤 동물보다도 잘할 수 있다는 이점을 이용하여 문명 이전 시기, 특히 창이나 화살과 같은 변변한 사냥 도구가 없던 때에는 동물이 지칠 때까지 쫓아가서 잡는 방법으로 수렵을 했던 것으로 볼 수 있다. 이러한 사냥 방법을 추정할 수 있는 이유는 오늘날에도 수렵채집 생활을 하는 사람들을 통해서다. 아직도 이런 방식으로 사냥을 하는 사람들이 있다. 아프리카의 칼라하리 사막에 사는 수렵채집인들은 쿠두라는 영양을 잡을 때 창이나 활을 이용하지 않는다. 기온이 섭씨 40도를 넘는 곳에서 25-35킬로미터를 두 시간에서 다섯 시간 정도 쫓아가서 잡는다.[47] 쿠두가 지쳐서 더 이상 도망가지 못할 때까지 계속해서 달리기를 해 쫓아간다. 쿠두는 한참 도망간 후 휴식을 취해야 하는데 충분한 휴식을 취하지 못한 채 계속 쫓기다 보면 탈진을 해 더 이상 도망을 못 가게 되는데 바로 이때 칼로 찔러서 잡는다. 멕시코의 산악 지대에 살고 있는 타마후마라 인디언들도 이러한 방식으로 사슴이 지쳐 더 이상 도망가지 못할 때까지 쫓아가서 손으로 잡는다. 과거에 오스트레일리아의 원주민도 같은 방식으로 캥거루 사냥을 했다.

주로 채집 활동을 통해 식물을 섭취해 오다가 이렇게 오래달리기를 이용해 동물을 수렵하는 방식이 더해지기까지의 과정은 먹거리의 변화와 이를 획득하는 능력의 변화가 동반된 과정일 것이다. 아마도 숲에서 짧은 거리를 쫓아가서 작은 동물을 잡으면서 육류 섭취에 익숙해진 선행인류는 사자 등 맹수가 먹다 남긴 동물의 사체를 하이에나와 같은 다른 동물들이 오기 전에 갖고 와야 했고, 이를 통해 조금씩 달리는 능력이 발달하게 되다가 본격적으로 오래달리기를 이용한 독특한 사냥 방식을 터득했을 것이다. 따라서 오래달리기를 잘하는 능력은 우연히 갖추어졌다기보다는 동물을 사냥하기 위해 자연선택된 결과라고 볼 수 있다. 이는 사람의 신체적인 조건은 자연선택 과정을 통해서 변화한 것이기 때문에 오래달리기에 적합할 뿐만 아니라, 오래달리기가 오늘날과 같은 현생인류의 신체적인 조건을 만들기 위해서 필수적이었다는 것을 의미한다.

질병을 예방하는 달리기, 질병을 초래하는 달리기

오래달리기는 심혈관 시스템을 좋게 만드는 유산소 운동이다. 오래달리기를 규칙적으로 하면 체중을 줄이는 데 도움이 되며 혈압과 콜레스테롤 수치도 낮아진다. 또한 인슐린 작용을 증가시키고 부교감신경을 활성화시키는 작용도 하는데, 이는 당뇨병이나 심혈관질환을 낮추는 데에 중요한 역할을 한다. 이러한 유산소 운동은 유방암이나 대장암과 같은 암의 위험도도 낮추는 것으로 알려졌으며 불안을 감소시키고 스트레스를 완화시키는 이점도 지니고 있다. 나이가 들면서 생기는 골밀도의 감소도 오래달리기를 규칙적으로 하면 예방할 수 있다.

그러나 오래달리기의 이득이 분명히 존재한다 하더라도 오랜 시간 달리기를 반복해서 하게 되면 근골격계는 상당한 손상을 입을 수 있다. 우선 연골이 닳아서 생기는 퇴행성 골관절염은 오래달리기를 자주 하는 사람들의 다리 관절에서 흔히 나타난다. 달리기를 할 때 두 발이 모두 공중에 들린 상태에서 한쪽 발이 땅에 닿게 되고 또 그 발이 땅에 닿아 있는 시간도 짧아서 체중이 누르는 힘이 관절에 상당한 충격을 줄 수 있기 때문이다. 오래달리기를 한다는 것은 반복해서 뼈와 뼈 사이에 있는 관절에 마찰이 생기는 것을 의미한다. 따라서 아무리 정교하게 잘 구성되어 있다 하더라도 관절을 지나치게 사용하게 되면 골관절염이 생기는 것은 당연한 결과다.

특히 나이가 들게 되면 점차 연골이 닳아 없어지기 때문에 노인이 되면 골관절염 증상이 생기기 쉬운데 오래달리기를 많이 한 사람들은 이 증상이 보다 빨리 나타날 수 있다. 아마도 수명이 40세를 넘기기가 어려웠던 수렵채집인이 오래달리기를 무기로 수렵 활동을 했을 때는 골관절염이 별 문제가 되지 않았을지 모른다. 하지만 수명이 길어진 오늘날에는 오래달리기를 지나치게 하면 문제가 될 수 있다.

한편 수렵채집인은 수렵을 위해 매일 오래달리기를 하지는 않았을 것이다. 아마도 동물을 잡아서 지방과 단백질을 섭취하면서 어느 정도 기간을 쉬다가 다시 수렵에 나서곤 하는 생활을 했을 것이다. 또 동물들이 지쳐서 더 이상 달아나지 못할 만큼의 거리를 쉬지 않고 쫓아가는 능력을 가졌다 하더라도 그 거리는 오늘날 마라톤 거리와 같이 매우 긴 거리였다기보다는 그보다는 짧은 거리였을 가능성이 많다. 즉 충분한 휴식과 10-20킬로미터 정도를 달리는 오래달리기가 수렵 활동의 기본이었고 이러한 생활에 최적화된 신체를 갖게끔 선택압력이 있었을 것이다.

탈수는 오래달리기에서 달리는 거리와 시간을 제한하는 중요한 이유이다. 특히 오늘날처럼 물병을 갖고 다닐 수 없었던 과거에 탈수 현상은 오래달리기에 가장 큰 걸림돌이었을 것이다. 달리는 중에 체온이 올라가는 것을 막기 위한 기전은 매우 중요한데 적절하게 물을 마시지 못하면 땀을 통해 체온 상승을 막기가 어렵기 때문이다. 특히 더운 아프리카의 기후에서 오래달리기를 할 때는 탈수를 피하는 것이 필수적이었을 것이다. 따라서 물을 마시지 않고 왕복할 수 있는 거리, 특히 갈 때는 빠르게 달리고 올 때는 무거운 짐을 지고 올 수 있는 거리 이상을 달려 갈 수는 없었을 것이다.

아무리 좋은 약이라 하더라도 최대 용량이 있어서 그 이상 먹게 되면 부작용이 나타나게 된다. 달리기도 너무 지나친 경우는 건강에 좋지 않은 영향을 미칠 수 있다. 실제로 많은 연구들을 통해 달리기를 규칙적으로 하면 심혈관질환을 비롯한 많은 질병을 예방할 수 있다는 것이 밝혀졌지만 너무 많이 하게 되면, 예를 들어 하루에 50분 이상 매일 심하게 운동을 하는 경우에는 근골격계 손상이나 심혈관계

스트레스 때문에 운동이 주는 좋은 효과보다 부작용이 더 커지는 것으로 밝혀졌다.[48] 또한 흥미롭게도 장거리 달리기 선수들의 경우 심장근육이 두터워지고 상처가 생겨서 달리는 중에 사망하는 사례들이 종종 있는 것으로 보고되고 있다. 이는 달리기도 지나치게 하면 건강에 안 좋을 수 있다는 것을 나타내는 것이다.[49] 달리기의 빈도도 일주일에 2일 내지 5일 정도까지는 사망률을 감소시키지만 이보다 못하거나 또는 더 자주 하게 되면 사망률 감소 효과는 없어지는 것으로 나타났다. 따라서 달리기도 적절한 수준에 미치지 못할 때뿐만 아니라 지나치게 많이 하게 될 때도 건강에 나쁜 영향을 준다. 물론 현대인의 생활에서 더 문제가 되는 것은 적절한 수준에도 훨씬 못 미치는 신체 활동량이다. 오늘날처럼 신체 활동을 거의 하지 않는 현대인들의 생활은 수렵채집 시기의 활동량에 맞춰 우리의 유전자가 적응되었다는 것을 생각해 보면 상당히 부적절한 생활이다.

따라서 오래달리기와 같은 신체 활동을 적절한 수준으로 하는 것이 건강을 유지하기 위하여 반드시 필요하다. 그러나 문명 이전의 신체 활동은 수렵 활동을 통해 먹거리를 얻기 위한 생존 방법으로 발달되었다는 점을 생각해 볼 필요가 있다. 즉 오래달리기는 수렵으로 동물을 잡는 다른 방법이 없었기 때문에 어쩔 수 없이 얻어진 능력이지 신체를 건강하게 만들기 위해서 갖게 된 능력은 아니었다는 것이다. 왜냐하면 에너지가 확보되어 있다면 에너지를 덜 쓰는 것이 생존에 유리했기 때문에 한편으로는 불필요하게 에너지를 사용하지 않으려는 선택압력도 상당히 있었을 것이다.[50] 사실 에너지를 덜 사용하려는 선택압력은 오래달리기와 같은 신체 활동의 선택압력보다 훨씬 기본적이고 먼저 생겼다고 할 수 있다. 그래서 특별한 이유가 없다면 인간은 신체 활동을 안 하고 쉬면서 편하게 있으려는 경향을 가지고 있는 것이다. 인간이 수렵채집 시기에서 벗어나 문명을 이룬 이후에는 수렵을 통한 먹이 획득 방식에서 벗어났기 때문에 오래달리기와 같은 신체 활동은 필수가 아니라 선택의 문제가 되었다. 따라서 반드시 오래달리기를 할 필요가 없어진 현대인들은 가능한 한 편한 생활을 하려고 하지만, 건강을 유지하기 위해서 의도적으로 오래달리기와 같은 신체 활동을 해야만 하는 부담을 갖게 된 것이다.

09
술,
그 이율배반적인 역할

한 잔의 술, 그 시작은

술은 인류 문명과 매우 밀접한 관계가 있다. 아마도 술이 없었으면 오늘날과 같은 문명을 만들어 내지 못했을 것이다. 문학과 예술에서, 축제와 종교의식에서 술은 빠질 수 없는 요소였으며, 약제로서 또 때로는 영양소의 공급원으로서 문명이라는 수레바퀴의 윤활유 역할을 해왔다. 술은 또한 먹는 즐거움을 더해주고 생활의 활력을 주며 인간관계를 부드럽게 해주는 역할을 하기도 했다. 하지만 동전이 양면을 가지듯 술 역시 유익한 역할만 한 것은 아니며 때로는 과도하게 마시게 되어 건강에 나쁜 영향을 주기도 했다.

술이 최초에 어떻게 만들어졌는지에 대해서는 정확하게 알 수는 없다. 하지만 아마도 적어도 수십만 년 전 문명 이전의 수렵채집 시기에 우연히 무언가가 발효되면서 발견되었을 것이다. 침팬지들도 썩은 과일을 먹고 기분이 좋아지는 것을 즐기는 걸 보면 인류의 조상도 자연적으로 발효된 과일 같은 것을 즐겼으리라고 생각하는 것은 크게 무리 없을 것이다. 과일이나 곡류 등 당으로 주로 이루어진 먹거리가 자연 상태에서 효모균에 의해 발효되는 것은 어렵지 않은 일이니 먹다 남은 음식이 발효되면서 생긴 술을 자연스럽게 접할 수 있었을 것이다. 그러나 수렵채집 시기에는 과일이나 곡류가 저장까지 해둘 만큼 수확량이 많지는 않았기 때문에 술을 인위적으로 생산하지는 못했을 것이다. 따라서 술을 본격적으로 즐기게 된 시기는 농경 사회로 접어들면서였을 것으로 생각된다. 수렵채집의 시대를 지나 작물을 부분적으로나마 경작할 수 있게 되면서 작물의 당을 이용한 술이 만들어지게 되었는데, 벌꿀로 만든 술부터 곡류가 발효되면서 만들어진 맥주와 포도나 다른 과실을 발효시켜 만든 술까지 다양한 술들이 탄생하게 되었다. 이러한 발효 과정은 인류가 처음으로 시도한 생물공학적 기법이라 할 수 있다.[51]

신석기 시대의 유물로 맥주잔이 발견되는 것을 보면 적어도 1만 년 전에는 발효로 만들어진 맥주가 있었을 것으로 추측된다. 포도주는 그로부터 한참 뒤에 등장했다고 볼 수 있다.[52] 구약성경의 창세기를 보면 노아가 그의 방주가 앉은 아라라트 산에 포도나무를 심고 포도주를 마시고 취한 이야기가 나오는데 아라라트 산은 지금의 터키에 있다. 따라서 포도주가 처음 만들어진 지역은 아마도 중동 지역 근방이었을 것이다. 한편 중국에서도 신석기 시대의 유적들을 보면 9천 년 전부터 발효로 만든 술을 즐겼고 제사나 전쟁, 기념일 등에도 널리 술을 애용했던 것 같다.[53]

이처럼 제사에 쓰이거나 약제로도 널리 사용되었던 것을 보면 술은 의식을 고양시키고 즐거움을 주었을 뿐만 아니라 인간관계를 원만하게 해주며 피로를 회복시켜 주는 역할도 했던 것 같다. 술이 얼마나 중요했는지는 각 사회마다 술의 신을 두었던 것을 보면 알 수 있다. 또한 술은 물의 대체재이기도 했다. 깨끗한 마실 물을 어느 지역에서나 손쉽게 구할 수 있는 건 아니었기 때문이다. 아프리카 북부나 유럽에서는 마실 만한 깨끗한 물을 얻기가 쉽지 않았다. 그래서 술에 물을 타서 먹거나 알코올 농도가 낮은 술을 만들어서 물 대용으로 마셨다. 한편 술은 중요한 약제로서의 역할도 했다. 오늘날에는 적절한 음주, 특히 적포도주를 마시면 심장질환을 줄일 수 있다는 것이 과학적 연구를 통해서도 잘 알려져 있는데 과거에도 술은 진통제로 또 피로회복제로 널리 사용되었다.

그런데 술이 등장한 이후 어느 사회나 과도한 음주는 골칫거리 중의 하나여서 대개 술과 관련해서는 적절한 음주가 강조되는 동시에 여러 가지 종교적, 법적 규제 장치도 때때로 시도되었다. 아마도 술에 취해 주정을 부리는 것은 과거에도 문제였을 것이다. 술이 즐거움과 영양의 공급원이기도 하지만 점차 사람들의 생활 속에 깊숙이 자리잡게 되면서 과도한 음주로 인한 건강상의 문제, 그리고 사회적 문제도 일으켰는데 이 역시 문명과 함께 생겨난 것이라고 할 수 있다.

술, 모든 문명에서 받아들이다

술은 탄생과 더불어 중독의 문제를 가져왔으며 따라서 법이나 전통의 사회적 규제를 받게 되었다. 비교적 술에 대한 기록이 많은 그리스 시대를 보면 그리스인들은 과도한 음주를 피하고 술을 절제하는 것을 중요하게 생각했으며 포도주도 물로 희석해 마시곤 했던 것 같다. 그러나 한편으로는 무절제하고 위험하며 예측이 불가능한 성격을 지닌 디오니소스라는 술의 신을 가졌던 것을 보면 술을 절제해야 한다는 현실 인식과 함께 술에 취했을 때를 동경하고 이를 신과 가까워지는 것이라고 믿는 이중성이 그리스인들에게는 있었다고 볼 수 있다. 따라서 일상생활에서는 술에 중독되는 것을 엄격히 금했어도 잔치나 축제가 있을 때에 술에 취하는 것은 드물지 않은 일이었다.[54]

기원전 5세기에 플라톤은 음주와 관련해 올바른 행동양식을 제안한 바 있다. 그는 18세 미만에게는 술을 금지하고, 30세 미만에게는 적절하게 마시는 것을 전제로 허가하고, 그 이상의 연령에게는 제한을 두지 말자고 했다. 소위 음주에 대한 연령 제한을 제안한 것이다. 실제로 그리스에서는 군인이나 선장, 판사 등과 같은 직업에 종사하는 사람은 판단을 흐리게 할 수 있다는 이유로 술을 금지하기도 했다. 하지만 군인들이 술에 취해 전쟁의 승패를 갈랐다는 이야기들이 많이 전해지는 걸 보면 이러한 제안이 그대로 받아들여지지는 않은 것 같다. 노예들의 경우도 술을 마실 수 없었는데 술이 폭력으로 이어져서 사회질서를 위협할 수 있기 때문이었다.[55]

로마 제국 초기에도 절제된 음주 습관이 매우 중요한 가치로 여겨졌다. 그러나 로마가 이탈리아 반도뿐 아니라 지중해 연안을 차지하면서 이러한 전통은 점차 사라지고 사람들이 디오니소스적인 행동을 더욱 동경해 과도한 음주, 방탕, 그리고 타락이 그 자리를 대신하게 되었다. 이러한 술 문화는 나중에 술을 얼마나 마시는지를 내기하고, 심지어는 더 많이 먹고 마시기 위해 일부러 먹은 것을 토하는 행위에까지 이르게 되었다. 이러한 문화는 술 중독을 만연케 하고 건강 문제뿐 아니라 사회적 문제를 일으켜서 로마 제국이 쇠락의 길을 걷게 한 중요한 원인이 되었다.[56]

그러나 기독교가 전파되면서 음주에 대한 유럽의 문화는 바뀌게 되었다. 특히 신약성경의 영향력이 커지면서 바울이 술에 대해 취한 태도는 술 문화에 대한 중요한 척도가 되었다. 바울은 술 자체의 신성함을 이야기하면서도 술에 취하는 것은 매우 강하게 비판했다. 그는 술에 대한 절제력이 없는 사람은 아예 술을 마시지 말라고 권고했는데, 이러한 권고는 중세를 거쳐 현대에 이르기까지 유럽의 술 문화에 가장 큰 영향을 미쳤다. 그러나 한편으로 유럽에서는 양조 기술이 발달하면서 포도주와 맥주보다 도수가 높은 증류주 같은 술을 만들게 되었고 저장 및 운송 수단의 발달과 함께 술을 보다 쉽게 마실 수 있게 함으로써 술 생산과 소비는 줄지 않고 증가해 왔다.[57]

중국에서도 술은 전통적인 행사 및 결혼식 같은 축하연에서 빠질 수 없었던 것 같다. 시인이었던 이태백이 "술 한 동이를 마시면서 시 1백 편을 지었다."고 할 정도로 술은 예술이나 시와 떨어질 수 없었

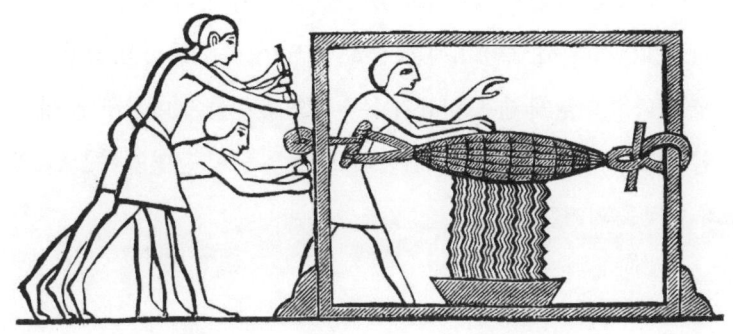
포도주를 만드는 고대 이집트인들

다. 그러나 중국에서도 술 중독을 경계해 술을 혼자서 마시는 것보다는 여러 사람이 같이 마시는 것을 권장했으며, 술에 취하는 것을 막기 위해 술만 마시는 것보다는 음식과 같이 마시는 것을 전통으로 삼았다. 인도에서도 이집트나 중국과 비슷한 시기에 술을 마시기 시작했던 것으로 보인다. 인도는 지형학적 위치 때문에 여러 종교와 문화의 영향을 받아왔는데 술 문화 역시 종교와 계급, 그리고 이슬람이나 영국과 같은 지배적 문화에 따라 다르게 나타났다. 예를 들어 한편에서는 술을 즐기면서도 일부에서는 종교적인 이유로 술을 금하기도 했다. 특히 같은 시기에도 계급이 다를 경우 술에 대한 인식이 다르게 나타났는데, 베다 시대의 크샤트리아 무사 계급은 술을 즐기고 칭송했으나 브라만 사제 계급은 술을 죄악으로 여기고 금했다. 재미있는 것은 베다 시대에 인도의 대중들에게 가장 인기가 있었던 쌀이나 보리로 만든 술을 〈수라〉라고 했는데 이 말이 여러 지역을 거치면서 한국에까지 와서 〈술〉이 된 것을 보면 술이 갖는 문화적 침투력을 알 수 있다.[58] 이렇게 술은 인류가 본격적으로 만들어 마시게 된 이후로 급속도로 여러 문화권에 퍼졌는데, 이것은 술이 문명의 중요한 요소라는 것을 의미한다.

깨끗한 물과 술에 잘 취하는 유전자는 무슨 연관이 있는 걸까

술은 우리 몸 안에서 매우 빠르게 대사되는 물질이다. 술은 소화될 필요가 없기 때문에 위에 도달한 후 약 20퍼센트는 그대로 위벽을 통과해 흡수되는데 혈액을 타고 뇌에 도달하는 데 1분이 채 안 걸린다. 나머지는 소장에서 빠르게 흡수되어 혈액을 타고 간에 도달하게 되는데 간에는 알코올 분해 효소와 알데히드 분해 효소가 있어 술을 산화시키게 된다. 따라서 술은 우리 몸의 각 기관에 영향을 미치지만 그 중에서도 간세포는 술을 대사시키는 역할을 하기 때문에 가장 쉽게 술의 영향을 받는다고 볼 수 있다. 술을 조금만 마셨을 때는 간에 있는 알코올 분해 효소와 알데히드 분해 효소에 의한 대사가 원활하게 일어나서 술이 모두 분해되기 때문에 다른 기관에 대한 영향이 없다. 하지만 과음을 하게 되면 분해되지 못한 알코올이나 알코올로부터 생긴 아세트알데히드가 혈액을 타고 다시 온몸을 돌아

다니면서 다른 기관에 영향을 주기 때문에 간 이외에도 영향을 받게 되는 것이다.

그런데 이러한 분해 효소가 얼마나 작용을 하는지는 사람마다 다르기 때문에 술을 어느 정도 마셨을 때 건강에 영향이 있는지는 일괄적으로 말하기가 어렵다. 예를 들어 술을 아주 조금만 마셔도 얼굴이 빨갛게 되거나 취하는 사람들이 있는데 이런 사람들은 알코올 분해 효소가 매우 활성화되어 있어 알코올의 아세트알데히드로의 전환이 빠르게 일어나거나 알데히드 분해 효소가 부족해 만들어진 아세트알데히드가 천천히 분해되는 사람들이다. 숙취 증상은 이러한 아세트알데히드가 몸 안에 많이 만들어져서 생기는 것이다. 특히 알코올 분해 효소의 활성도가 크거나 알데히드 분해 효소의 활성도가 낮아서 술을 조금만 마셔도 쉽게 아세트알데히드가 몸 안에 쌓이는 사람들이 유럽인에 비해 한국인과 일본인 같은 동아시아인들에게 많은 것은 흥미로운 일이다.[59]

알코올 분해 효소의 활성도 차이는 효소를 만들어 내는 유전자의 변이가 생겨서 발생하게 된다. 그런데 알코올을 분해하는 효소의 변이 유전자 비율이 인종마다 혹은 지역마다 차이가 나게 된 이유는 일상생활에서 술이 차지하는 역할과 비중이 서로 달랐기 때문이다. 예를 들어 마실 수 있는 깨끗한 물을 충분히 얻기가 어려웠던 유럽에서는 알코올 농도가 낮은 술을 물 대신 마시는 경우가 많이 있었기 때문에 술을 마신 후에 생기는 독성물질들을 쉽게 배출할 수 있어야 했다. 따라서 알코올의 대사 과정 중에 생기는 아세트알데히드를 몸 안에 쉽게 쌓이게 하는 유전자를 가진 사람은 자연선택의 압력으로 그 수가 줄어들게 되었다.

　반면 한국과 일본 같은 동아시아는 깨끗한 물이 풍부하여 언제 어디서든 먹는 물을 얻는 데 어려움이 없었다. 따라서 이들 지역에 살았던 사람들은 술에 의한 독성물질을 쉽게 제거해야 하는 자연선택의 압력이 별로 중요하게 작용하지 않았기 때문에 음주 후에 생기는 아세트알데히드를 쉽게 제거하지 못하는 유전자를 가진 사람이 많게 되었다. 즉 동아시아인 중에는 술을 조금만 마셔도 얼굴이 붉어지고 피부 체온이 오르며 맥박과 호흡이 빨라지는 사람이 많은데 그 이유는 술을 마신 후에 몸 안에 생성된 아세트알데히드가 쉽게 대사되지 못하기 때문이다.[60] 그 결과 이러한 유전자를 갖고 있는 사람들은 술을 조금만 마셔도 숙취 증상이 생기기 때문에 술을 즐기기가 어렵게 된다. 결국 술을 마시면 쉽게 취하는 특성은 유전자에 의해 결정되는 것이고, 이와 같은 유전자는 깨끗한 마실 물을 쉽게 얻을 수 있느냐 없느냐와 관련이 있다. 알코올 대사와 관련된 유전자에 대한 자연선택의 압력은 사람들이 술을 제조해서 마시기 시작한 이후에 발생된 것이기에 이 유전자 변이의 구성 비율이 인종 간에 달라지게 된 시기는 문명화 이후라고 볼 수 있다.

지나친 음주, 질병을 유발하다

음주로 인한 건강 문제로는 어떠한 것이 있을까? 우선 술이 건강에 주는 영향은 단기적인 효과와 장기적인 효과로 구분해 볼 수 있다. 먼저 단기적으로는, 술은 조금 마시게 되면 기분이 좋아지고 말이 많아지는 것과 같이 중추신경계를 자극하는 효과가 있다. 그런데 많이 마시게 되면 반대로 중추신경계를 억제해서 말이 느려지고 판단력을 흐리게 하며 반응 시간이나 운동 조절 능력을 떨어뜨린다. 예를 들어 과도하게 술을 마시고 자동차 운전을 하게 되면 사고가 많이 나게 되는 것은 술이 중추신경을 억제해서 정상적인 판단이나 반응을 어렵게 하기 때문이다.

또 체온 조절이나 혈압 조절 능력도 떨어뜨려서 외부 기온에 따른 영향도 많이 받을 수 있다. 흔히 술을 마시면 체온이 올라가는 것으로 느껴져서 추위를 견디는 데 도움이 된다고 생각하기 쉽지만, 실제로는 술 때문에 피부 표면의 혈관이 확장되어서 체온을 쉽게 빼앗기게 되기 때문에 추운 환경에서 술을 마시게 되면 오히려 체온 저하로 위험해질 수 있다. 또한 체온을 유지하기 위해 더 술을 마실 수가 있어서 추운 지역에 사는 사람들은 술을 많이 마시는 경향을 갖게 되어 술 중독에 빠지기가 쉽다.

이제 장기적인 효과에 대해서 살펴보자. 술을 사교적인 모임 등과 같은 경우에 이따금씩 조금 마시는 것은 대부분 건강에 나쁜 영향을 주지 않는다. 그러나 술을 자주 마시거나 이따금씩 마시더라도 많이 마시게 되면 여러 가지 건강 문제를 일으킬 수 있다. 특히 간은 알코올을 대사하는 기관이기 때문에 알코올의 영향을 가장 많이 받을 수 있으며 심한 경우에는 간경화도 생길 수 있다. 술은 간에 지방이 쌓이게 하거나 간세포에 독성 영향을 주는데 술에 의해 손상된 간세포가 회복할 시간을 주지 않고 계속해서 술을 마시게 되면 간기능이 떨어지게 된다. 처음에는 뚜렷한 증상이 없는 상태에서 간기능 검사에서만 이상 소견이 있는 것으로 검사 결과가 나오지만 음주를 계속하게 되면 간기능은 더욱 떨어지고 피로감 등의 증상이 생기면서 간경화로 이어질 수 있다.

술은 혈압 조절을 하는 교감신경계에도 작용해 정상적인 혈관 수축과 이완 반응에 영향을 줄 수 있는데 과도하게 지속적으로 술을 마시게 되면 혈압을 높게 만든다. 혈압이 높아지면 이로 인해 신장이나 심장에 부담이 가 신장병이나 심장병이 발생할 수 있다. 과도한 음주는 혈액 내의 혈소판이 서로 응집을 잘하게도 하는데 이러한 혈액 응고 경향은 심혈관질환이나 뇌경색 등을 초래하기 쉽게 만든다. 또한 심장근육에도 안 좋은 영향을 주어서 심근병증이 생길 수 있으며 이로 인해 심각한 부정맥이 발생하거나 사망할 수도 있다.

알코올은 암을 일으키는 화학물질이라고도 할 수 있다.[61] 술을 습관적으로 많이 마시는 경우 암 발생 위험도가 높아지는 것으로 보고되고 있는데, 술은 특히 구강, 식도, 대장, 유방 및 간에 암을 일으킬 수 있는 것으로 알려졌다. 술이 인체 내에서 대사되면서 아세트알데히드 같은 독성물질이 만들어지고 이러한 독성물질이 세포 내의 암 발생 관련 유전자에 영향을 줄 수 있기 때문이다.

　과거의 역사를 보면 술을 많이 마신 사람들이 정신을 잃고 주정을 부리는 문제 때문에 여러 문화권에서 음주를 제한하거나 금하곤 했는데 이는 술이 신경계 및 정신과적인 영향을 많이 주기 때문이다. 술을 조금 마셨을 때는 기분이 좋아지고 사교적이 되며 활발해지기 때문에 긍정적인 영향을 주지만 과도해지면 자신을 조절하지 못하고 충동적이 되거나 파괴적인 양상으로 나타날 수 있다. 과도한 음주를 오랜 기간 하게 되면 신경계에 상당한 영향을 주어 신경병증이 나타나는데 감각이 이상해진다거나 근육이 약화되고 성기능이 저하될 수 있다. 또한 뇌에도 영향을 주어서 뇌가 더 빨리 위축되게 해서 기억력 장애가 나타나기도 하고 논리적인 생각을 할 수 없게 되는 수준에 이를 수도 있다. 즉, 알코올성 치매가 생겨서 정상적인 생활을 할 수 없게 되는 것이다.

　알코올이 정신건강에 미치는 영향은 단순하지 않다. 왜냐하면 알코올이 정신건강에 나쁜 영향을 주기도 하지만 정신적인 문제 때문에 술을 더 많이 마시는 경우도 많기 때문이다. 술의 작용은 기본적으로 중추신경 억제 작용이어서 우울증을 초래할 수 있다. 그런데 우울증이 있는 사람들은 괴로움을 벗어나기 위해 술을 더 많이 마실 수 있고 술에 보다 더 의존적이 될 수 있는데 이 경우에 술은 우울증을 악화시키는 방향으로 작용을 한다. 또한 자주 마시게 되면 이에 대한 의존성이 생겨서 마시다가 안 마시면 흥분하고 몸이 떨리며 발작과 같은 금단 증상이 생길 수도 있다.

적절한 수준이라면 음주는 몸에 왜 좋은가

프랑스의 세르주 르노Serge Renaud 박사는 프랑스 사람들은 미국 사람들에 비해 포화지방산이 많은 기름진 음식을 더 즐겨 먹는데도 불구하고 관상동맥질환과 같은 심장병이 적게 발생한다고 주장했다. 그는 이를 〈프렌치 패러독스French Paradox〉라고 이름 붙이고, 이런 현상이 발생하는 이유를 프랑스 사람들이 즐겨 마시는 적색 포도주 때문이라고 설명했다.[62] 프렌치 패러독스를 가져온 직접적인 요인이 적색 포도주에 들어 있는 알코올인지 아니면 레스베라트롤이나 폴리페놀과 같은 항산화물질인지는 아직 분명하지 않으나, 아마도 소량의 알코올과 항산화물질을 같이 섭취하게 되면 심장병을 막는 데 도움이 된다고 볼 수 있을 것이다.

술을 많이 마시게 되면 관상동맥질환과 뇌졸중과 같은 순환기계질환이 더 잘 발생된다는 것은 잘 알려져 있는 사실이다. 그런데 여러 나라에서 이루어진 수많은 역학 연구 결과들은 상당히 일관성 있게 적절한 음주는 순환기계질환을 예방한다고 말한다. 또한 우리 몸 안의 여러 가지 생체 지표들, 예를 들어 혈청지질, 혈압, 인슐린, 염증 관련 수치 등에 대한 결과에서도 적절한 음주를 하면 수치가 개선되는 것으로 나타난다. 즉 적절하게 술을 마신다면 어느 선까지는 건강에 좋은 영향을 미치다가 그 경계를 넘어 지나치게 마시게 되면 건강에 나쁜 영향을 끼친다는 것이다.

그렇다면 이러한 현상은 왜 생기며 또한 술을 어느 정도 마시는 것이 건강에 가장 좋을까? 만일 술이 지난 1만 년 전쯤에 농경 사회로 진입하면서 생산된 새로운 물질이고 사람들이 술을 그 이후에 처음 접하기 시작했다면 우리의 유전자는 술에 대하여 적응이 되지 않았을 것이다. 만일 이렇게 적응이 되지 않은 물질이라면 술은 많이 마실수록 나쁜 영향을 주는 것이 타당하다. 따라서 술을 소량 마셨을 때 건강에 좋은 결과들이 나타난다면 이는 술에 대해서 이미 유전자의 적응이 있었던 것을 의미한다.

사실 술의 성분인 알코올은 탄수화물의 발효로 생기는 것이므로 자연 상태의 음식물에서 만들어질 수 있다.[63] 따라서 알코올은 지난 1만 년 전에 새롭게 등장한 화학물질이 아니라 아주 오랫동안 인류의 조상이 음식과 함께 에너지원으로서 사용해 왔던 것이다. 물론 이렇게 섭취되는 알코올의 양은 오늘날 술을 마심으로써 노출되는 알코올의 양에 비하면 훨씬 적은 양일 것이다. 하지만 알코올은 사람에게 오랫동안 익숙하게 노출되어 온 화학물질임에는 틀림이 없으며 건강에 유익한 방향으로 적응되었을 것이다. 따라서 술을 적절하게 마시면 인체는 건강을 좋아지게 하는 방향으로 가지만, 우리 몸 안에는 과도한 알코올을 적절하게 처리할 생체기전이 마련되지 못했기 때문에 어느 한계를 넘으면 건강에 나쁜 쪽으로 영향을 준다고 볼 수 있다.

10
우리 몸은 아직, 담배에 적응되지 않았다

건강을 위해 담배 한 모금!

흡연은 하나의 생활 습관이라고 불릴 만큼 아주 친숙하게 우리의 삶에 자리를 잡았다. 마치 오래전부터 우리의 조상들이 즐겼던 기호품처럼 느껴진다. 그렇다면 실제로 담배는 언제부터 인류의 삶에 들어오게 된 것일까? 담배는 지금으로부터 약 7천 년 전, 그러니까 기원전 5천년경에 아메리카 대륙에서 본격적으로 자라기 시작한 것으로 알려져 있다. 기원전 1천년경에는 마야 문명에서 담배의 입을 태워 마시거나 씹기 시작했고, 통증을 줄이기 위해 담배즙이나 가루 등을 이용하기도 하고 상처나 벌레에 물렸을 때 소독약으로 사용하기도 했다. 담배는 종교의식에도 사용되어 마야 문명의 벽화를 보면 사제가 담배를 피우는 것을 볼 수 있다. 그런데 마야 제국이 해체되면서 사람들은 아메리카 각지로 흩어지게 되었고 그와 더불어서 담배 경작도 각지로 퍼져 나가게 되었다.[64]

콜럼버스 일행이 1492년에 산살바도르에 도착했을 때 원주민들은 이들의 피부색이 흰 것을 보고 이 이방인들을 신이 보낸 성스러운 존재라고 생각했다. 그래서 이들에게 담뱃잎 등을 포함한 몇 가지 선물을 주었는데 이것이 담뱃잎이 유럽인에게 전달된 최초의 사례라고 볼 수 있다. 그러나 황금과 향신료를 찾던 콜럼버스가 그 잎사귀를 보고 그 가치나 영향, 특히 앞으로 인류의 건강에 미칠 영향을 짐작하기란 어려웠을 것이다. 그는 원주민들이 담배 잎사귀를 피우고 있는 모습을 보았지만 하찮아 보이는 마른 잎사귀 한 다발은 곧 버려지고 말았다.

최초의 유럽인 흡연가가 된 것은 같은 해에 쿠바에 도착한 로드리고 데 헤레스Rodrigo de Jerez였다. 그는 원주민들이 담배를 팜나무잎에 말아서 불을 붙여 다른 쪽으로 연기를 흡입하는 것을 보고 이를 따라 한 후 담배 피우는 습관을 지닌 채 유럽의 고향으로 돌아왔다. 하지만 사람의 입과 코에서 연기가 나는 것을 처음 본 유럽인들은 로드리고가 악마에게 사로잡혔다며 그를 감옥에 넣었다.[65] 그런데 그가 7년 동안 감옥 생활을 한 후 세상으로 나왔을 때는 이미 많은 사람들이 담배를 피우고 있었다. 그리고 얼마 되지 않아 담배는 유럽 전역으로 퍼지게 되었으며 16세기에는 아예 유럽에서 직접 재배되기 시작했다. 17세기에 이르면 중국과 일본에서까지 담배가 재배되었다.

아메리카 원주민들의 담배 피우는 모습

실로 담배는 아메리카 원주민과 콜럼버스의 만남으로부터 1세기가 채 지나지 않은 시점에 전 세계 대부분의 지역에서 소비되거나 재배되었던 것이다.

담배가 널리 퍼지게 된 중요한 이유 중 하나는 놀랍게도 담배가 여러 가지 치료 효과가 있다고 알려졌기 때문이었다. 스페인의 유명한 내과의사였던 니콜라스 모나르데스Nicolas Monardes는 담배로 고칠 수 있는 병이 치통에서부터 기생충, 입 냄새, 심지어 암에 이르기까지 20가지가 넘는다고 주장했고 이 주장은 상당 기간 유럽의 의료

계에서 인정되었다.[66] 17세기 중국의 『초본지草本誌』에도 담배는 만병통치약으로 기술되어 있는 것을 보면 이와 같은 생각은 유럽에만 그친 것이 아니라 담배가 전 세계로 퍼져 나가면서 그 효능에 대해서도 같이 알려졌던 것 같다. 17세기에는 영국에서 파이프 담배가 유행했는데 많은 사람들이 담배를 피우면 건강에 좋은 것으로 생각했다. 심지어 1665년에 런던에서 페스트가 한창 위력을 떨칠 때, 이튼에 있는 한 공립학교에서는 학생들의 건강을 위해 파이프 담배를 피우게 했고 못 피우는 학생에게는 체벌을 가한 경우도 있었다.[67]

19세기 중반에는 성냥과 담배 제조 기계의 발명, 그리고 담배 경작 및 처리 기술의 발전으로 담배가 대중화되어 언제 어디서든지 담배를 사서 즐기며 피울 수 있게 되었다. 흥미로운 것은 오늘날 담배 하면 대표적으로 생각되는 종이말음담배인 궐련은 19세기 후반에 와서야 대중화되었고 그 이전에는 냄새로 맡는 코담배나 씹는 담배들이 훨씬 더 많이 이용되었다는 점이다. 20세기에 들어와서야 궐련이 지배적인 위치를 차지하게 되었는데 그 이유로는 두 번에 걸친 세계대전이 궐련의 소비 증가에 결정적인 역할을 했기 때문이라고 볼 수 있다. 군인들로 하여금 참호에서 오랫동안 자리를 지키게 하는 데에 담배의 역할이 매우 커서 군인들에게 나누어주곤 했고, 아예 제1차 세계대전 때는 군인들의 배급품에 담배가 포함되어 있었다. 제2차 세계대전 중에 미국의 루스벨트 대통령은 담배를 보호 작물로 지정까지 했는데 그 이유는 군인들에게 공급할 담배가 부족해졌기 때문이었다.

담뱃잎의 방어 수단에 중독된 뇌

그렇다면 담배는 왜 이렇게 급속도로 퍼져 나갔으며, 또 사람들은 왜 담배에 중독되는 것일까? 오늘날 사람들은 담배가 해롭다는 것을 알면서도 왜 그렇게 끊기가 어려운 것일까? 우선, 사람들은 연기를 좋아한다. 우리는 캠프파이어를 즐기고 벽난로나 아궁이에 불을 지피는 것을 좋아한다. 또 불이 타면서 나는 연기와 그 냄새를 아주 친근하게 느낀다. 선행인류가 불을 처음 사용하게 된 것은 백만 년 전이니 인류는 상당히 오랜 기간 불을 지피고 그 연기를 맡아온 것이다.

■
파이프 담배를 피우는 17세기 영국인의 모습 (왼쪽)
종이말음담배를 피우는 군인 (오른쪽)

또 불은 생명을 지키고 생활을 유지하는 데 있어서 필수적이었다. 경쟁 동물을 이길 만큼 마땅한 신체 조건을 갖추지 못했던 선행인류에게 불의 사용은 경쟁 동물을 이기고 먹잇감을 차지할 수 있는 강력한 도구였던 것이다. 아무리 무서운 동물도 불을 휘두르는 선행인류 앞에서는 물러설 수밖에 없었을 것이다.

한편 기후가 추워지면서 불은 서식처에서 온기를 유지하는 방법으로도 활용되었고, 고기를 보다 안전하게 익혀 먹을 수 있고, 독성이 있어 먹을 수 없었던 야채류나 딱딱한 음식들을 부드럽게 익혀서 먹을 수 있게 해준 유용한 수단이었다. 즉 불은 추위와 배고픔, 그리고 사나운 동물로부터 벗어날 수 있게 해준 도구였다. 또한 불은 가족을 중심으로 집단을 유지시켜 주는 역할을 했다. 밤이 되면 불을 중심으로 모여서 이야기를 나누고 아이를 보살피고 식사를 하고 사랑을 나누고 노래를 부르는 등의 생활을 했다.[68] 불로 인한 연기 자극을 싫어했던 일부 선행인류는 이 유용한 도구를 이용하지 못하면서 위험과 기아에 시달리게 되었고 가족을 중심으로 한 집단 생활도 할 수 없게 되어 결국 자연선택에서 밀려날 수밖에 없었을 것이다. 따라서 연기를 마셨을 때 기관지가 자극되어 기침을 하게 되고 눈이 따끔거려서 눈물이 난다 할지라도 우리가 불을 좋아하게 된 것은 이와 같은 자연선택의 결과이고, 우리 모두는 이처럼 불과 연기를 좋아한 선행인류의 후손인 것이다.[69]

그러나 연기에 친근감을 느낀다 해도 담배 연기에 중독되는 것은 전혀 다른 문제다. 담배 연기에는 사람을 중독시키는 성분이 들어 있는데 이는 니코틴으로 알려졌다. 사실 담뱃잎에 들어 있는 니코틴은 담배의 방어 수단이다. 담배는 담뱃잎을 먹어 치우는 곤충으로부터 스스로를 보호하기 위한 방어 수단으로 신경세포에 작용하는 니코틴을 갖게 되었는데, 이는 곤충이 담뱃잎을 먹었을 때 호흡을 마비시키는 역할을 한다. 그럼으로써 곤충들이 자신의 잎을 먹지 못하게끔 막는 것이다. 이러한 니코틴이 사람의 뇌에 들어오게 되면 도파민과 같은 신경전달물질이 나오게 되는데 그 양이 많아지면 환각 상태에 이르게 한다. 따라서 담배를 피우게 되면 환각 작용을 유도하게 되는데 이 작용 때문에 담배는 마법적 역할을 하는 매우 중요하고 신성한 작물로 받아들여졌다.

담배를 피우는 이유는 다양하다. 긴장과 스트레스를 풀기 위해 또는 멋있게 보이려고 시작하지만 몇 개비 피우는 것만으로도 곧 중독될 수 있고 이는 우리 몸에 해로운 심각한 질병으로 이어질 수 있다. 왜냐하면 니코틴 같은 물질은 중독성이 있어서 한 번 맛을 붙이면 쉽게 끊지 못하기 때문이다. 담배의 중독성은 매우 강해서 한 갑을 다 피우기 전에 뇌의 니코틴 수용체가 활성화되어서 이후에는 뇌가 평생 니코틴 공급을 갈망하는 상태에 빠지게 된다. 담배가 오늘날 건강을 위협하는 가장 중요한 원인으로 등장하게 된 배경에는 이러한 〈의존성〉이라는 요소가 있다. 담배는 니코틴의 약리적 작용 때문에 한 번 이용하게 되면 쉽게 의존성이 생겨서 끊기가 어렵다. 담배를 처음 피우기 시작했던 아메리카의 원주민들은 니코틴의 환각 작용 같은 약리적 효과를 경험하면서 이를 신성시했고 곧 담배에 중독되었다.

그러면서 담배는 아메리카 전역으로 쉽게 퍼져 나갈 수 있었다. 유럽인들이 아메리카에 첫 발을 디딘 이후 담배가 매우 신속하게 유럽 전역 그리고 곧 아시아와 전 세계 각 지역으로 퍼져 나갔던 이유도 바로 이러한 약리적 효과 때문이었다.

담배 연기 속에는 발암물질이 80종

오늘날에는 흡연이 얼마나 건강에 많은 영향을 주는지에 대해서는 넘쳐날 만큼의 정보가 있지만 100년 전만 하더라도 담배가 건강에 나쁜 영향을 끼친다는 사실에 대해서는 잘 알려지지 않았다. 특히 많은 의사들이 담배를 위험하다고 생각하지 않았을 뿐 아니라, 담배를 피우는 의사가 매우 많았던 것도 담배가 건강에 나쁘다는 인식이 확산되지 못했던 이유가 된다. 심지어 긴장을 완화시키는 담배의 이점이 담배의 해보다 더 크다는 주장이 학술지에도 종종 실리곤 했다.[70]

담배가 건강에 나쁘다는 것이 알려지기 시작한 것은 20세기에 들어와서다. 1912년에 미국의 아이작 애들러Isaac Adler는 담배가 폐암 발생과 관련이 있을 것이라는 보고서를 낸 바 있고 이후 영국과 미국의 여러 학자들에 의해 그 관련성에 대한 증거들이 계속해서 나오게 되었다. 1950년에는 미국의 어니스트 와인더Ernest Wynder와 에바츠 그레이엄Evarts Graham 박사가 폐암 환자의 흡연력을 분석하여 담배와 폐암 발생의 관련성에 관한 중요한 연구 결과를 미국의학회지에 보고했다.[71] 또 영국의 리처드 돌Richard Doll과 리처드 힐Richard Hill은 1956년에 영국 의사의 사망률을 분석해 흡연이 폐암 및 사망률에 미치는 영향을 영국의학회지에 보고함으로써 학계에서는 담배가 폐암 발생 및 건강에 나쁜 영향을 끼친다는 것을 정설로 받아들이게 되었다.[72] 그러나 1964년에 이르러서야 비로소 공식적으로 미국 보건성에서 흡연이 폐암을 일으킨다고 발표했고 이후에 광고 제한 및 경고 문구의 삽입 등이 의무화되기 시작했다.

오늘날 전체 사망의 약 20퍼센트, 암 사망의 약 30퍼센트가 담배 때문에 발생한다고 보았을 때, 문명화 과정의 하나의 산물인 담배가 인류의 건강에 미친 영향은 단일 요인으로는 그 어떤 것보다도 크다고 할 수 있다. 세계보건기구인 WHO에서도 담배는 어떤 질환보다도 더 많은 사망과 질병을 초래한다고 한 바가 있다. WHO에서 추산하기로, 흡연은 매년 5백만 명의 목숨을 앗아간다고 한다. 2020년에 이르면 사망자 수는 더욱 늘어나서 거의 1천만 명이 담배로 목숨을 잃을 것이라고 추산하고 있다. 또 담배를 처음 피우는 연령이 낮을수록 담배의 건강 영향은 크게 나타나서 어린 나이에 흡연을 시작하면 나이가 들어서 흡연을 시작한 경우보다 사망률이 훨씬 높아지는 것으로 알려지고 있다.

담배 연기 속에는 4천여 개에 달하는 화학물질이 들어 있어서 우리 몸의 각 기관에 다양한 영향을 끼칠 수 있다. 이 중에서 발암물질로 분류되어 있는 것만 해도 80여 종에 이른다. 담배 연기를 들이마실 때마다 이러한 화학물질들이 우리 몸에 들어와서 세포 및 기관의 기능을 떨어뜨리고, 어떤 세포에는 유전자의 변화를 가져와서 암이 발생되게 한다. 흡연은 또한 심장에 혈액을 공급하는 관상동맥을 좁히거나 막히게 만들 수 있다. 이렇게 혈액 공급이 줄어들게 되면 심장근육에 필요한 산소 및 영양소 공급도 급격하게 떨어지기 때문에 심장근육에 치명적인 손상을 주어 극심한 흉통 및 심장마비를 가져오는 관상동맥질환을 초래할 수 있다. 또한 뇌혈관에도 비슷한 작용을 해 뇌경색과 같은 뇌졸중을 초래할 수 있다.

흡연은 폐에도 손상을 주는데 흡연을 하면 연기가 폐로 바로 들어가기 때문에 직접적인 손상을 많이 받는다. 흡연을 하면 여러 가지 독성물질들이 폐조직에 염증을 일으키고 이는 폐기종이나 만성기관지염과 같은 만성폐쇄성폐질환을 일으키며 또한 폐암 발생 위험도 크게 높인다. 폐암은 아직까지 효과적인 치료법이 개발되지 못해 한 번 발생하면 사망으로 이어지는 치명률이 매우 높은 질환인데, 폐암의 약 85퍼센트는 흡연 때문에 생긴다. 폐암 이외에도 구강암, 신장암, 방광암, 위암, 자궁경부암, 백혈병 등 흡연 때문에 발병 위험도가 높아지는 암이 상당수 있다.

원하지 않는데도 해야 되는 흡연

그런데 또 다른 문제는 이러한 질환 모두 간접흡연에 의해서도 일어날 수 있다는 것이다. 간접흡연은 원하지 않는 흡연을 강제로 하게 되는 것인데 문제는 직접적으로 흡연하는 것과 같이 건강에 심각한 영향을 준다는 것이다. 특히 간접흡연으로 마시게 되는 담배 연기는 타고 있는 담배 끝에서 나오는 생담배 연기가 주이기 때문에 독성 화학물질이 필터를 거치지 않은 채 우리의 몸 속으로 바로 들어온다는 특성이 있다. 따라서 간접흡연자에게 노출되는 화학물질과 이로 인한 건강 장애는 실로 적지 않으며 따라서 직접흡연이 유발하는 질환은 모두 일으킬 수 있다고 보는 것이 타당하다. 예를 들어 흡연자의 배우자는 비흡연자의 배우자보다 폐암에 걸릴 위험이 약 30퍼센트 높고 심장병에 걸릴 위험은 50퍼센트 더 높다. 어린 아이가 자다가 갑자기 사망하게 되는 신생아돌연사증후군도 간접흡연과 관련이 있는 것으로 밝혀진 바 있다. 특히 임신한 여성이 간접흡연에 노출되면 뱃속의 태아도 흡연으로 인한 건강 장애를 입게 되는데 저체중아로 태어나거나 유산될 수도 있다. 또 태반이 너무 일찍 자궁에서 떨어지거나 양수가 일찍 터지는 빈도 또한 높아지는 것으로 알려졌다. 최근의 연구 결과에 의하면 간접흡연에 노출되는 어린이의 폐 성장은 그렇지 않은 아이들보다 떨어지는 것으로 나타났을 뿐 아니라 간접흡연이 어린이의 정서 장애 및 학습 능력 저하와도 관련이 있는 것으로 밝혀지고 있다.

간접흡연뿐 아니라 담배를 피우지 않거나 담배를 껐어도 담배 연기의 입자는 공기 중에 떠다니다가 카펫이나 소파, 옷 등에 붙어서 오랫동안 남아 있으면서 다시 숨을 쉬거나 만질 때 사람에게 들어올 수 있다. 따라서 담배를 직접 피우지 않거나 같이 생활하는 공간에 담배 피우는 사람이 없어도 거리나 대중교통 시설 등에서 담배 연기 입자에 노출될 수 있다. 이런 경우 담배 연기의 농도가 낮다고 해도 태아나 어린이에게는 나쁜 영향을 줄 수 있다. 왜냐하면 이들의 뇌는 한창 자라나고 있는데 담배 연기에 포함된 여러 가지 독성물질들은 낮은 농도에서도 정상적인 발달을 방해할 수 있기 때문이다.

요즘같이 대부분이 아파트에서 생활하는 경우 아파트 베란다에서 담배를 피우게 되면 이웃까지 간접흡연에 노출시키게 되어 피해를 끼칠 수 있다. 또한 담배의 독소가 옷과 피부, 머리카락에 달라붙어서 집 안으로 들어오기 때문에 아무리 집 안에서는 안 피운다고 해도 담배를 피우는 한 담배의 영향으로부터 벗어날 수 없다. 사무실과 같은 비교적 밀폐된 공간에서 담배를 피운다면 그것은 말할 것도 없이 심각한 피해를 타인에게 주는 것이다. 밀폐되지 않은 도로, 공원 같은 곳도 마찬가지이다. 우리가 숨을 쉴 때 절대적으로 필요한 공기는 무한히 신선한 공기로 새롭게 리필 되는 것이 아니다. 우리가 숨쉬는 공기는 자동차에서 나오는 매연, 공장 굴뚝의 연기, 난방 연료에서 나오는 가스 등으로 오염되고 있는데 담배 연기 또한 공기를 혼탁시키는 또 하나의 주범이다.

우리 몸은 아직 담배에 적응되지 않았다

정신 상태에 영향을 주는 향정신성 식물 혹은 약초는 체온 조절, 에너지 증가, 피로 감소 등의 효과를 줄 수 있다. 따라서 이러한 식물이나 약초를 피움으로써 생기는 도취감과 흥분 같은 감정 상태 변화는 수렵채집을 통한 획득 동기를 보다 더 유발하여 수렵채집 시기에는 생존에 유리한 영향을 줄 수 있었을 것이다.[73] 담배에 들어 있는 니코틴은 사실 여러 가지 다른 식물에도 존재한다. 이러한 식물을 통해 니코틴이 몸 안에 들어올 때 이를 더 잘 받아들이는 대립유전자가 존재하고 실제로 이 대립유전자는 담배에 대한 중독 성향을 갖게 해서 흡연과 관련된 질병을 일으키는 데 역할을 한다. 예를 들어 흡연에 의한 질병 중 대표적인 폐암의 경우 최근에 전체 유전자에 대한 관련성 연구를 한 결과 15번 염색체의 15q25 위치에 있는 유전자가 폐암 발생과 관련이 있다고 밝혀졌다.[74] 그런데 이 위치는 니코틴 아세틸콜린 수용체의 유전자가 있는 곳이다. 즉 담배에 의한 니코틴 중독과 관련이 있는 유전자가 폐암의 위험성을 높이는 것이다.

그러나 폐암 발생과 뚜렷하게 관련이 있다고 밝혀진 15q25 위치의 대립유전자도 그 대립유전자를 갖고 있지 않은 사람에 비해 폐암 발생 위험도가 1.5배를 넘지 않는다. 즉 흡연은 폐암 등을 비롯한 여러 가지 질병을 일으키지만 질병 발생에 있어서 흡연과 관련된 유전자의 역할은 크지 않은 것이다. 흡연 관련 유전자의 역할이 적은 것은 이 대립유전자가 수렵채집 시기에 생존에 다소 유리한 영향을 주었다 하더라도 이에 대한 자연선택 압력은 그리 크지 않았기 때문일 것이다. 니코틴을 여러 가지 식물을 통해 섭취하기는 하지만 담배 이외의 식물은 니코틴을 다량 함유하고 있지 않아서 수렵채집 시기의 니코틴 섭취는 수렵채집인의 생존 능력에 크게 영향을 미치지는 않았다는 것이다.

그럼에도 불구하고 흡연 자체는 여러 가지 질병 발생에 아주 중요한 역할을 한다. 사실 담배가 인류의 삶 속에 들어온 것은 비교적 최근이었고 그 전에는 전혀 알려지지 않았다. 담배가 건강에 나쁜 영향을 끼치는 이유는 독성이 강한 화학물질에 직접 노출되는 것 때문이지만, 근본적으로는 인류가 담배에 노출된 지 몇 백 년, 길어야 몇 천 년밖에 안 되어서 우리가 이에 대한 적응이 거의 이루어지지 않았기 때문이다. 특히 문명화와 함께 나타나고 변해온 다른 생활 습관들, 예를 들어 술과 비교했을 때도 담배가 인류의 생활에 본격적으로 들어오게 된 기간은 비교적 짧다고 할 수 있다. 따라서 담배에 의한 자연선택 과정은 그만큼 적었을 것이고, 담배를 피우기 시작하는 연령 또한 대개 성인이 되어서이기 때문에 대부분의 건강 영향도 자손을 볼 때까지는 잘 나타나지 않아서 자연선택의 압력을 덜 받게 되었을 것이다.

아메리카 원주민은 담배를 수천 년 동안 피워왔지만 오늘날처럼 폐암과 같은 암이 많았다는 증거가 없다. 이는 담배를 만들거나 피우는 방법이 오늘날과는 매우 달랐기 때문인지도 모른다. 요즘의 궐련은 잘게 썰어 말린 담배를 종이에 말아 불을 붙임으로써 상당한 열이 발생되기 때문에 아메리카 원주민이 피우던 담배에 비해 니코틴의 양뿐만 아니라 담배에 포함되어 있는 여러 가지 유독한 화학물질이 훨씬 더 많이 폐에 들어올 수 있다. 따라서 대중화된 궐련에 노출되었던 기간만을 본다면 인류가 유해한 담배에 노출된 기간은 더욱 짧았다고 할 수 있다.

오늘날 현대인의 일상생활에 깊이 들어와 있는 흡연에 의한 건강 영향은 어떤 환경적인 요인보다도 크게 나타난다. 그렇기 때문에 담배를 끊고 생활 습관을 건강하게 바꾸어야 하지만, 중독이란 한 번 생기면 쉽게 없어지지 않듯이 담배의 경우도 약물 중독과 같이 상당한 노력과 전문가의 도움을 받아야 한다. 그런데 담배의 소비가 오늘날처럼 전 세계로 확산된 이유는 단순하게 담배 잎사귀에 들어 있는 니코틴에 대한 의존성 때문이었다기보다는 담배 재배와 확산에 의해 이익을 얻었던 유럽의 식민지 정책과 밀접한 관계가 있고 무역과 과세를 통한 각국의 이익이 있었기에 가능했다. 담배는 대항해 시대 식민지 정책의 중요한 산물 중 하나였으며, 오늘날에도 담배 산업체 및 각국의 정부는 흡연을 허용하는 정책으로 상당한 이익을 보고 있다는 것을 간과해서는 안 된다. 담배가 질병에 미치는 영향은 단순하게 담배 독성에 의해서 나타나는 문제라기보다는 사회경제적 요인들이 서로 얽혀서 작용함으로써 나타났다고 할 수 있다.

11

산업혁명,
온갖 질병의 온상이 되다

질병 역사의 최대 분수령

산업화는 오늘날 잘사는 나라들이 빈곤에서 벗어날 수 있었던 과정이며, 아직도 가난하거나 개발이 되지 못한 나라들에게는 선망의 대상이 되는 경제적 발전 과정이다. 산업화 과정을 거치면서 사람의 노동에 의존했던 생산 방식이 화석 연료를 이용해 에너지를 얻는 기계에 의존하는 생산 방식으로 바뀌면서 생산량이 이전과는 비교가 안 될 정도로 증가했다. 생산력의 발전은 수렵채집에서 농경 사회로 바뀌면서 그리고 그 후에도 지속적으로 이루어졌으나 산업화는 이러한 발전 과정이 급속하게 일어나서 혁명적 변화가 생긴 것이다. 화석 연료의 사용과 기계화는 생산력의 획기적 증대만을 가져온 것이 아니라 노동, 교역, 통신, 주거 등에도 영향을 미쳤고 궁극적으로는 사회적, 문화적, 정치적 변화까지 초래하게 되었다.

인류가 겪은 질병의 역사를 돌이켜보면 질병의 유행이나 기근과 같은 크고 작은 수많은 사건들이 있었지만 산업혁명 이후의 질병의 양상과 수명의 변화에 견줄 만한 사건은 없었다. 수렵채집의 오랜 역사 그리고 문명 이후의 산업혁명 전까지 대개 인류의 수명은 40세를 넘기는 경우가 드물었고 평균적으로도 25-30세를 유지하는 등 오랜 기간 수명의 변화는 거의 없었다.[75] 그런데 18세기부터 시작된 산업화를 통해 오늘날 잘사는 나라들이 현재의 부를 창출하기 시작하면서 풍부한 영양 섭취와 의료 기술의 발달로 수명이 크게 늘어나게 되었다. 사망률 감소가 평균 수명의 증가 및 인구의 증가를 가져온 주된 이유라고 할 수 있는데 사망률이 줄어든 것은 산업화 덕분이라고 할 수 있다.

특히 인구 변천의 기본 이론을 보면, 산업화와 경제 발전으로 생활 수준이 높아지고 전염병과 기근이 줄어들고 의료 기술이 발전하고 환경 위생이 개선되면서 사망률이 급격하게 감소하는 첫 번째 단계를 거치게 된다. 이어서 인구가 빠른 속도로 증가하는 두 번째 단계를 거쳐 마지막으로는 자녀의 높은 생존율을 기대할 수 있는 환경을 맞이하면서 이에 적응하기 위해 출산율을 낮추는 단계로 변화하게 된다. 그리고 세 번째 단계에서 질환의 양상이 바뀌어서 급성질환에서 만성질환이 주된 질병이 된다.[76]

생활환경의 개선과 평균 수명의 증가를 보면 산업화가 사람들의 건강에 크게 기여했다고 유추해 볼 수 있다. 영국의 토머스 맥퀸 Thomas McKeown은 19세기 이후 영국 및 웨일스의 인구 사망 자료를 분석한 결과, 산업화가 되면서 사망률이 감소되었던 주된 이유는 생활 수준이 높아져서 영양 섭취가 늘어났기 때문이라고 주장했다.[77] 이러한 주장은 상당한 설득력이 있어서 영국뿐만 아니라 모든 나라에서 널리 받아들여지면서, 산업화에 의해 생활 수준이 높아지면 사망률이 감소하고 건강 수준이 높아진다는 생각이 산업화의 긍정적인 가치로 널리 인식되었다.

그런데 실제로 자료들을 검토해 보면 산업화가 시작된 시기와 실제 사망률이 감소되고 수명이 늘어난 시기와는 상당한 차이가 난다. 특히 산업화가 급속도로 진행되고 있을 때 수명은 늘어난 것이 아니라 오히려 줄어들거나 기껏해야 정체되어 있었다.[78] 따라서 산업화가 바로 생활 수준의 향상을 가져왔는지에 대해서는 회의적인 시각이 상당히 있다. 산업화는 특히 공장 노동을 위해 도시로 이주해 온 노동자와 그 가족에게는 생활환경의 악화를 초래하는 것이어서 건강에 나쁜 영향을 주었다고 볼 수도 있다. 산업혁명은 생활환경에 상당한 변화를 가져왔고 이 시기에 이를 통해 건강에 이득을 보는 사람들도 분명 있었지만 또 한편에서는 이러한 변화가 질병의 위험 요인을 변화시키거나 새로운 위험 요인에 노출되게 함으로써 건강에 나쁜 영향을 주기도 했던 것이다.

실제로 건강에 이득을 본 사람은 변화에 직접 참여하지는 않으면서 생활 수준의 향상이라는 혜택을 누릴 수 있었던 귀족이나 일부 자본

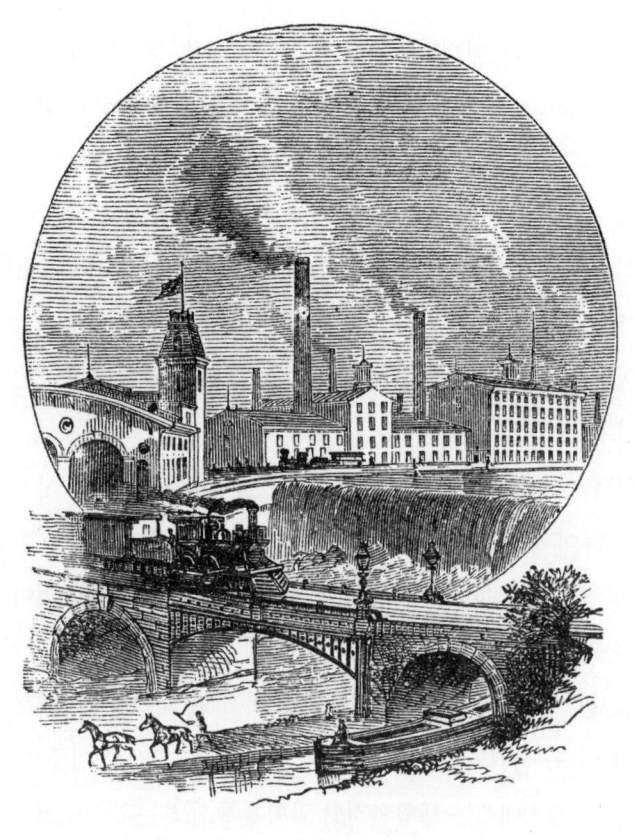

18세기 산업혁명 당시 영국 런던의 풍경

가 계급 등 소수의 상류 계층에 불과하고, 노동자와 농민을 중심으로 한 대부분의 생산 활동 종사자들은 혁명적 변화의 파괴성에 의해 오히려 생활 기반이 불안정해졌고 이렇게 열악해진 생활환경 때문에 산업화 과정은 그들의 건강에 상당히 나쁜 영향을 주었을 가능성이 많다. 특히 보호를 제대로 받지 못하는 어린이와 사회적 약자 계층은 그 중에서도 산업화 과정에 의한 건강 피해를 많이 받았던 사람들이다.

한편 생산력의 변화는 도시로의 인구 집중을 가져왔고 사람들이 도시에 밀집해 살게 되면서 생활환경의 위생 수준은 더 떨어지고 전염성질환이 쉽게 유행할 수 있는 여건이 조성되었다. 특히 도시화가 더욱 빨리 진행되는 지역은 교역의 중심지였기 때문에 이들 지역에서는 종종 질병이 크게 유행했다. 교역은 기본적으로 서로 다른 자원과 서로 다른 생산품을 교환함으로써 이익을 추구하는 것이고 그만큼 서로 다른 지역에서 온 사람들끼리의 교류도 많았기 때문에 새로운 전염병을 전파하는 중요한 기회가 되기도 했다. 따라서 교역이 많이 행해진 지역에서는 치명적인 전염병들이 전파되기가 훨씬 쉬웠다.

산업혁명, 온갖 질병의 무대가 되다

기계의 발전은 생산 방식을 과거의 수공업적 노동에서 대규모 기계 생산 방식으로 전환시켰고 공장이라는 노동 장소와 노동자를 창출했다. 생산성은 과거와 비교도 되지 않을 만큼 크게 발전했고 대량생산 덕분에 여러 가지 물품이 보다 싸게 공급되었다. 한편 공장이 도시에 모이게 되고 공장에서 일하기 위해 농촌에서 이주한 사람들이 늘어나면서 도시는 점점 규모가 커지게 되었다. 도시가 생필품을 보다 값싸게 공급할 수 있는 기반을 갖춰가고 도시로의 인구 유입이 늘면서

도시는 빠르게 커지기 시작했지만 늘어나는 인구를 제대로 수용할 기반시설이 이를 뒤쫓아 가지 못했다.

도시화는 곧 열악한 거주지, 대기 및 수질 오염, 하수 처리 시설의 미비, 열악한 위생 상태의 문제를 가져왔고 이는 도시 인구의 사망률이 높아지는 이유가 되었다. 특히 도시 빈민층을 이루었던 공장 근로자의 생활은 열악했다. 새벽부터 밤늦게까지 안전이나 보건에 대한 관심과 대책이 제대로 갖춰지지 않은 상태에서 일을 해야 했고 심지어는 어린이들도 노동에 참여해야 했다. 생활 하수와 공장 폐수는 강물로 흘러 들어갔고 이는 식수의 오염을 초래했다. 공동으로 식수와 화장실을 이용하는 경우 위생 상태는 말할 수 없이 나빠서 이와 같은 열악한 위생 환경은 곧 질병의 온상이 되었다. 게다가 도시 노동자들의 나쁜 영양 상태는 열악한 위생 환경과 더불어 호흡기질환과 위장 질환의 유행을 가져왔다.

도시의 하층민과 노동자 계급에서는 결핵과 콜레라, 장티푸스와 같이 불결한 환경에서 발생하는 질환이 만연하게 되었다. 도시는 과밀한 인구에게 적절하게 깨끗한 물을 공급할 수 없었고 하수 및 쓰레기 처리를 제대로 하기도 어려웠다. 또한 공장의 기계를 돌리기 위해 석탄을 원료로 때게 되면서 공장의 굴뚝은 끊임없이 시꺼먼 연기를 배출했고 이는 산업화의 상징이 되었다. 결국 도시는 공장에서 배출되는 매연으로 뒤덮이게 되어 대낮에도 햇빛이 가려져 어두워지게 되면서 한낮에도 거리에 불을 밝혀야 했다.

물 공급 또한 부족했을 뿐만 아니라 식수로 쓰이는 물도 종종 오염이 되었다. 콜레라가 도시를 휩쓸고 지나가면 수천 명씩 목숨을 잃었는데 1848년 9월부터 일 년 동안 런던에서만 1천5백 명이 콜레라로 목숨을 잃었다.[79] 1855년 존 스노우John Snow가 런던의 브로드가에 있는 우물이 오염되어 콜레라가 발생했다는 것을 밝힐 때까지 식수 오염이 그 원인이 될 것이라는 것은 아무도 몰랐다. 결국 이 우물을 폐쇄한 이후 사망자가 급격히 감소되어서 식수 오염이 콜레라의 원인이 된다는 것을 증명했는데, 이는 1864년 루이 파스퇴르Louis Pasteur가 세균이 전염병의 원인이 된다는 것을 밝히기 전이다. 사실 알고 보면 이런 상황이 발생하게 된 이유는 단순했다. 하수 처리가 제대로 되지 않아 하수물이 식수로 사용되던 우물을 오염시켰던 것이다.

천연두는 에드워드 제너Edward Jenner가 백신을 개발한 이후 줄었다가 다시 산업화된 도시에서 대규모로 유행하게 되었는데 이 역시 이유는 단순했다. 사람들이 농촌에서 도시로 모여들었지만 예방 접종 등을 제대로 실시하지 못했고 밀집해서 거주하는 생활환경은 천연두가 퍼지기에 아주 좋은 환경이 되었던 것이다. 결핵은 산업화된 도시에서 가장 큰 사망 원인이었다. 주로 폐에 걸리는 이 병은 만성화되면서 신체를 소진시키는 병인데 기침을 하면서 균을 옮기게 된다. 특히 영양 상태가 안 좋고 더럽고 습한 주거 환경에 노출되면 잘 걸리게 되는데 산업화된 도시의 밀집된 하층민의 주거지는 결핵이 퍼져 나가는 데 아주 좋은 환경이 된 것이다. 19세기 초에 영국의 전체 사망자의 약 3분의 1이 결핵으로 인한 사망이었을 정도다.

결핵을 옮기는 세균

　또한 노동자가 열악한 작업 환경에서 일하게 되면서 직업병이라는 새로운 질병을 만들어 냈다. 물론 산업화가 노동자의 직업병을 양산하기 전에도 직업병에 대한 인식은 있었다. 기원전 그리스의 의사인 히포크라테스는 금속을 추출하던 근로자에게서 납 중독으로 인한 심한 복통이 나타난다고 기술하고 있어서 이미 당시에도 노동과 관련된 직업병을 알고 있었다고 볼 수 있다. 16세기 독일의 광물학자인 게오르기우스 아그리콜라Georgius Agricola는 광부들에게서 호흡이 곤란해지고 폐가 망가지는 직업병이 나타난다고 그의 책 『광물De Re Metallica』에서 소개하고 있다. 또 17세기에 이탈리아의 베르나르디노 라마치니Bernardino Ramazzini는 『노동자의 질병De Morbis Artificum Diatriba』에서 여러 가지 직업과 관련된 질병들을 기술하고 있다.[80]

　그런데 18세기의 산업혁명은 이와 같은 노동자의 질병 양상에 엄청난 변화를 가져왔다. 산업화 과정은 농촌에서 도시로 노동력을 이동시키면서 공장 노동자들을 양산했고, 이들은 거의 아무런 규제도 없는 열악한 작업 조건에서 일하게 되면서 인류가 한 번도 경험하지 못했던 새로운 화학물질에 아무런 보호도 없이 노출되었다. 1775년 영국의 의사였던 퍼시벌 포트Percival Pott가 굴뚝 청소를 하는 어린 노동자들에게서 음낭암이 많이 발생한다는 것을 보고했는데 이는 당시 작업 환경에 대한 상징적인 사건이다.[81] 노동에 연령 제한도 없어서 오늘날 같으면 학교를 다녀야 하는 어린이들이 몸집이 작기 때문에 굴뚝에 들어가 검댕을 제거하는 일을 했던 것이다. 검댕은 화석 연료를 태우면 남는 화학물질 덩어리로, 이 속에는 발암물질이 상당히 많이 들어 있는데 제대로 몸을 보호할 작업복도 갖추지 못한 채 굴뚝에 들어가서 일하다가 약한 피부 부위인 음낭에 암이 발생하게 된 것이다. 이와 같이 산업화 초기의 열악했던 작업 조건은 수많은 직업병을 발생시켰고 거의 한 세기가 지나서야 작업 조건을 관리하고 직업병

■
몸집이 작아 굴뚝 안에 들어가
청소를 해야 했던 어린 아이

을 줄이려는 노력이 비로소 시작되었다.

따라서 산업화가 궁극적으로는 경제적 발전을 이루고 물질적인 풍요로운 사회로 가는 데 매우 필요했던 과정이라 하더라고 산업혁명 초기에 산업화 자체가 건강에 좋은 영향을 미쳤다고 볼 수는 없다. 오히려 이 시기는 사회의 혁명적 변화를 통해 기존의 질병 위험 요인의 변화 혹은 새로운 질병 위험 요인을 가져왔고 노동자 등 도시 빈민들은 이로 인해 건강 수준이 떨어졌던 시기로 볼 수 있다.

인구는 늘어나고, 식량은 부족하고, 영양 결핍은 심화되고

산업혁명 자체가 물질적 풍요와 빈곤으로부터의 탈출을 가져온 것은 아니다. 사람들에게 충분히 영양을 공급할 수 있는 농업 생산성의 향상 없이는 빈곤의 탈출과 물질적 풍요는 있을 수 없었고, 제국주의 시대에 부의 공급 수단이었던 가난한 나라에 대한 약탈만으로는 늘어난 식량의 요구를 충족시킬 수 없었기 때문이다. 산업혁명 초기에는 농업 생산성의 뚜렷한 향상이 없었기 때문에 식량의 공급이 충분치 않았고 사람들의 영양 상태도 그 이전보다 나아지지 못했다. 오히려 영양 결핍과 각종 전염병이 만연된 상태를 경험해야 했다.

동물이나 식물, 사람의 식량이 되는 모든 것은 토지를 기반으로 광합성을 이용한 산물에서 나온 것들이고 산업혁명 초기의 식량 및 생활 필수품은 모두 토지에 의존했다. 그러나 토지의 생산성은 한계가 있었다. 결국 영국의 경제학자인 토머스 맬서스Thomas Malthus는 18세기 말에 인구는 기하급수적으로 증가하는데 반해 경작지는 산술급수적으로 증가하기 때문에 식량 생산이 인구 증가를 따라갈 수 없다는 주장을 내놓기에 이르렀다.[82] 그는 인구 증가는 천연자원을 고갈시켜 토지의 인구 부양 능력을 손상시키고 기근, 전쟁, 질병 등을 발생시킬 것이라고 주장했다. 하지만 19세기에 들어서면서 인구는 더욱 증가했지만 맬서스가 예견한 불행한 사태는 오지 않았다. 농업 생산성이 질소 비료의 공급으로 놀랍게 향상되었기 때문이다. 만일 비료가 없었다면 산업혁명 초기의 건강 문제는 인구가 증가되면서 훨씬 악화되어 인류의 건강 상태는 지금과는 전혀 다른 상태가 되었을지 모른다.

실은 이처럼 산업혁명은 위기에 처할 수도 있었다. 그러나 산업혁명은 과학기술 발전을 이끌었는데 수없이 많은 놀라운 과학적 업적 중에서 식물 생장에서 질소의 역할에 대한 이해와 암모니아의 실험실적 합성의 성공은 그 중에서도 매우 중요한 업적이라고 할 수 있다. 이는 토양 내의 질소에 의존하는 식물의 생장을 놀라울 만큼 향상시킬 수 있는 기반을 마련한 획기적인 것이었다. 이로 인해 농업 생산성은 향상되었고 농업에 종사하는 인구의 비율이 줄어들게 되면서 산업화는 더욱 진행되게 되었다. 인류는 비로소 빈곤의 탈출과 물질적 풍요의 시대를 맞게 된 것이다.

질소는 식물의 성장에 필수적이며 곡물 단백질의 기본 구성 성분이기 때문에 토양에서 질소가 적절히 공급되지 않으면 곡물이 자랄 수 없고 농업 생산량은 떨어질 수밖에 없다. 19세기에 들어오면서 과학자들은 식물의 성장에 질소가 담당하는 역할을 인식하기 시작하면서 질소를 비료로 공급하여 식량 생산량을 늘리고자 했다. 그러나 제한된 질소의 공급은 칠레에 풍부하게 매장된 질산나트륨을 둘러싼 전쟁을 촉발시키기도 했다. 사실 질소는 공기 중의 거의 80퍼센트를 차지하고 있어서 이를 이용할 수 있는 방법을 찾으면 되는 것이었다. 20세기 초에 독일의 프리츠 하버Fritz Haber는 고압과 고온을 이용해 공기 중의 수소와 질소를 이용해 암모니아를 합성하는 획기적인 장치를 고안했다.[83] 이는 암모니아 합성이 대규모로 가능해진 중요한 실험실적 성과였다. 이제 인류는 맬서스의 예측을 뛰어넘어 농업 생산성을 획기적으로 증대시키는 방법을 실험실에서 만들어 낸 것이다. 그 이전에는 식물의 생장을 토지가 갖고 있는 질소 혹은 대기 중의 질소를 갖다 쓰게 하는 능력을 가진 질소고정박테리아의 활동에 크게 의존할 수밖에 없었으나 암모니아의 합성은 이제 인류가 질소고정박테리아에 대한 의존에서 벗어나 식물을 생장시킬 수 있는 능력을 갖게 한 획기적 사건이었다.

그러나 암모니아는 폭약 제조에도 사용되어 제1차 세계대전 때 사람을 죽이는 무기로도 사용되었는데 하버는 이때 화학전을 주도했던 인물이기도 했다. 결과적으로 그는 인류의 복지를 위해서도, 또 인류의 파괴를 위해서도 중요한 역할을 한 셈이다. 1918년 스웨덴 왕립과학아카데미는 이 중 비료로 농업 생산성을 크게 향상시킨 공로를 인정해 그에게 노벨 화학상을 수여했다. 하버의 역할 중 식량 공급을 늘린 것이 화학 무기로 사람을 살상하는 데 주도적 역할을 한 것보다 훨씬 컸다고 본 것이다.[84]

2차 산업혁명, 과학기술의 발전으로 건강 수준을 높이다

화석 연료 사용을 위한 내연 기관의 발명이 산업혁명을 일으켰고 그로 인해 산업화와 도시화가 이루어졌지만, 진정한 과학의 발전을 기반으로 한 산업혁명은 19세기 후반부터 일어났으며 이를 〈2차 산업혁명〉이라고 부르기도 한다. 1870년대에 이르러 과학기술의 발전은 전기, 통신, 운송 등 기반시설의 확충과 공장에서의 대량생산을 가능케 했다. 특히 화학 산업이 비약적으로 발전하면서 이를 기반으로 농업 생산이 혁명적 발전을 이루게 되었고 그 결과 음식과 영양소를 충분히 공급할 수 있게 되었다.

동시에 음식의 저장과 보존 기술도 발전했다. 사실 이 시기 전까지 사람들의 건강을 가장 크게 위협했던 것은 신체적 손상, 영양소 결핍, 그리고 오염되거나 부패된 식품의 섭취였다. 당시의 사람들은 오늘날 흔히 보는 만성질환에 걸려서 사망한 것이 아니라, 다쳐서 생긴 염증이나 영양 결핍, 그리고 제대로 처리되거나 보존되지 못한 음식을 먹고 그 안에 있던 독소나 균 때문에 병에 걸려 더 많이 사망했다.

이에 대한 대책으로 위생에 대한 개념이 도입되었고 1795년에 통조림이 등장했다. 이는 도시의 채소, 과일, 고기 등의 급격한 수요 증가에 부응하는 것이었다.

1850년에는 탈수 처리를 이용한 가루 분유가 등장했는데 탈수 처리 방법은 곧 수프에도 적용되었다. 1877년에 발명된 우유원심 분리법은 낙농산업 발전의 초석이 되었고 루이 파스퇴르는 우유 멸균법을 소개했다. 또 냉장고가 등장해 얼음의 제조와 음식의 냉장 보전이 가능해져서 1870년대에는 미국이 영국에 냉동 상태로 고기를 수출했고 곧 남아메리카나 호주와 같은 고기 생산국에서 유럽으로 수출되는 고기는 냉동선을 이용하게 되었다. 이러한 기술적 진보는 탄수화물 대비 단백질의 공급을 보다 싼 가격으로 크게 늘렸다.

결국 과학기술의 발전은 보다 신선한 야채, 채소, 우유의 공급을 가능케 했을 뿐 아니라 육류의 공급을 크게 늘리는 데에도 기여했다. 이는 유럽과 북미 인구의 건강 수준을 크게 향상시키는 데 결정적인 역할을 했고 이러한 영향은 다소 늦게 그리고 다소 완화된 정도이긴 하지만 동유럽 및 아시아, 남아메리카에도 파급되었다.

산업화 초기 하층민과 노동자들이 도시로 몰려들면서 나쁜 생활 환경 때문에 겪어야 했던 건강의 위험 요인들이 상당 부분 제거되면서 사람들은 본격적으로 생활 수준과 영양 섭취의 향상을 경험했다. 수입이 늘어나고 노동 시간은 줄어들었으며 주거 환경도 점차 개선되었다. 이러한 개선은 사람들의 건강 수준을 의심할 바 없이 뚜렷하게 향상시켰다. 건강 수준을 나타내는 지표인 영아 사망률이 프랑스에서는 1870년에 1천 명당 201명에서 1914년에 111명으로 줄었고 같은 시기에 독일에서는 298명에서 164명으로 줄었다. 평균 수명도 늘어나서 같은 시기에 영국인의 평균 수명은 40세에서 50세로 늘어났다.[85]

과학의 발전으로 건강에 가장 큰 위협 요소였던 감염병에 대한 올바른 이해도 할 수 있게 되었다. 음용수를 통해 균이 전파될 수 있다는 것이 알려지면서 균을 필터로 걸러내거나 끓이게 되었고 이후에는 소독을 실시하게 되었다. 또 모기와 같은 곤충이 말라리아나 황열을 일으킨다는 것이 알려지면서 이러한 감염원에 대한 방제 또한 이루어졌다. 건강을 크게 위협했던 요인 중의 하나였던 음식의 부패와 오염은 조리법의 개선, 신선한 처리와 저장 방법의 발달로 크게 줄었다.

19세기 후반에서 20세기 초에 있었던 과학기술의 발전은 생활환경의 개선과 함께 건강 수준을 높이는 데 크게 기여했다는 것은 의심할 여지가 없는 것 같다. 사실 이때 건강 상태의 향상을 주도했던 것은 항생제의 발명, 수술 요법의 향상 등 치료 기술의 발전이 아니었다. 예를 들어 감염성질환의 공포를 줄이는 데 크게 기여한 최초의 항생제인 페니실린이 알렉산더 플레밍Alexander Fleming에 의해 발견된 때는 1928년이었고 치료에 사용되기 시작된 때는 1940년대이므로 건강 수준의 향상이 본격적으로 나타난 이후이다. 즉 치료 기술의 발전이 건강을 향상시키는 데 기여했다는 것은 누구도 부인하지 못할 사실이지만, 보다 더 중요했던 것은 사람들이 건강에 좋은 음식을 많이 먹고 주거 환경도 개선되고 음용수의 공급과 하수 처리의 개선이 있었기에 가능했던 것이다. 산업혁명을 거치면서 사람들의 평균 수명이 늘어나 오래 살기 시작했고, 각종 영양소 및 육류 소비의 증가로 단백질 공급이 크게 늘어나면서 이전의 영양 결핍 문제는 사라져 갔다. 그러나 이러한 변화가 새로운 문제의 시작이 된다는 것은 아마도 당시에는 그 누구도 알 수 없었을 것이다.

농업혁명을 뛰어넘는 더 큰 문제의 시작

현대 문명을 이야기할 때 떠오르는 이미지 중에는 석유의 이용과 전산화, 그리고 인공 불빛 등이 있다. 제2차 세계대전 이후 석유의 생산과 사용은 비약적으로 늘었는데 연료로서의 이용에 그치지 않고 플라스틱 등 생활용품 전반에 걸쳐 석유가 원료로 사용되기에 이르렀다. 석유에서 많은 화학물질이 정제되었고 또 이를 기반으로 더 많은 화학물질이 만들어지게 되었다. 이러한 화학물질은 대부분 인류가 이전에는 경험하지 못했던 새로운 것이었고 이는 건강에 상당한 영향을 줄 수 있는 것들이다. 화학물질들이 생산되면서 종종 누출 사고도 발생했는데 인도의 보팔Bhopal 사건은 화학물질이 얼마나 치명적일 수 있는지를 보여준 대표적인 경우다. 1984년 보팔에 있던 살충제 공장에서 메틸이소시아네이트 가스가 누출되어 3천8백 명 이상이 사망하고 50만 명 이상의 사람들이 건강에 손상을 입었다.[86]

석유계 화학물질로 생활용품이 만들어지면서 사람들의 생활환경은 고농도는 아니라 하더라도 수많은 화학물질로 둘러싸이게 되었다. 문제는 이러한 화학물질들이 적은 양이어도 인체에 적지 않은 영향을 미칠 수 있다는 것이다. 예를 들어 우리 몸 안에 원래부터 존재하는 호르몬은 대부분이 혈액 내에 있는 다른 물질에 붙어 있고 일부만이 활성화된 상태로 존재한다. 그 이유는 호르몬의 상당량을 저장 상태로 두고 있다가 필요하면 꺼내 쓰려는 이유 때문이다. 그런데 소위 환경호르몬이라 불리는 내분비장애물질은 이러한 저장 방법이 개발되어 있지 않기 때문에 대부분이 혈액 내에서 활성화된 상태로 존재한다. 다시 말하면 같은 양이 혈액 내에 있다 하더라도 우리 몸 속의 자연적인 호르몬에 비해 환경호르몬이 더 많이 활성화된 상태로 존재할 수 있다는 것을 의미한다. 즉 적은 양이 인체에 있어도 환경호르몬과 같은 외부의 화학물질은 인체에 영향을 주기 쉬운 것이다.

최근 전산 기술의 발전과 그 이용의 증가는 혁명적 속도 이상이다. 불과 몇 년 전의 정보 처리 기술도 벌써 낡은 기술이 되어 사용되지 않을 정도다. 이러한 전산 기술은 생산 활동을 효율적으로 만들며 생산의 각 부문을 유기적으로 연결시켜 통합적인 조정을 가능하게 한다. 사회는 전산 기술 덕에 시스템 단위로 움직이고 시스템과 시스템은 서로 연결되어 하나의 거대한 유기적 구성체를 이룬다. 사람은 유기적 구성체의 일부를 담당하는 역할을 하게 되고 유기적 구성체와는 인터넷망을 통해 연결이 된다. 모든 사람이 유기적 구성체와 연결되는 도구를 갖게 되었고 오늘날 스마트폰이라 부르는 이 도구는 생활 필수품이 되어가고 있다. 그런데 이 유기적 구성체에 대한 종속성은 스마트폰이나 인터넷이 없으면 생활할 수 없게 되는 의존성을 가져온다. 전산망에 의한 유기적 구성체와의 연결이 없으면 존재하기 어려운 시대에 이른 것이다. 마치 약물 의존성과 같이 이러한 종속성은 자존감에 대한 상실을 초래하게 되고 유기적 구성체와의 연결이 없어질까 불안해하는 심리를 초래한다.

한밤중 비행기에서 도시를 내려다보면 불빛으로 밝혀져 있는 현대 문명의 특징을 볼 수 있다. 1879년 토마스 에디슨에 의해 실제 생활에 쓸 수 있는 전구가 만들어진 이후 빛은 수면-각성 주기에 미치는 영향을 크게 흔들어 놓았을 뿐 아니라 밤시간을 사회적 활동이 가능한 시간으로 만듦으로써 사람들의 활동 시간, 활동량, 그리고 수면 시간에 결정적인 영향을 미쳤다. 우리 뇌의 생물학적 인지 능력은 밝은 인공 불빛이 있을 때 그것을 햇빛과 구분하지 못한다. 따라서 밝은 불빛이 있으면 마치 햇빛이 있는 낮과 같이 계속해서 깨어 있으라는 신호를 신체에 보내게 되고 각 기관과 세포들은 수면 시간에 해야 되는 휴식을 미루면서 결국 세포의 재정비 시간을 짧게 만든다.

미국의 로저 에커치Roger Ekirch에 의하면 사람들은 17세기 중반까지는, 즉 태양이 지면 어두워지던 시기에는 오늘날처럼 한 번 수면을 취하는 것이 아니라 두 번에 걸쳐 나누어 수면을 취하는 것이 보편적이었다고 한다.[87] 사람들은 해가 지면 잠이 들었다가 몇 시간 후에 깨어서 한두 시간을 보낸 뒤 다시 두 번째 잠을 잤다는 것이다. 깨어 있는 시간에는 화장실도 가고 담배를 피우기도 하고 이웃을 방문하는 경우들도 있었지만 대부분은 침대에 그냥 누워 있거나 책을 읽거나 기도를 하곤 했다. 이러한 두 단계 수면이 유럽에서 없어진 것은 산업혁명 직전이었으나 산업혁명 이후에 전구가 발명되면서 일회적 수면이 수면 습관으로 완전히 자리를 잡았던 것이다.

문명 이후 기록된 여러 문헌을 통해 확인된 두 단계 수면은 아마도 문명 전 인류에게는 기본적인 수면 습관이었을지 모른다. 아마도 해가 져서 다시 뜨기까지의 어두운 시간이 휴식과 재정비에 필요한 시간보다 길어서 중간에 깨어 있는 시간을 가졌을지 모른다. 그런데 전등의 발명과 시간 활용에 대한 사회적 압력 때문에 일회적 수면으로 바뀌면서 수면 시간은 길어지는 것보다는 짧아지는 쪽으로 압력을 받았다. 이러한 변화의 압력은 만성적인 수면 부족 상태를 가져올 수 있는데 수면 부족은 일의 수행 능력을 떨어뜨리고 기억과 인지 능력을 저해할 뿐 아니라 사고를 유발하고 만성적으로 되면 고혈압, 심장질환, 비만, 정신질환 등을 일으키기도 한다. 한편 최근의 연구를 보면 오후 잠깐 동안의 수면이 건강에 좋은 것으로 나타났다.[88] 그 이유는 오후에 잠깐 수면을 취해 심장에 휴식을 주면 심장의 부담을 줄이기 때문이기도 하지만, 원래 일회의 연속된 잠보다 두 번에 나누어 자는 방식이 인류가 오랫동안 갖고 왔던 수면 습관이어서 여기에 가장 적응되어 있기 때문일 수 있다.

또한 최근에는 주야간 교대 근무와 같이 수면 시간뿐 아니라 밤낮이 서로 바뀌어서 잠을 자게 하는 업무들도 늘어나고 있는데 이러한 야간 업무는 멜라토닌이라고 하는 호르몬의 생성과 작용을 방해하고 유방암과 같은 질환을 증가시킬 수 있는 것으로 알려졌다. 즉 현대 문명이 가져온 짧아진 수면 시간, 특히 7시간 미만의 수면은 주야간 교대 근무와 더불어 인류를 오랫동안 갖고 있었던 수면 습관에서 벗어나게 함으로써 현대인의 만성질환의 중요한 원인이 되었다고 할 수 있다.

산업화라는 혁명적 변화는 사람들의 생활환경을 질적으로 크게 변화시킨 것이기에 건강에 대해 영향을 끼치지 않을 수 없었다. 우선 화석 연료의 사용과 기계화는 노동의 형태를 변화시켰고 지금까지 경험하지 못했던 수많은 화학물질에 사람들을 노출시켰다. 새롭게 노출되는 세균이 병원균으로서 여러 가지 질병을 일으킬 수 있듯이, 화학물질도 우리의 유전자가 아직 적응이 안 된 상태에서 노출이 되면 그 물질에 대해 자연선택 과정이 없었기 때문에 독으로 작용해 건강에 나쁜 영향을 미치게 된다. 전산화와 같은 사회적 유기체와의 관계, 그리고 변화된 수면 습관 등은 독은 아니지만 산업혁명 이전, 특히 문명 이전의 시기와 비교하면 완전히 새로운 환경이다. 이러한 환경은 생리적 변화 혹은 스트레스를 초래해 건강에 영향을 줄 수 있다. 왜냐하면 새로운 환경에 유전자가 적응해 우리 몸이 최적화되기에는 너무 짧은 기간 동안에 생긴 변화들이기 때문이다.

12

화석 연료 사용이 인류에게 남긴 치명적 유산

화석 연료 시대로의 진입

불을 사용하기 이전에는 햇빛이 가장 중요하고도 오래된 에너지원이었다. 그러나 햇빛은 온기와 빛을 제공해 주기는 했지만 쉽게 조절할 수 없다는 문제가 있었다. 백만 년 전에 선행인류였던 호모 에렉투스가 불을 사용하기 시작한 이후에야 비로소 에너지를 조절해 활용할 수 있게 되었다. 이때부터 인류의 조상은 나무에 불을 붙여서 온기와 빛을 얻었고 또 음식을 조리하는 데에도 불을 사용했다. 문명 시대 이후에는 도기를 굽거나 벽돌을 만들거나 하는 데 불을 사용했으며 더 나아가 구리, 동, 철 등을 이용해 금속 도구를 제작하는 데도 사용하면서 불은 문명의 발전에 결정적인 역할을 했다.

이제 불은 일상생활에서 없어서는 안 되는 필수 요소가 되었고 불에 대한 의존도는 인구가 증가하고 문명이 발전하면서 더욱 커지게 되었다. 그런데 불을 얻는 재료로 나무를 이용했기 때문에 나무는 점점 부족하게 되었고 따라서 나무를 대신할 수 있는 새로운 연료에 대한 필요성이 커졌다. 16세기에 영국은 지나친 벌목 때문에 숲에 나무가 얼마 남지 않게 되었는데 이는 결국 불의 재료로 나무 대신 석탄을 사용하게 된 계기가 되었다. 석탄이 나무를 대치하면서 석탄 에너지를 활용하기 위한 방법들이 개발되어야 했는데 그 노력의 일환으로 증기기관 등 여러 가지 발명품이 나오게 되었다. 화석 연료를 사용한 기계로 생산 수단이 바뀌면서 생산력이 획기적으로 증가되었고 생산력 증가가 결국 산업혁명의 토대가 되었으므로 화석 연료의 사용은 산업혁명을 가져온 새로운 에너지원이라고 할 수 있다.

석탄은 지하 깊숙이 묻혀 있던 동식물의 화석으로부터 얻는 화석 연료의 하나인데 죽은 생물체가 혐기성 부패와 같은 과정을 오랜 세월 거치면서 만들어진다. 대개 이러한 화석 연료는 수백만 년에서 수억 년 전에 죽은 생물체에서 만들어진 것이다. 따라서 화석 연료는 생물체의 성분과 같은, 기본적으로 수소와 탄소로 구성된 유기화합물이다. 화석 연료는 석탄, 석유, 천연가스로 나눌 수 있는데, 메탄과 같이 수소에 비해 탄소 함유량이 적은 가벼운 물질부터 석탄처럼 주로 탄소로 이루어져서 무거운 물질까지 매우 다양한 물질이 포함되어 있다. 이러한 물질들은 죽은 생물체가 지각 내의 고온, 고압에 의해 변형되면서 만들어진 것으로 화학 결합에 필요한 상당량의 에너

화석 연료의 대표 주자로 떠오른 석탄 채굴 현장

지를 함유하고 있다. 따라서 탄화수소를 태우면 이 결합이 깨지면서 열에너지를 방출하게 되는 것이다.

한편 산업혁명을 거치면서 비료의 사용 등과 같은 보다 효율적인 농법이 도입되고 농업 생산량이 늘어나면서 하천과 항만 등을 이용한 식량 및 물품의 운송 필요성이 커졌다. 이를 위해 보다 효율적인 운송 수단이 필요했는데 결국 석탄과 이를 이용한 증기기관의 사용이 늘어나게 되었다. 증기기관은 산업혁명의 중심적인 역할을 하면서 거의 모든 분야에서 활발하게 사용되었고 전반적인 생산력 증대를 가져왔다. 이후 새로운 기계들이 뒤를 이어 나오고 석탄 연료를 이용한 교통 수단이 등장하고 이전에 사람이나 동물이 했던 일들을 기계들이 대치하게 되었다. 또한 기계의 발전이 가속화되면서 보다 효율이 좋은 연소 기관이나 자동차가 등장하게 되었고 이는 석탄 대신 석유를 더 많이 사용되는 시대로 이끌었다. 석유는 가스처럼 점도가 가장 옅은 것에서부터 아스팔트와 같이 가장 점도가 짙은 것까지 다양하게 있으며 가솔린, 등유, 윤활유 등이 그 중간을 차지한다. 석유는 등장한 지 얼마 지나지 않아 생산 작업이나 일상생활 전반에 광범위하게 사용되게 되었고 그 결과 오늘날 인류는 석유에 크게 의존하지 않을 수 없는 사회를 맞게 되었다.

독을 품고 있는 석탄과 석유

석탄이나 석유와 같은 화석 연료의 연소는 여러 가지 화학물질을 환경 속으로 방출한다. 예를 들어 이산화질소나 아황산가스와 같은 대기오염 물질, 또는 휘발성유기화합물, 다환방향족탄화수소 및 중금속 등을 다량 방출하게 되면서 인류는 과거에 노출되지 않았던 새로운 화학물질에 노출되게 되었다. 또한 화석 연료의 연소는 생태계에도 새로운 영향을 주는데, 이는 오늘날 크게 우려하고 있는 이산화탄소 등 기후 변화 가스 방출의 가장 주된 요인이어서 기후 변화를 가속화하는 데 결정적인 역할을 하고 있다.

화석 연료에서 가장 중요한 부분을 차지하고 있는 탄화수소는 기본 구성이 탄소로 이루어진 골격에 수소가 붙어 있는 화합물로, 인체를 구성하는 다양한 유기분자의 구조물과 유사하다. 인체의 유기화합물을 구성하는 탄화수소는 세포막, 핵산 등 인체 구조의 핵심을 이루며 지방산, 스테로이드, 아미노산 등 인체 기능에 필수적인 요소를 만들어 내는 데 쓰인다. 이러한 특성 때문에 탄화수소로 된 외부의 화학물질이 인체에 노출되면 인체의 여러 조직에 전달되어 흡수되거나 대사되는 과정을 거칠 수 있고 이로 인해 여러 가지 건강 영향을 줄 수 있는 잠재성이 생기는 것이다. 화석 연료에서 나오는 유기화합물이 원래는 생물체를 구성하는 성분이었다 하더라도 그 연소에서 나오는 유기화합물은 대부분 인체에는 직접적으로 이용되지 않는 이물질이기 때문에 이 중 일부는 인체에 들어와서 쌓이거나 독성을 일으킬 수 있다.

화석 연료에서 유래한 유기화합물 중 대표적인 화학물질로는 휘발성유기화합물과 다환방향족탄화수소가 있다. 휘발성유기화합물은 증기압이 매우 낮은 탄화수소 화합물을 말하는데 화석 연료의 저장과 연소에서 나올 수 있을 뿐만 아니라 페인트, 시너, 가구, 접착제, 화장품 등 우리 생활 곳곳에서 사용되고 있다. 휘발성유기화합물은 벤젠과 같이 독성이 강한 물질도 있지만 독성이 거의 알려지지 않은 물질들도 많아서 일괄적으로 건강 영향을 이야기하기는 어려우며 노출되는 농도 및 기간에 따라서도 그 영향이 달라질 수 있다. 대개 급성적인 노출인 경우에는 눈과 호흡기 및 피부의 자극 증상, 두통, 어지러움, 호흡 곤란, 시력 장애, 협조 운동 기능 저하, 이상 감각 등이 생길 수 있다. 잠깐 노출되어서 생기는 이러한 증상은 더 이상 노출되지 않게 되면 몇 분 내지 몇 시간 안에 후유증 없이 회복될 수 있다. 그러나 고농도의 휘발성유기화합물에 오래 노출되면 의식 소실, 마비, 경련 및 사망에까지 이를 수도 있다. 저농도라도 만성적으로 노출되는 경우는 간, 신장 및 중추신경계에 상당한 영향을 줄 수 있는데, 특히 중추신경계에 미치는 영향을 보면 뇌에 기질적인 손상을 입혀서 기억력 장애, 집중력 저하 등의 비교적 경미한 증상에서부터 신경행동학적 기능 저하 및 지적 수준의 저하, 그리고 심한 경우는 치매에까지 이를 수 있다. 또 벤젠과 같은 일부 휘발성유기화합물은 암을 유발하기도 한다.

다환방향족탄화수소는 두 개 이상의 벤젠 고리로 이루어진 화합물로, 산림 화재나 화산 폭발 때 자연적으로 생성되기도 하지만 석탄이나 휘발유 등의 화석 연료가 불완전 연소될 때 만들어져서 대기로 방출된다. 특히 최근에는 자동차가 많아지면서 자동차 배출 가스가 주된 노출원 중의 하나가 되었다. 그 종류도 나프탈렌이나 벤조피렌을 비롯해 상당히 다양한데 벤젠 고리가 적어서 공기 중에 쉽게 휘발되는 것부터 벤젠 고리가 여러 개 있어 무거워서 잘 휘발되지 않는 것까지 있다. 다환방향족탄화수소의 건강 영향은 노출되는 물질의 독성에 따라 다르지만 노출되는 농도와 기간, 그리고 공기를 통해 호흡을 함으로써 인체에 들어오는 경로와 음식을 통해 먹거나 피부를 통해 들어오는 경로에 따라서도 다를 수 있다. 급성적인 노출에 의한 건강 영향은 눈의 자극 증상, 구역, 구토, 설사 및 의식 혼란 등이 있을 수 있다. 물질에 따라서는 피부의 자극 증상이나 알레르기 반응을 일으키기도 한다. 만성노출은 폐기능 저하 및 만성기관지염을 악화시키고 피부암, 폐암, 방광암 등을 일으킬 수 있는 것으로 알려지고 있다.

  화석 연료의 사용은 사람들이 숨 쉬는 공기의 조성에도 상당한 영향을 미친다. 예를 들어 화석 연료 연소 시 응축되어 형성되는 미세먼지를 호흡할 때 들이마시게 되면 호흡기, 심혈관계, 신경계 등 다양한 장기에 손상을 준다. 이와 같은 대기오염 물질이 호흡기를 통해 인체에 들어오게 되면 기관지나 폐포에 이르게 되어 염증을 일으켜서 기관지염이나 천식을 초래할 수 있다. 독성물질이 폐에 들어오면 독성을 방어하기 위해 인체 내에서 여러 가지 화학물질이 만들어지고 염증 반응을 초래해 결국 폐의 기능을 떨어뜨리게 된다. 또한 폐에는 혈관이 풍부하게 분포되어 있어서 독성물질을 혈액을 통해 다른 장기로 이동시키기도 하는데 이때 독성물질들이 혈액 속으로 흡수되어 심장, 뇌 등 중요한 장기에 여러 건강 영향을 일으킬 수도 있다. 독성물질로 인해 인체에서 만들어지는 반응성 화학물질들도 심혈관계에 독성 작용을 나타내어 동맥경화와 같은 퇴행성 변화를 초래할 수 있다. 또한 직접 심장에 작용해 심장 박동과 수축력에 나쁜 영향을 주기도 해 심한 경우에는 부정맥이나 심근경색증으로 나타날 수 있다. 최근 연구들은 대기오염 물질이 고혈압, 당뇨병, 천식 등 여러 가지 만성질환도 증가시킨다는 것을 밝혔다.[89] WHO는 2012년에 7백만 명이 대기오염으로 인해 조기에 사망했다고 보고했는데 이는 대기오염에 의한 영향이 흡연이 사망에 미치는 영향 못지않게 크다는 것을 나타낸다.[90]

환경호르몬, 지구상에 등장하다

인체의 기능은 실제로는 각 세포와 조직 혹은 기관 간의 신호 전달에 의해 수행된다. 명령을 내리고 이를 집행하는 데 있어서 그 명령을 전달하는 시스템이 있는 것이다. 그리고 이러한 신호 전달 시스템은 우리가 고유하게 갖고 있는 화학물질에 의해 수행되는데 이를 호르몬이라고 부른다. 시상하부는 뇌의 기저부에 있는데 우리 몸에서 중추신경기능을 주로 담당하는 곳이다. 여기에서 호르몬을 만들라는 정보를 뇌하수체에 전달하면 뇌하수체에서는 각종 호르몬들을 만들어서 혈액으로 내보냄으로써 각 기관에 작용을 한다. 이렇게 호르몬의 생성과 작용이 〈시상하부-뇌하수체-각 기관〉으로 이어지는 복잡한 시스템으로 되어 있는 이유는 호르몬이 지나치게 많거나 적을 때 이를 바로잡아 평형 상태를 유지하기 위해서이다. 환경호르몬, 즉 내분비교란물질은 이와 같이 정상적인 호르몬의 생성, 대사, 작용, 제거를 방해해서 사람이나 동물의 건강과 생식에 영향을 주는 화학물질이다.

호르몬의 작용은 세포막에 붙어 있는 수용체가 인슐린과 같은 호르몬과 결합하여 반응을 나타내는 방식이 있고, 성호르몬과 같은 지방 친화성 호르몬에 의해 활성화되는 핵수용체를 통해 영향을 나타내는 방식이 있다. 그런데 대부분의 환경호르몬은 지방 친화성 탄화수소의 화합물이기 때문에 성호르몬과 같은 방식으로 핵수용체에 직접 작용하는 경우가 많다. 따라서 에스트로겐 수용체나 안드로겐 수용체의 기능을 방해하는 경우가 많아 성호르몬에 대한 교란을 초래하기가 쉽다. 그러나 핵수용체에는 성호르몬이 아닌 대사와 관련된 수용체도 많이 있는데 이러한 대사 관련 수용체에 환경호르몬이 작용하게 되면 여러 가지의 대사 관련 장애가 발생될 수 있다. 예를 들어 갑상선호르몬은 대사를 증가시키고 지방조직 분해를 촉진하며 체중을 감소시키는 역할을 한다. 따라서 갑상선호르몬의 수용체에 환경호르몬이 작용해서 정상적인 갑상선호르몬의 작용을 방해하면 지방이 쌓이고 체중이 늘어나는 현상이 생긴다.

한편 우리 몸 안에 있는 신호 전달 체계에 사용되는 화학물질의 양은 극소량이다. 우리 몸은 그동안 진화를 통해 적은 양으로 효과적인 명령을 전달하고 수행하는 시스템을 구축했기 때문이다. 그러나 이러한 효율성은 적은 양의 호르몬이 외부의 화학물질에 의해 방해를 받을 때 그 영향이 크게 나타나는 단점을 갖고 있다. 아마도 진화 과

공장 노동자들은 이제 화학물질에 노출된 환경에서 일하게 되었다.

정 중에 외부 화학물질에 흔히 노출되는 상황을 겪지 않았기 때문에 이러한 단점을 고려할 필요가 없었을 것이다. 그런데 주변을 살펴보면 우리는 화석 연료에서 유래된 화학물질의 바다에 둘러싸여 있는 것을 금방 확인할 수 있다. 이러한 생활환경에 있는 화학물질은 공장에서 화학물질을 다루면서 노출되는 근로자에 비해서는 대개 그 농도가 훨씬 낮지만 저농도의 화학물질도 인체의 신호 전달 체계에는 상당한 영향을 줄 수 있다.

최근에 이러한 환경호르몬이 문제가 되고 있는데, 그 이유는 내분비교란 작용을 할 수 있는 화학물질이 화석 연료로 만들어져서 그 생산이 급격하게 늘어나고 있고 사람들이 먹고 마시고 활동하는 일상생활에서 이러한 화학물질에 대한 노출이 늘어나고 있기 때문이다. 특히 농약이나 살충제, 플라스틱 등에 들어 있거나 생산 과정 중 부산물질 혹은 오염물질로 우리의 생활환경에 광범위하게 퍼져 있다. 이 중 한 번 생성되면 잘 분해되지 않고 환경 속에 오랜 기간 잔류하는 잔류성유기화합물은 인체 내에 들어와서 지방세포 등에 오랫동안 저장되어 당뇨병과 같은 만성적인 영향을 준다. 반면 쉽게 분해되거나 인체 내 잔류 시간이 짧은 것도 있는데 이 경우도 반복적으로 노출된다면 안심할 수 없고 게다가 건강 영향에 민감한 시기에 노출되면 심각한 문제가 생길 수 있다.

건강은 환경호르몬에 어떻게 굴복할까

최근 들어 에스트로겐과 같은 작용을 하는 환경호르몬에 대한 관심이 높아졌는데 그 이유 중 하나는 급격하게 늘어나고 있는 성조숙증 때문이다. 대개 사춘기가 시작되는 시점의 신경내분비계 발달은 환경적인 요인에 매우 취약하기 때문에 환경호르몬 등의 화학물질은 생식 기관이나 성장, 그리고 뇌 발달 등에 영향을 줄 수 있다.[91] 사춘기가 시작되는 시점은 인체 내 성호르몬의 작용과 환경호르몬 등의 교란 효과에 영향을 받는데 최근에는 이 시점이 점차 빨라지고 있다.

특히 사춘기가 보다 빨리 시작되는 여자아이에게서 이러한 현상이 두드러져서 80년 전과 비교하면 최근 여자아이의 사춘기는 거의 2년 정도가 앞당겨졌다.[92]

신경내분비계에 환경호르몬이 영향을 미친다는 증거들은 많이 보고되고 있다. 예를 들어 비스페놀에이나 다염화비페닐 같은 물질은 신경내분비계의 에스트로겐 수용체에 작용해 에스트로겐과 같은 영향을 줄 수 있다. 한편으로는 호르몬 수용체를 억제하는 작용을 할 수도 있는데 프탈레이트는 안드로겐 수용체를 억제하는 작용을 한다. 호르몬 수용체뿐만이 아니라 일부 환경호르몬은 뇌기능을 조절하는 신경전달물질의 수용체에 작용해 영향을 주기도 한다.

환경호르몬이 신경내분비계에 작용하는 시기도 매우 중요하다. 왜냐하면 에스트로겐이나 안드로겐 같은 성호르몬은 태아와 유아 시기에 남자와 여자의 뇌를 기능적으로 다르게 분화시키는 역할을 하는데 이 시기에 환경호르몬에 노출되면 뇌의 발달 및 기능 분화에 영향을 미칠 수 있기 때문에 심각한 문제를 초래할 수 있다. 성 정체성의 문제 혹은 여성의 남성화 또는 남성의 여성화가 최근 두드러지고 있는 이유도 이러한 환경호르몬의 역할과 무관하지 않을 것이다. 환경호르몬의 작용이 어떠한 결과를 가져올지는 분명하지 않지만 성 정체성의 혼란은 생식 기능에 영향을 줌으로써 인류 후손의 수를 줄이는 쪽으로 작용할 수 있다.

한편 마이클 스키너Michael Skinner 등은 동물 실험을 한 결과 태아 때 빈크로졸린이라는 곰팡이 제거제에 노출되면 어른이 되었을 때

남성 생식 기능 장애가 생기는 것을 관찰했고 이 영향이 후대에도 계속 나타난다고 보고했다.[93] 이것은 유전자 조절 프로그램에 영향을 미쳐서 환경호르몬에 의한 생식 기능 장애가 후손에까지 지속될 수 있다는 것을 의미하는데 이러한 가능성은 인류에게도 있다고 볼 수 있다. 환경호르몬에 노출된 1세대 임신부에게서 태어난 2세대 아이가 이미 환경호르몬에 영향을 받은 생식세포를 갖고 태어나기 때문에 그 아이가 커서 또 다시 3세대인 후손을 낳을 때 그 후손 역시 환경호르몬의 영향을 받은 상태로 태어날 수 있기 때문이다. 지금의 환경호르몬 노출 문제는 당대에 그치는 것이 아니라 100년 이후에도 영향을 줄 수 있는 것이다.[94]

환경호르몬은 성호르몬 외에도 여러 가지 다른 호르몬에도 영향을 줄 수 있다. 최근에는 대사성질환에도 영향을 미칠 수 있다는 보고가 늘어나고 있다. 최근 30년간 어른 아이 할 것 없이 비만 발생이 급격하게 늘어나고 있는데 비만은 당뇨병이나 대사증후군, 심혈관질환, 간질환 등에 나쁜 영향을 미치며 일부 암의 발생도 증가시키는 것으로 알려졌다. 식이로 섭취하는 에너지는 높은 반면 신체 활동을 통해서 방출하는 에너지가 적은 현대인의 생활양식이 비만을 초래한 가장 중요한 이유일 것이다. 그러나 대사성질환의 증가는 최근 산업 및 농업에서 사용되는 화학물질의 증가와도 관련이 있기 때문에 일부 화학물질은 대사나 비만에 영향을 미칠 것으로 생각되고 있다.

실제로 실험실적인 연구나 사람에 대한 관찰 연구에서 여러 가지 환경 중 화학물질이 지방세포 생성 혹은 비만과 관련이 있다는 결과들이 보고되고 있다. 예를 들어 살충제로 쓰였던 유기염소제가 성인뿐 아니라 어린이의 비만과 관련이 있다고 보고된 바 있다. 다이옥신이나 이와 비슷한 유기염소제 화합물인 비페닐염소계 화합물은 지방친화성이 있어 지방조직에 쌓이게 되고 잘 대사되지 않아서 상당히 오랜 기간 체내에 남아 있게 되어 당뇨병 발생과 관련이 높은 것으로 나타났다. 특히 에스트로겐과 유사한 역할을 하는 환경호르몬은 비만이나 당뇨의 위험을 높이는 방향으로 작용할 수 있기 때문에 최근 비만과 당뇨병의 급격한 증가에는 환경호르몬도 상당한 영향을 끼쳤다고 할 수 있다.

이와 같이 우리 몸의 기능을 유지하는 데 필수적인 호르몬을 교란시키는 물질인 환경호르몬에 대해서는 어떤 물질이 어떠한 작용을 하는지 충분히 밝혀지지 못했지만 현대인의 생활 주변에 노출되는 화학물질의 종류와 양이 늘어날수록 그 영향이 커지리라는 것은 예상할 수 있다. 생물체의 사체에서 유래된 화석 연료를 기반으로 만들어진 화학물질들은 기본적으로 생물체 내에서 정상적으로 작동하는 호르몬과 유사성이 있어 호르몬이 들어가야 하는 자리를 대신 차지해 정상적인 호르몬의 작용을 교란시킬 수 있다. 따라서 화석 연료에 대한 의존도가 높아질수록 호르몬의 교란에 의한 건강 영향은 커지게 될 것이다.

일 년에 2천 개의 새로운 화학물질이 만들어진다

오늘날 플라스틱은 현대인의 생활에서 빼놓을 수 없는 물질이 되었다. 플라스틱 재료로 사용되는 화학물질은 대부분 화석 연료에서 유래하는데 이 중 일부는 환경호르몬으로 작용한다. 그 중 대표적인 물질이 비스페놀에이다. 비스페놀에이는 플라스틱 물병, 통조림 캔, 치과용 충전제 등으로 우리 일상생활에서 흔히 접할 수 있고 산업용으로도 매년 그 사용이 증가하고 있는 물질이다. 아직 충분히 밝혀졌다고 볼 수는 없으나 비스페놀에이는 여러 연구에서 비만, 심장질환, 당뇨병, 간기능 이상을 유발시키는 것으로 보고되고 있다. 프탈레이트 역시 쉽게 휘고 탄력성이 있는 성질 때문에 플라스틱 첨가제로 아주 널리 쓰이는 화학물질이다. 장난감, 화장품, 의료기기 등 현대인의 생활용품에 거의 안 들어간 제품이 없을 정도다. 비스페놀에이와 마찬가지로 반감기가 매우 짧아 우리 몸에 머무르는 시간이 길진 않지만 생활용품을 통해 노출되기 때문에 우리 몸에는 거의 항상 이러한 화학물질이 있다고 보는 것이 타당하다. 최근에 프탈레이트는 인슐린, 혈당, 갑상선호르몬 등에 영향을 주는 것으로 보고되었다.

  환경호르몬과 관련된 또 다른 중요한 문제는 노출 시기와 관련된 문제이다. 환경호르몬은 언제 노출되느냐에 따라 그 영향이 매우 달라질 수 있는데, 특히 임신부가 환경호르몬에 많이 노출되면 뱃속 태아의 성장과 발달에 영향을 주기 때문에 매우 심각하다. 또 정상적인 방어기전이나 대사 기능이 완전히 갖추어지지 못한 태아나 신생아

시기에 노출되면 여러 가지 건강 문제를 초래할 수 있을 뿐만 아니라 그 영향이 처음에는 나타나지 않다가 나중에 성인이 되어서 나타날 수도 있다. 성인이 되어 생식 기능 장애가 생기거나 비만 등의 문제가 생길 수 있는 것이다.

많은 연구들이 생활용품이나 위생용품, 음식, 마시는 물 등을 통해 임신부가 환경호르몬에 노출되면 호르몬 기능에 영향을 미쳐서 태아 시기와 출생 이후 어린이 시기에 성장과 발달에 영향을 줄 수 있다는 것을 밝히고 있다. 예를 들어 프랑스나 스페인에서 연구한 결과를 보면 부모가 DDT와 같은 살충제 등의 환경호르몬에 노출되면 남자아이가 정류고환, 요도하열, 소성기 등 선천적인 기형을 갖고 태어날 위험이 높아지는 것을 알 수 있다.[95] 프탈레이트 같은 플라스틱 가소제는 태내 시기에 노출되면 남자아이의 항문-성기 간 길이를 줄이는 쪽으로 영향을 준다고 밝혀졌다.[96] 항문-성기 간 길이는 남성호르몬인 안드로겐의 영향을 크게 받는데 그 길이가 줄어들었다는 것은 프탈레이트가 안드로겐의 작용을 방해하는 역할을 한 것으로 볼 수 있다. 선천적인 이상을 갖고 태어난다는 문제뿐만 아니라 태내 시기에 환경호르몬에 노출되면 태어난 이후의 성장에도 영향을 줄 수 있는데, 임신부의 프탈레이트 노출이 영아의 성장 발달에 영향을 준다는 것이 밝혀졌다.[97]

중추신경계의 성숙과 분화에도 호르몬이 중요한 역할을 한다. 그중에서도 에스트로겐이나 안드로겐은 뇌 성숙에 큰 영향을 주고 성징의 발달에 중요한 역할을 할 뿐만 아니라 행동 및 신경회로에도 상당한 영향을 미친다. 여러 동물 실험을 통해 과도하게 성호르몬이 투여된다거나 성호르몬 분비가 되지 않게 정자와 난자를 만들어 내는 정소나 난소가 제거된 경우 중추신경계 조직의 비가역적인 변화 및 행동 장애가 유발되는 것이 밝혀졌다. 따라서 사람도 신경계 발달 기간에 성호르몬에 영향을 미치는 내분비교란물질에 노출되면 중추신경계에 상당한 영향을 받을 수 있다. 기본적으로 호르몬은 적은 농도로 신체의 여러 기능을 조절하기 때문에 내분비교란물질은 저농도라 할지라도 신경 회로 및 행동에 영향을 줄 수 있다. 그리고 인간의 행동은 체내 시스템의 복잡한 상호작용에서 비롯되는 것이어서 신경계 혹은 신경 전달 시스템의 작은 변화도 행동을 변화시키거나 부적절한 행동을 하게 만들 수 있다. 정상적인 행동을 변화시키는 것은 개인에게는 사회 부적응을 초래할 수 있고 집단으로는 건강한 사회의 지속 가능성에 영향을 줄 수 있다.

　인류가 화석 연료에서 만들어 내는 새로운 화학물질은 그 수가 일 년에 2천 개에 이른다. 이러한 화학물질은 인류가 이전에는 전혀 접하지 못했던 물질이어서 직접적으로 독작용을 하거나 몸 안에 있는 호르몬 시스템을 교란시킴으로써 질병을 만들어 낸다. 그런데 우리의 유전자는 이렇게 쏟아져 들어오는 새로운 화학물질에 대한 대비가 전혀 되어 있지 않다. 아마도 이러한 새로운 환경에 유전자가 적응하기 위해서는 상당한 시간이 필요할 것이다. 또한 지금의 환경이 시간이 지나도 그대로 있는 것이 아니라 새로운 화학물질이 계속해서 만들어지면서 끊임없이 변할 것이기 때문에 유전자가 이를 따라가기는 불가능에 가까운 일이다. 이와 같이 화석 연료에서 만들어지는 새로운 화학물질들은 인류의 지속적인 생존 가능성에 중대한 의문을 던지고 있다.

제3부

인간이 만든 문명, 문명이 만든 8가지 질병

13

전염병,
병원균의 전성시대를 불러오다

병원균이 맘껏 전파될 수 있는 세상이 왔다

지난 1만 년 동안의 역사를 뒤돌아보면 인류의 건강을 가장 위협했던 요인은 새로운 균이 인체에 들어와서 병을 일으키는 감염성질환이라고 볼 수 있다. 특히 이 중에서도 쉽게 전파되고 유행을 일으키는 질환을 전염성질환이라 한다. 전염성질환은 인간을 숙주로 삼는 병원균이 인체 내에서 활동하면서 인간의 몸에 병을 일으키고 이후 다른 인간을 숙주로 삼기 위해 옮겨가면서 전파되는 질환을 뜻한다. 그렇다면 오늘날 인류를 괴롭히는 전염병이 선행인류에게도 있었을까?

 인구 수도 많지 않고 서로 멀리 떨어져 살아서 교류 또한 거의 없던 수렵채집 시대의 선행인류에게는 인간에게서 인간으로 활발하게 퍼지는 전염병이 존재했다고 보기 어렵다. 단지 나병을 일으키는 균과 같이 감염되어도 병에 걸린 사람이 바로 죽지 않고 비교적 오랫동안 생존해 있는 경우는 예외이다. 왜냐하면 환자 주변 몇 사람만 감염시켜도 나병의 병원균은 충분히 생존해 나갈 수 있기 때문이다. 이러한 종류의 만성적인 전염병은 오늘날에 와서야 비로소 나타난 새로운 질병이 아니다. 선행인류뿐만 아니라 현재의 인류까지도 감염될 수 있는 예외적인 전염병이다. 하지만 그 외에 오늘날 볼 수 있는 대부분의 전염병은 전혀 새로운 질환이다.

수백만 년 동안 인류의 조상은 수렵과 채집에 의존하면서 소수의 무리가 어느 한곳에 오랫동안 머물러 있지 않고 떠돌아다니는 생활을 했다. 이때에는 서로 간의 접촉이 많지 않았기 때문에 질환이 발생해도 유행하거나 전파되는 일은 드물었을 것이다. 그러나 마지막 빙하기가 끝나면서 지구환경은 오늘날과 같이 변했고 이는 사람들의 이동과 거주지에 엄청난 변화를 가져왔다. 바이러스 혹은 박테리아와 같은 세균 역시 빙하 속에 동면하다가 빙하기가 끝나면서 활동을 시작할 수 있었다. 수렵채집의 시기를 거쳐 농경목축 생활을 하게 되면서 인류는 마을을 이루어 정착해 살면서 가축을 기르게 되었는데, 다양한 동물들과 밀접한 생활을 하게 되면서 동물의 균이 사람에게로 전파될 기회가 생기게 되었다. 또한 문명이 시작되면서 사람들은 보다 적극적으로 교류했고 부락과 소도시를 거쳐 대도시를 만들어 가면서 과거와는 비교할 수 없을 정도로 서로 간에 많은 접촉을 했다. 이는 질병이 다른 지역으로 쉽게 전파될 기회를 만들었다.

농경과 목축이 사람들의 삶을 크게 변화시키면서 문명이 발달했는데 이는 자연환경에 인위적인 변화를 가져왔다. 농경은 수렵채집 시대와는 달리 사람들이 주로 접촉하는 주변의 식물군을 변화시켜 단일 작물 내지는 몇 개의 주종 작물에 주로 접촉하게 만들었는데, 이러한 작물 혹은 변화된 식물환경은 사람과 병원체의 관계를 변화시켜 수렵채집 시대에는 경험하지 못했던 새로운 전염성질환이 출현하는 계기가 되었다. 목축 또한 양이나 소 등을 키우기 위해 숲을 목초지로 개간하면서 삼림 등 자연을 변화시키게 만들었는데, 이는 서로 동떨어져 있던 병원체와 사람의 만남을 가져와 역시 새로운 질병을 출현시키는 계기가 되었다.

　특히 소를 이용한 농경은 생산력을 크게 증가시켰고 이로 인해 인구도 증가했으며 또 남은 농작물과 물품의 교환을 위해 도시화도 가속화시켰다. 농경이라 하더라도 단일 작물 재배와 여러 작물을 함께 재배하는 경우, 그리고 강변의 평야와 산야에 재배하는 경우 등에 따라 상당한 차이가 발생한다. 하지만 농경 사회가 본격적으로 진행되면서 주변의 생태환경은 크게 변하게 되었고 이는 그동안 인류가 적응해 왔던 생태환경에서 새로운 환경으로의 변화를 의미한다는 점에서, 즉 주변 생태환경의 변화는 지역마다 다르게 나타났지만 인간이 새로운 환경을 만들어 냈다는 점에서 공통점이 있다.

폭풍우처럼 몰아친, 세균과 인간의 첫 만남

인간의 활동이 개입되지 않은 자연 상태에서도 생태계 간의 이동과 교류는 있지만 대개 그 과정은 매우 느린 속도로 진행되는데 비해 인간의 활동이 개입되면서부터 그러한 이동과 교류는 매우 급격한 속도로 진행되었다. 인간은 자신이 그 변화의 중심에 서 있으면서 생태계 간의 이동과 교류의 피해자이기도 했다. 실제로 약 1만 년 전부터 문명화가 진행되면서 인간의 건강을 크게 위협했던 전염병들은 대개 그 병원균이 야생 동물과 공존하면서 생존해 왔던 것들이다. 인간이 이전에는 전혀 가본 적이 없는 곳에 가서 집을 짓고 모여 살고 또 야생 동물을 길들여 가축화하면서 동물을 숙주로 삼았던 균들이 사람들과 접촉하기 시작했다. 사람들도 이러한 균을 접한 것이 이때가 처음이지만 세균 역시 사람들을 맞닥뜨리게 된 것이 이때가 처음이다. 〈사람과 세균의 만남〉은 다행스럽게 평화로운 공존으로 정리되거나 더욱 좋게는 인류에게 이로운 만남으로 될 수도 있지만, 많은 경우 인류의 건강에 치명적이었다.

  인간이 마을을 이루고 집단 생활을 하면서 가축뿐 아니라 쥐와 같은 작은 동물들도 모이기 쉽게 되었는데 이는 쥐에 서식하는 여러 가지 세균에 사람들이 접촉하는 계기가 되었다. 따라서 쥐가 사람들의 생활에 깊숙이 들어와서 건강을 위협하는 존재가 된 것은 농경 생활로 접어든 다음이라고 볼 수 있다. 쥐, 특히 집쥐는 중앙아시아의 야생쥐에서 비롯했는데 농경 생활로 형성된 마을의 집단 거주지에 쉽게 정착해서 사람이 버린 음식물 쓰레기나 저장된 곡물 등을 먹으면서 살았다. 사람의 거주지는 야생에서의 쥐의 천적들로부터 쥐를 보호하는 역할을 해주기 때문에 쥐는 사람의 주거지에서 쉽게 번식할 수 있었다. 특히 중앙아시아가 전 세계 교역의 중요한 통로가 되면서 쥐는 유럽과 북아프리카, 인도 그리고 아시아로도 쉽게 퍼질 수 있었다.

집쥐가 아닌 야생쥐 자체도 사람에게 치명적인 질병을 일으킬 수 있다. 야생쥐가 갖고 있는 균은 야생쥐와의 관계에서는 이미 서로 적응이 되어 있기 때문에 야생쥐에게는 병을 일으키지 않는다. 따라서 야생쥐는 자연적인 숙주로서 그 병원균을 몸 안에 갖고 다니면서 번식한다. 한편 사람들이 이동을 하면서 새로운 거주지를 차지하고 활동 영역 또한 넓어지면서 야생쥐가 전파하는 병원균에 사람들이 접촉하는 경우들이 발생하게 되었다. 그런데 이 균의 자연적인 숙주는 야생쥐이지 사람이 아니기 때문에 사람에게는 이 병원균들이 치명적인 질병을 일으킬 수 있다. 예를 들어 쯔쯔가무시와 같은 병은 야생쥐에 서식하던 쥐벼룩에 물려서 생길 수 있다. 유행성 출혈열은 야생쥐의 소변에 있는 바이러스가 공기 중에 있다가 사람에게 들어와서 일으키는 병이다. 따라서 이러한 병들은 인간의 활동 영역이 넓어지고 야생쥐와의 접촉이 늘어나면서 발생되거나 발생이 증가했던 질환이다.

또한 사람과 더불어 살던 집쥐와 야생쥐가 만나게 되면 집쥐가 자연적인 숙주가 아니더라도 병원균을 옮겨와서 전파하는 역할을 할

페스트균을 옮기는 쥐

수 있다. 대표적인 예가 유행이 한창일 때 유럽 인구의 3분의 1 이상을 죽음으로 몰아넣었던 페스트이다. 페스트를 일으킨 균은 예르시니아 페스티스로, 중앙아시아에 서식하던 야생쥐에 기생하는 쥐벼룩에 의해 옮겨지기 시작했다. 중앙아시아와 유럽이 실크로드 등으로 연결되고 또 배를 이용해 양쪽의 교역이 증가하면서 사람과 페스트균은 집쥐를 매개로 해 만나게 되었고 이것이 결국 치명적인 결과로 이어지게 된 것이다. 페스트가 처음 발생된 때는 6세기로, 당시 페스트가 유행했던 콘스탄티노플에서는 인구의 40퍼센트가 이 병으로 사망했다.[1]

병원균과 사람의 첫 번째 조우가 건강에 얼마나 강력한 위협 요인이 될 수 있는지는 아스텍 제국의 몰락을 통해서도 알 수 있다. 코르테스가 이끄는 스페인 병사들이 아스텍 제국을 공격했을 때 아스텍 제국은 스페인 병사가 옮긴 천연두 때문에 이미 전쟁을 치를 수 없는 상태가 되어버렸다. 수도인 테노치티틀란은 곧 시체로 가득 찬 비참한 곳으로 변했는데, 이는 코르테스의 공격 때문이라기보다는 천연두가 그 원인이라고 보는 것이 맞을 것이다. 수백만 명의 아스텍 제국 용사들을 6백 명 남짓한 스페인 병사들이 이길 수 있었던 이유는 바로 천연두라는 가공할 만한 생물 무기 때문이었다.[2] 그런데 이러한 첫 번째 만남은 유럽에서 온 균에 아메리카 원주민들이 치명적인 병에 시달린 일방적인 영향만을 준 것은 아니었다. 유럽인들 역시 아메리카에서 들어온 매독균에 시달려야 했기 때문이다. 매독균은 아메리카 원주민에게는 토착적인 균이었고 성병을 일으키지도 않았지만 유럽으로 전파되면서 성적으로 문란한 도시환경을 맞아 성병을 일으키는 균으로 등장하게 된 것이다.[3]

사람과 세균이 처음 만나게 되었을 때 세균이 건강을 심각하게 위협할 수 있었던 이유는 사람들이 이 세균에 대해서 〈적응 과정〉을 거치지 않았기 때문이다. 세균의 침입과 그 세균이 몸 안에서 활성화되는 것을 막을 수 있는 면역 방어기전이 아직 인간의 체내에 만들어지지 않은 것이다. 사람과 세균의 접촉이 상당히 오랫동안 이루어지게 되면 사람과 세균 상호 간에 적응 과정을 거치게 된다. 이렇게 되면 사람들은 세균에 저항할 수 있는 면역체계를 스스로 만들어 내고, 자연선택 과정에서 면역체계를 갖춘 사람들이 생존에 보다 유리하게 되면서 결국 살아남게 된다. 이런 적응 과정이 세균에 대한 가장 기본적인 대응기전이고, 적응이 되지 않은 상태에서는 세균이 사람들에게 치명적인 질병을 가져온다.

문명화가 시작되고 생활환경이 급격히 변했던 최근 1만 년 동안에는 자연선택 과정도 상당히 빠르고 활발하게 일어났다. 새로운 전염

페스트의 대유행을 겪은
유럽 농촌의 풍경

병 때문에 약한 사람은 제거되고 강한 사람은 살아남는 자연선택 과정이 대규모로 일어났고 살아남은 사람들은 그 전염병에 대한 자연 면역력이 생기게 되었다. 이 과정이 어느 정도 반복되면 그 인구 집단 전체에서 자연 면역력의 전체적인 수준이 높아지게 되고, 전염병을 일으켰던 세균은 자신들의 생존을 영위할 수 있는 사람의 개체 수가 줄어들면서 전염력을 상실해 간다. 세균 역시 강력한 전염력과 치명률에 의해 자연선택 과정이 급속화되면 결국은 자신이 생존할 수 있는 기반을 잃어가기 때문에 스스로 독력을 약화시키는 방향으로 자연선택되어진다. 따라서 대개는 사람과 세균과의 첫 만남의 폭풍우가 지나가면 강력했던 병원균에 의한 치명률이 떨어지는 것을 보게 된다. 우리는 이러한 현상을 과거의 페스트에서, 또 비교적 최근의 콜레라 혹은 인플루엔자 유행에서 경험했다. 이는 결국 상호 간에 공존의 전략을 찾아가는 것이다.

이방인들의 침입, 그리고 감염

인류가 경험했던 무서운 전염병들은 세균이 사람을 공격했다기보다는, 사람이 세균의 생태계를 교란한 후 사람과 세균 사이에 새로운 생태학적 균형을 찾아가는 과정에서 벌어진 일이었다고 할 수 있다. 특히 아메리카 신대륙은 전염병이 유행한 시점을 살펴보면 유라시아 구대륙보다 훨씬 짧은 시간 안에 파괴적으로 질병이 전파된 것으로 나타난다. 예를 들어 천연두는 신대륙에서 엄청난 파괴력을 보인 질환이었는데, 이는 천연두가 전파되기 전에 아메리카 신대륙에는 이미 운송 수단이 발달되었고 인적 교류 역시 활발했기 때문이다. 천연두는 세균에 감염된 후 발병하기까지 잠복기가 10-14일가량으로 상대적으로 길기 때문에 감염된 이후부터 질병이 나타나기 전까지는 증상이 없어 광범위하게 주변에 전파할 수 있었던 것이다.

따라서 인간의 이동과 교류, 농경지의 개간, 벌목 등 인간의 활동에 의한 생태학적 균형의 교란이 세균에 의한 감염성질환의 근원적인 이유인 것이다. 인간에 의해 초래된 세균의 숙주동물의 서식지 변화가 감염성질환에 영향을 주었던 예를 하나 살펴보면 다음과 같다. 1950년대에 아르헨티나는 30만 제곱마일에 해당하는 비옥한 초지였던 팜파스를 옥수수를 재배하는 경작지로 바꾼 바 있다. 이는 사람들의 거주지 근처에 칼로미스 무스칼리누스라는 옥수수쥐의 개체 수를 크게 늘게 했고 이는 사람들에게 아르헨티나출혈열의 집단 발병을 초래했다. 옥수수 경작지는 옥수수쥐에게는 좋은 서식 환경이 되었지만 옥수수쥐와 자연적인 경쟁 관계에 있던 다른 쥐에게는 그렇지 못하기 때문에 옥수수쥐의 개체 수가 걷잡을 수 없이 늘어났다. 옥수수쥐는 아르헨티나출혈열을 일으키는 주닌Junin 바이러스의 자연숙주여서 소변이나 대변, 침 등을 통해 바이러스를 퍼트리는데, 옥수수쥐의 증가는 자연히 바이러스 전파에 큰 역할을 했고 결국 사람들에게서 아르헨티나출혈열이 대규모로 발병했던 것이다. 아르헨티나출혈열은 치명률이 15-30퍼센트에 이르는 무서운 질병이었다.[4]

이처럼 인간이 병원체의 자연숙주인 동물에 영향을 미쳐서 감염성질환이 발생하기도 하지만, 자연숙주인 동물을 잡아먹는 포식자의 서식 환경에 영향을 미쳐서 감염성질환이 증가하기도 한다. 어떻게 보면 실제로는 포식자가 더욱 영향을 받기 쉽다고 볼 수 있다. 왜냐하면 우선 포식동물의 수는 먹이가 되는 동물에 비해 상대적으로 적으면서 더 넓은 지역을 먹이환경으로 삼고 있기 때문에 일부 지역이라도 인간의 활동에 의해 서식 환경이 변하거나 파괴되면 상대적으로 생존에 더 영향을 받는다. 따라서 포식동물이 환경 변화의 영향을 받아서 그 수가 적어지거나 없어지면 병원균을 가진 숙주동물의 개체 수가 크게 늘어나면서 사람들에게 감염성질환을 쉽게 일으키게 되는 것이다.

곤충들도 전염성질환을 전파하는 데 아주 중요한 역할을 한다. 특히 파리, 모기, 이, 벼룩, 진드기 등의 곤충은 인간의 주거지와 밀접하게 살면서 여러 가지 질환을 가져올 수 있다. 곤충들은 다양한 종류의 바이러스, 박테리아, 기생충, 진균 등을 갖고 있으면서 기회 있을 때마다 사람의 혈액 속에 이러한 미생물을 퍼트려 질환을 일으킨다. 그런데 곤충과 미생물은 숙주동물과 서로 적응된 상태로 오랜 기간 공존해 왔기 때문에 균형이 깨져서 어느 한쪽이 지나치게 많아지거나 없어지는 상태는 서로의 생존과 번식을 위해 바람직하지 않다. 이런 경우에는 새로운 균형을 찾게 되는데 이 과정 속에서 사람들에게 균을 퍼트리는 것이다.

곤충들의 숙주동물은 야생 동물인데 사람들이 농경 생활을 시작하면서 벌채와 개간을 하는 바람에 주변 자연환경이 상당히 변하게 되면서 곤충과 미생물이 숙주동물에게서 벗어나 가끔씩 사람을 숙주로 이용하는 경우가 생기게 되었다. 특히 인류가 집단 거주지를 형성해 한곳에 밀집해 살게 되면서 사람들을 숙주동물로 활용하는 것이 편하게 되었다. 또한 야생 동물이 원래의 숙주였으나 사람들이 집단 거주지에서 가축을 사육하게 되면서 가축이 야생 동물 대신 숙주동물로 이용되기도 했다. 이 중에서 사람과 가축을 가리지 않고 숙주로 활용하는 병원체는 가축에게 있는 여러 가지 병원체를 사람에게 전파하여 질병을 일으킬 수 있다.

주혈편모충증이나 황열, 아프리카수면병 등은 삼림과 사람들이 사는 주거지가 만나는 경계 면에서 매개곤충에게 물리면서 발생하는 대표적인 감염성질환이다. 특히 지역 원주민이 아니라 외부에서 온 사람들이 벌목을 하고 도로를 건설하는 등 삼림을 변화시키는 일을 할 때 감염성질환에 더 잘 걸렸는데 외부 사람들은 상대적으로 이러한 질환에 대한 면역체계를 잘 갖추지 못했기 때문이다. 파나마 운하 건설과 관련 있었던 황열 및 말라리아의 유행을 그 대표적인 예로 들 수 있다.

파나마 운하 건설은 파나마 지협에 수로를 건설하여 태평양과 대서양을 오가는 운송 시간과 비용을 크게 줄일 수 있는 획기적인 프로젝트였다. 그런데 파나마 운하를 개발하려고 했던 프랑스가 2만 명 이상의 사망자를 남기고 결국 1889년에 운하 개발을 포기하게 된 것은 다름 아닌 모기에 의해 감염되는 황열과 말라리아 때문이었다. 반면 1914년 미국이 이 운하를 개발할 수 있었던 이유는 황열과 말라리아가 모기에 의해 전파된다는 것을 알고 모기 퇴치에 힘썼기 때문이다.[5]

모기나 파리와 같은 곤충 말고도 달팽이류도 변화된 삼림환경의 영향을 크게 받을 수 있다. 벌목으로 나무가 적어지면 강물이나 호수, 연못의 물의 양이 줄어들게 된다. 또한 나무가 적어져서 햇볕을

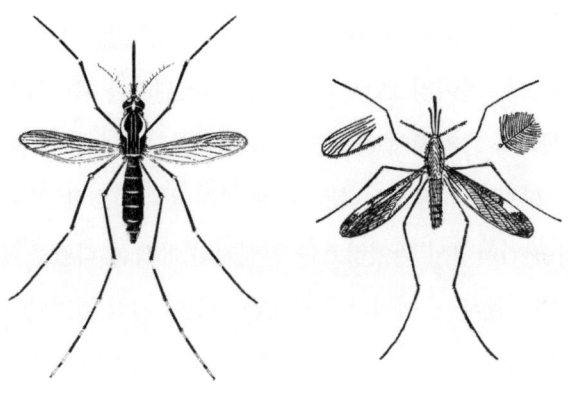
황열을 옮기는 매개 모기(왼쪽)와 말라리아를 옮기는 매개 모기(오른쪽)

충분히 가리지 못하면 햇볕을 많이 받게 된 수초가 번성한다. 이러한 환경의 변화는 새로운 환경에 적응하지 못하는 종을 없애고 잘 적응하는 종만을 번성하게 하는데 이 종이 질병을 크게 일으키는 기생충의 중간 숙주의 역할을 하는 경우가 생긴다. 예를 들면 카메룬에서 벌목과 관련해 주혈흡충증이 크게 증가한 사건이 있다. 삼림이 우거진 카메룬의 생태계에서 주로 사는 불리누스 포스칼리라는 달팽이는 사람에게 질병을 거의 일으키지 않는다. 그런데 벌목으로 생태계 환경이 변화되면서 햇볕을 좋아하는 달팽이인 불리누스 트런카투스가 불리누스 포스칼리보다 번성하게 되었다. 이 달팽이가 주혈흡충증을 일으키는 기생충의 중간 숙주여서 결국 카메룬에서 주혈흡충증이 크게 증가하게 된 것이다.[6]

이와 같은 예는 에이즈 바이러스에서도 살펴볼 수 있다. 에이즈 바이러스는 아주 오랜 세월 동안 아프리카의 밀림 깊숙이 살았고 침팬지를 숙주로 한 바이러스였으나 사람들이 침팬지를 사냥하면서 침팬지 피가 묻거나 침팬지에 물리면서 감염이 시작되었다. 오랜 기간 열대우림의 환경에 적응해서 살아온 에이즈 바이러스의 거주 환경에 사람들이 침입하면서 바이러스는 침팬지와 유사한 사람을 감염시키기 시작했고, 결국 이 바이러스에 대한 경험이 전혀 없었던 사람들에게 무서운 결과를 낳게 된 것이다. 에이즈 바이러스는 인체의 면역체계에서 중요한 역할을 하는 CD4 T 림프구를 공격해 파괴하기 때문에 외부의 세균이나 암세포 등이 몸 안에 있을 때 이에 대한 방어를 할 수 없게 만든다. 따라서 여러 가지 감염병에 걸리기 쉽고 암도 잘 발생하게 된다. 하지만 현대인에게 가장 무서운 감염성질환의 하나인 에이즈도 시간이 지나면서 바이러스와 사람 간의 적응이 이루어질 것이기 때문에 아마도 이 바이러스에 감염되면 거의 사망하게 되었던 무서운 치명률은 앞으로 시간이 지나면서 완화될 것이다.

인간이 균형을 깨트리는 주범이다

근대 역사에서 인간의 주요 사망 원인이었던 천연두, 결핵, 페스트, 콜레라, 홍역 등의 질병은 모두 동물을 숙주로 하는 세균에서 비롯된 전염성질환들이다. 인간이 생태환경을 변화시키고 활동 영역을 넓혀가면서 조우했던 이 병원균들은 인간을 새로운 숙주로 삼아 번성할 수 있는 기회를 갖게 되었다. 인간은 서로 모여 살 뿐만 아니라 끊임없이 다른 집단과 교류했기 때문에 병원균의 입장에서는 동물이 숙주인 경우보다 스스로를 전파시킬 기회를 훨씬 더 많이 얻을 수 있었기 때문이다. 특히 유럽과 아시아의 교류가 크게 늘어나면서 페스트의 대유행처럼 병원균은 그 세력을 최대한 넓힐 수 있었다. 그런데 중세에는 농촌에서 촌락을 이루고 살면서 마을과 마을 사이에 거리를 둔 거주 환경이 전염성질환이 퍼져 나가는 데 일차적인 차단 역할을 했다면, 산업혁명으로 많은 농민들이 도시로 몰려와서 대규모 집단 거주를 하게 되면서 병원균들은 또 한 번의 전성기를 맞게 되었다.

  병원균들의 이러한 전성기는 자원 확보를 위한 국가 간 전쟁이 대규모로 벌어졌던 20세기 전반까지도 지속되었다. 예를 들어 제1차, 제2차 세계대전을 포함하여 대부분의 전쟁 당시의 사망자 중에는 전쟁 중 총포로 희생된 사람의 수보다 전시에 발생한 전염성질환으로 죽은 사람의 수가 훨씬 더 많았다. 병원균은 전파가 되어야만 생존할 수 있기 때문에 인구가 충분히 많고 서로 교류가 활발하고 위생 상태가 나빠질 때 가장 활발하게 질병을 일으킨다. 산업혁명과 전쟁은 이러한 조건을 충실하게 갖추었기에 전염성질환의 유행이 지속될 수 있었다. 병원균이 있는 것만으로 전염성질환의 유행이 발생하는 것은 아니다. 인간이 병원균이 전파되기에 좋은 환경을 만들었기에 전염성질환의 유행이 생기는 것이다.

결국 인간의 활동 영역이 넓어지면서 기존에 형성되어 있던 곤충, 미생물, 야생 동물의 균형 상태를 깨트리게 되고 사람과 가축이 그 불균형에 의해 숙주동물로 활용되는 것이다. 그러나 이러한 직접적인 활동 이외에도 인간은 화석 연료 사용의 증가로 인한 기후 변화와 같이 보다 장기적으로 기온과 강수량을 변화시키거나, 대기오염과 환경오염, 그리고 도시화에 의해 동물이나 곤충의 서식 환경을 변화시키거나 파괴하여 생태학적 균형을 깨트리기도 한다. 최근 말라리아, 황열, 라임병과 같은 곤충 매개 질환이 다시 영역을 넓혀가고 있다. 숲이 없어지고 도시화가 진행되면서, 또 한편으로는 기후변화에 의해 곤충들의 서식환경이 바뀌면서 곤충을 매개로 하는 질병 역시 변화되고 있는 것이다.[7] 이와 같이 인간이 환경을 건드려서 변화가 초래되면 이는 다시 새로운 적응과 균형 상태로 가기 위해 인간에게 영향을 주는데, 그것이 바로 질병으로 나타나는 것이다.

주변 환경의 변화는 기존 환경에 적응해 왔던 인류에게는 또 다른 도전으로 다가온다. 인류의 건강이란, 기나긴 여정을 통해 자연선택이라는 기전으로 〈주변 환경에 최적으로 적응된 상태〉라고 할 수 있다. 하지만 인류가 주도해 만들어 낸 새로운 환경이라 하더라도 적응과 건강이라는 측면에서는 새로운 도전인 것이다. 사실 적응이라는 측면에서는 미생물도 마찬가지다. 인류가 주도해서 만들어 낸 새로운 환경은 미생물에게도 적응이라는 도전 과제를 던지고 있는 것이다. 특히 미생물은 사람과의 관계에서 질병을 일으키고 전염력을 크게 해 생존해 나갈지, 아니면 질병을 일으키지 않고 사람과 공생적인 관계를 만들어서 생존해 나갈지를 정해야 하는 과제를 갖게 된 것이다.

　결론적으로, 새로운 주거 생활환경은 자연환경과 인간 그리고 병원체 간에 형성되어 있었던 과거의 균형을 깨트리고 새로운 균형을 요구하는 것이고 동시에 서로 간에 적응해 나가는 과정으로 볼 수 있다. 적응 과정 속에서 어긋나는 부분들이 생겨나고 병원체와 인간 사이에 형성된 균형이 깨지면 결국 감염성질환으로 나타나게 된다. 깨어진 균형은 병원체와 인간 모두에게 적응 과정을 요구한다. 그 결과 장기적으로는 결국 적응이 이루어지면서 감염성질환은 줄어드는 방향으로 갈 것이다. 그러나 단기적으로는, 예를 들어 몇 십 년 혹은 몇 백 년의 시간 안에서는 이 적응 과정이 순탄치 않을 수도 있으며 그로 인해 심각한 질환이 나타날 수 있을 것이다.

14

오래된
생물학적 프로그램 때문에
우리는 비만해질 수밖에 없다

비만의 유행, 유행, 유행!

과다체중과 비만은 키에 비해 체중이 과도하게 나가는 경우를 일컫는데, 대개 몸무게kg를 키의 제곱m²으로 나눈 체질량지수가 25에서 30 미만이면 과다체중이고 30 이상이면 비만이라고 볼 수 있다. 체중이 상대적으로 늘어나는 현상은 단지 체형의 변화만을 의미하는 것이 아니다. 이는 현대인이 갖고 있는 여러 가지 만성질환의 원인일 뿐만 아니라 질병의 전 단계라고 볼 수 있다. 그런데 최근 전 세계적으로 나타나는 비만의 급격한 증가와 지역 간 편차를 보면 오늘날 비만의 유행은 사회인구학적인 현상이라고 할 만하다. 전 세계적으로 보았을 때 1980년에서 2008년까지 20년의 기간 동안 비만율은 두

배 증가해 남성은 9.8퍼센트, 여성은 13.8퍼센트가 비만인 것으로 나타났다.[8] 특히 미국은 비만 문제가 심각한데 미국의 국민건강영양조사 자료에 의하면, 미국 성인의 비만율은 1976-1980년 조사 시점에 15퍼센트였던 것이 2009-2010년 조사 시점에는 36퍼센트로 급격하게 증가하고 있다.[9]

비만의 증가는 20세기 중반 이후 미국에서 본격화된 현상이지만 곧 서구화된 나라들로 퍼졌고 이제는 개발도상국에서도 나타나는 현상이 되었다. 상당히 많은 개발도상국에서 공중보건학적인 영양의 문제가 영양실조나 저체중의 문제에서 과체중이나 비만의 문제로 변화되고 있다. 최근에 이루어진 아프리카의 도시 지역 조사에 의하면, 아프리카에서도 체질량지수가 25를 넘는 과체중자의 비율이 체질량지수가 18.5보다 적은 저체중자의 비율보다 높은 것으로 나타나고 있어 저개발국 역시 비만의 문제가 늘고 있다는 것을 알 수 있다.[10] 현재의 추세가 계속된다면 2030년에는 미국인의 50퍼센트가 비만이 되고 전 세계적으로는 11억 명 이상이 비만에 해당될 것이다.[11]

이처럼 비만은 지금 전 세계적으로 유행병처럼 늘어나고 있다. 최근에 급격하게 늘어나고 있는 비만 문제는 이로 인한 나쁜 건강 영향 때문에 우리의 관심을 끌고 있고, 또 어떻게 하면 예방하고 치료할 수 있는지에 대한 연구도 많이 이루어졌다. 많은 사람들이 비만은 현대 사회가 경제적, 사회적으로 급속히 변하면서 고칼로리의 음식이 언제나 준비되어 있고 동시에 신체 활동량은 감소한 것에 기인한다고 이야기한다. 실제로 우리의 일상생활을 보면 언제 어디서나 먹고 싶은 만큼 먹을 수 있는 여건이 되어 있다고 볼 수 있어 이러한 관점은 틀린 것이 아니다. 비만은 기본적으로 잉여 칼로리를 지방에 축적하면서 생기는 현상이므로 신체 활동량이 줄고 먹는 음식의 칼로리가 많으면 지방이 늘어나서 비만이 되는 것은 당연하다. 그런데 어떤 사람들은 혹은 어떤 인종은 다른 사람이나 다른 인종에 비해 비만인 경우가 많은 이유는 무엇 때문일까? 그리고 왜 우리는 많이 먹으면 비만해지고 장기적으로 건강에 안 좋다는 것을 알면서도 우리의 행동을 잘 바꾸지 못하는 것일까?

비만이 잘 발생하는 지역은 따로 있다

오늘날 비만의 유병률을 보면 지역마다 크게 차이가 나는 것을 알 수 있다. 비만이 각 지역의 문화와 생활양식에 크게 영향을 받는 것이라고 보았을 때 흥미로운 현상은, 현재 거주하는 지역 사회의 풍요로움도 비만에 중요한 역할을 하지만, 보다 더 중요하게 영향을 미치는 요인은 그 지역이 풍요롭지 않은 사회에서 〈풍요로운 사회로 도달하는 데 걸린 시간〉이라고 볼 수 있다. 예를 들어 미국은 사회가 보다 풍요로워지면서 급격하게 비만율이 높아지고 있지만 미국인 중에서도 비만 유병률은 인종에 따라 다르게 나타난다. 아시아인과 유럽계 백인보다는 라틴 아메리카에서 온 사람과 흑인에게서 비만 유병률이 훨씬 높은 것으로 나타나고 있는 것이다. 말하자면 〈문명화를 이룬 시간〉이 길었던 유라시아의 구세계에 속했던 인종에 비해 문명의 지속적인 발전을 경험하지 못한 채 급격하게 짧은 시간 안에 외부 문명의 영향을 받아야 했던 인종에게서 비만 유병률이 높게 나타난다.

이는 오랫동안 풍요로움을 경험하지 못하다가 갑작스럽게 풍요로운 사회가 된 것이 비만 발생과 관련이 있다는 것을 의미한다. 석기를 사용하고 최근까지도 초기 농경 사회에 머물러 있거나 수렵채집인으로 살아온 사람들이 외부의 영향 혹은 강제에 의해 갑작스럽게 훨씬 앞서 있는 문명을 접하게 되고 생활양식 또한 급격한 변화를 맞이하게 되면서 겪는 여러 가지 문제 중의 하나가 바로 비만인 것이다. 특히 이러한 현상은 태평양에 있는 섬나라들인 폴리네시아에서 분명하게 나타난다. 16세기 유럽의 식민지 확장은 대항해 시대를 열었고 이 시기에 태평양의 많은 섬나라들이 유럽 제국에 정복당했다. 폴리네시아에 사람이 살기 시작한 기간은 3천 년이 좀 넘는다. 태평양에 넓게 펼쳐져 있는 폴리네시아는 각 섬마다 다른 해양 자원과 조류 등이 있었지만 먹거리는 농업과 외부에서 들여온 돼지, 닭, 개 등의 가축에 의존했다. 기본적으로 자원은 풍부했다기보다는 제한적이었고, 특히 면적이 넓은 지역은 상대적으로 보다 다양한 자원이 있었지만 면적이 좁은 섬은 제한된 자원을 이용하며 살아가야 했다.

이러한 태평양의 섬나라에는 돌과 나무로 만든 무기를 사용하는 부족들이 살고 있었는데 이들은 총과 칼로 무장한 유럽 제국에게 쉽게 정복당했다. 그런데 유럽 제국의 정복은 훨씬 앞서 있는 문명이

■ 폴리네시아에 살던 원주민

저항 없이 매우 짧은 기간에 태평양의 섬나라로 들어가는 결과를 낳았다. 수천 년의 기간 동안 외부 문명과 단절된 상태로 살아오면서 제한된 자원에 적응해 왔던 원주민들은 짧은 기간 안에 생활양식의 변화를 요구받았다. 유럽인들이 17세기에 태평양의 섬나라들에 도착했을 당시의 원주민들은 근육질의 건강한 체형을 가졌다. 그러나 물고기와 채소, 과일 등을 먹던 원주민들은 이제 섬나라의 제한된 자원을 넘어선 식생활의 풍요를 맛보게 되었다. 특히 제2차 세계대전 이후는 짧은 기간 동안 현대 문명을 급속하게 이식한 시기였다. 원주민들의 식단은 얼마 지나지 않아서 쌀, 밀, 설탕, 통조림, 음료수 등으로 바뀌었다. 그런데 제한된 자원에 대비해서 에너지 축적의 효율이 높아져 있던 원주민들에게 식생활의 풍요는 또 다른 재앙이었다. 대다수의 원주민들이 쉽게 비만해진 것이다.[12]

태평양 섬나라의 비만의 유행에 기여한 또 다른 요인은 비만에 대한 원주민의 문화적 수용성, 즉 비만을 어떻게 보느냐에 영향을 많이 받았던 것 같다. 숨거나 멀리 도망가는 것이 제한된 사회에서는 몸집이 큰 사람이 생존력이 높고 사회적으로 보다 큰 지위를 누렸을 가능성이 많다. 전쟁이나 갈등이 있을 때 도망갈 곳이 없는 좁은 섬에서는 육체적으로 크고 힘이 센 사람이 살아남아서 자손을 퍼트릴 가능성이 더 크다. 부족 간의 갈등이 크고, 심한 경우 싸움에서 지면 잡아먹힐 수 있는 경쟁체계에서 크고 힘센 육체적 특성은 매우 강한 선택을 받아서 대부분의 후손들이 이러한 특성을 어느 정도는 갖게 되었을 것이다. 이곳의 상류 계급 사람들 대부분이 몸집이 컸던 것을 보면 문화적으로도 비만이나 몸집이 큰 것을 우월성의 상징으로 받아들인 듯하다. 이러한 문화적 수용성은 식생활의 풍요를 비만으로 이끄는 데 상당한 역할을 했을 것이며, 오늘날 폴리네시아인들의 비만율을 세계 어느 지역보다도 높게 만든 이유일 것이다.

우리 몸은 많이 먹어 비축해 두길 원한다

비만이 현대 사회로 오면서 새롭게 유행하는 문제이긴 하지만 인간이 문명 사회를 이루었던 초기에도 각 사회의 상류층 혹은 지배 계급에서는 비만의 문제가 나타나곤 했다. 예를 들어 로마 제국 시대에 음식 소비에 쓰이는 비용과 저녁식사에 초대되는 손님의 수를 법률로까지 제정했던 것을 보면 산업혁명을 거쳐 현대 사회로 오기 전에도 귀족 사회 혹은 상류층은 비만의 문제를 갖고 있었다고 볼 수 있다. 또한 비만한 체형은 먹거리가 충분하지 못한 사회에서는 부를 과시하는 상징물처럼 여겨지기도 했다.[13] 그러나 이는 지배와 피지배의 관계 속에서 사회의 부를 소수의 지배자가 대부분 차지했기에 생기는 문제였지, 사회 전체로는 산업혁명 이전까지 비만이 문제로 나타난 적은 없었다.

그렇다면 최근에 이렇게 비만이 급속도로 증가한 이유는 무엇일까? 기본적으로 비만은 칼로리의 섭취가 소모보다 많아서 잉여 에너지가 지방세포에 축적되기 때문에 생기는 것이지만 여기에는 여러 가지 요인이 복합적으로 작용한다. 특히 잘 정제되고 기름진 음식 섭취의 증가, 자동차 등 교통 수단의 이용, 작업의 기계화, 좌식 생활 습관 등 현대인의 생활환경 전반에 걸쳐 여러 요인이 비만에 영향을 주었을 것이다. 이러한 환경의 변화는 개인적 취향의 변화라기보다는 산업화 및 도시화와 연관된 문화적 변화라고 보는 것이 타당하다.

특히 일상생활에서 육체적 활동량이 감소된 것이 비만이 급속히 증가한 이유 중 하나인 것으로 잘 알려져 있다. 오늘날 사람들은 출퇴근을 하고 이동을 할 때 자동차, 버스 혹은 전철을 이용하게 되고 걷거나 자전거와 같이 신체 활동을 통해 에너지를 써야 하는 이동 수단은 잘 이용하지 않는다. 작업장에서도 점점 자동화가 증가되면서 신체 부담 작업은 적어지고 그만큼 칼로리 소모도 적어졌다. 여가 시간에는 텔레비전을 본다든지 컴퓨터를 이용하는 것이 대부분이 되었다. 이러한 변화는 모두 인체 내 에너지를 덜 쓰는 방향으로 이루어지고 있고, 따라서 에너지 균형이 깨지면서 남는 에너지는 몸 안에 축적되는 방향으로 쓰이는 것이다. 대개 하루에 100킬로칼로리kcal 정도 잉여 에너지가 생기면 일 년에 1킬로그램 정도 체중이 느는 것으로 추산된다. 결국 잉여 에너지를 소모해야 체중을 유지할 수 있는데 이를 위해서는 운동과 같은 신체 활동을 통해서 에너지 소모를 늘려야 한다.

비만이 증가한 또 다른 이유는 잉여 에너지를 만드는 식생활이다. 고칼로리 음식과 음료, 과다하게 먹는 음식 양이 에너지를 넘쳐나게 만드는 요인이다. 사회적 환경과 음식 광고 등은 점점 더 많은 칼로리를 섭취하게끔 유도한다. 오늘날 우리가 음식을 얻는 환경은 인류의 조상이 음식을 마련하던 환경과는 너무나 다르다. 실제로 오늘날에는 음식을 얻는 데 큰 노력이 들지 않는다. 일주일에 1-2회 시장에서 재료를 고르고 운반해서 요리를 하는 일이 아무 노력도 들지 않는 일은 아니지만, 우리 조상들이 수렵과 채집을 위해서 하루 종일 노력했던 것에 비하면 그 노력은 훨씬 적은 것이다. 예를 들어 주말이면 대형 마트에 가서 일주일치 먹을 음식의 재료와 필요한 생활용품을 산다고 할 때 시간적으로나 노동 강도에 있어서 수렵채집 활동과는 비교가 되지 않는다. 또 우리는 칼로리가 높고 정제된 식품들을 짧은 시간 안에 매우 효율적으로 얻을 수 있다. 지금 우리는 간식으로 스낵, 음료 등을 구입하는데 이들은 대개 고칼로리의 과자이거나 마시

■
육류 섭취와
술, 담배, 좌식 생활 등으로
점점 비만해지는 인간

기 쉬운 음료이고 우리 조상들은 경험하지 못한 것들이다.

인류가 과거에 수렵채집에 의지해서 식생활을 할 때는 오늘날처럼 식량이 항상 풍부하게 준비되어 있어서 언제라도 마음껏 먹을 수 있는 상태는 아니었다. 인류의 조상들은 식량이 부족할 때를 대비해서 지금 당장의 영양학적인 필요량보다 더 많이 먹어 에너지를 몸 속에 비축해 두는 것이 필요했을 것이다. 따라서 체중 조절에 관여하는 인체 시스템은 지금 당장의 필요량보다 음식을 더 많이 먹는 방향으로 작동한다. 그래서 쓰고 남은 에너지는 미래의 기근에 대비해서 지방 형태의 에너지로 우리 몸 안에 축적시켜 놓는 것이다. 이렇게 기근에 대비해 지방세포에 에너지를 잘 저장하는 능력을 가진 사람은 식량이 부족한 시기에 살아남기가 쉬웠을 것이고, 반대로 그렇지 못한 사람은 자연선택의 압력을 견디기가 어려워져서 자손을 남기지 못했을 것이다. 그런데 문제는 이렇게 잉여 에너지를 비축하는 기전은 식량이 부족했던 과거의 오랜 기간에 걸쳐 갖추어진 기전이기 때문에 과거와 같은 기근이 오지 않는 현대 사회에는 맞지 않다는 데 있다.

비만은 지금 먹는 데서 오는 〈순간적인 이익〉과 먹어서 생기는 〈장기적인 효과〉 사이의 차이 때문에 생겼다고도 볼 수 있다. 과거에 식량 자원이 충분치 못한 상태에서는 순간적인 이익을 택하는 것, 즉 현재 배부르게 먹고 포만감을 느끼는 것이 장기적인 효과를 위해서도 좋았다고 볼 수 있다. 과거 수렵채집 시대에는 식량 공급이 일정하지 않았고 음식 저장 수단이 발달하지 못했기 때문에 음식이 있을 때 많이 먹어 몸 안에 비축해 두는 것이 생존에 유리했기 때문이다. 그런데 현대인들도 이러한 생물학적인 기전에 따라 마치 지금도 식량 자원이 충분히 공급되지 않는 것처럼 배부르게 먹고 포만감을 느낄 때까지 과도하게 먹는 습관을 갖고 있는 것이다. 따라서 칼로리 섭취량을 제한하거나 소식을 하면 장기적으로 건강에 좋다는 사실을 알고 있으면서도 음식을 눈앞에 두고 소식을 하기는 무척 어렵다. 먹는 것을 제한하는 다이어트는 이와 같은 생물학적 기전, 즉 먹을 것이 부족한 때를 대비해 지금 충분히 먹어두려는 욕구에 반하는 행동이어서 성공하기가 어려운 것이다. 인류의 역사를 통틀어 전례 없이 먹을 것이 풍부한 현대 사회는 먹을 것이 부족한 상태에서 수백만 년을 살아온 인류에게는 도전적인 환경을 주고 있는 셈이다.

여성들의 다이어트가 힘든 근본적인 이유

인간은 유인원 중 유일하게 털가죽이 없다. 빠르게 걷거나 뛰면 체온이 올라 체온 조절을 해야 하는데 털가죽이 있으면 어렵기 때문에 털이 없어지고 대신 땀샘이 발달한 피부로 변화되었다. 또한 털가죽은 물에 젖으면 체열을 조절하는 역할을 하지 못하기 때문에 인간이 물과 밀접하게 살았던 것도 털가죽이 없어진 이유 중 하나였다. 그러나 털가죽이 없으면 체온이 쉽게 방출될 수 있기 때문에 체온을 유지하는 것이 매우 중요해졌을 것이다. 따라서 인간은 외부 기온이 변할 때 조직이 손상을 입지 않도록 털가죽이 없는 대신에 피하지방으로 열 손실을 막거나 또는 땀으로 열 방출을 촉진해야 한다.

피하지방에 의존해 체열 방출을 막아야 에너지 소모가 적어지기 때문에 체열 방출을 막는 기전은 인류의 생존에 필수적이었다. 피하지방이 많아서 보온이 잘된 생체 구조는 외부의 기온 변화에 덜 민감하게 되고 따라서 보다 쉽게 체온 조절을 할 수 있다. 이는 인간과 같은 정온동물에게는 매우 중요한 것인데, 왜냐하면 심부체온이 조금만 변해도 인체대사에 영향을 주어서 건강과 생존에 영향을 미치기 때문이다. 피하지방은 외부 기온이 내려갔을 때 체열 방출을 막는 데에 매우 중요한 역할을 하지만, 외부 기온이 높을 때 외부로부터의 열 흡수를 막는 데에도 중요한 역할을 한다. 즉 피하지방은 외부의 온도 변화가 인체의 심부체온에 영향을 주지 않게 해줌으로써 체내 환경의 항상성을 유지하는 데 매우 큰 역할을 한다.

결국 인간은 쓰고 남은 잉여 에너지를 피하지방으로 만드는 효과적인 시스템을 갖추는 방향으로 자연선택이 이루어지게 된 것이다. 피하지방을 확보하는 것이 생존에 매우 중요했기 때문에 먹은 음식으로 일상생활에 필요한 에너지를 쓰고, 남은 에너지는 피하지방에 축적시켜 체온 조절 기능도 하고 미래의 에너지 사용에 대비하는 방향으로 생물학적인 적응이 이루어진 것이다. 현대인도 이러한 생물학적 기전을 물려받았기 때문에 에너지가 많이 남으면 그만큼 축적되어 쉽게 비만해지는 것이다. 인류 역사상 오랫동안 인간의 유전자에 각인된 이러한 적응 방향 때문에 오늘날 현대인들이 피하지방을 줄여서 체중을 줄이려는 노력은 무척이나 힘든 일이 되어버렸다.

이러한 자연선택의 방향은 문화적으로도 피하지방이 많은 사람들이 보다 아름답고 성적으로 매력 있는 것으로 인식되게끔 유도해 비너스상이나 양귀비 등을 보면 오늘날의 날씬한 미인들과는 달리 다소 뚱뚱한 느낌을 받는다. 뚱뚱한 사람들은 먹을 것이 부족한 상태에서 살아남을 가능성이 더 높았을 뿐 아니라 후손을 낳고 기를 수 있는 확률도 높았을 것이다. 또 먹을 것이 부족한 상태에서는 뚱뚱함이 보다 사회적인 신분이 높고 건강한 사람이라는 것을 나타내는 상징이었을 것이다. 반면 마른 사람들은 못 먹고 비천한 신분으로 인식되었다. 따라서 현대 사회 미인의 기준인 마른 여성상은 과거에는 미인의 기준이 되지 못하였다.

과거 나이지리아에서는 결혼하기 전의 여자아이를 오두막에 격리시켜 키우면서 잘 먹여 살을 찌우게 하는 전통이 있었다.[14] 이렇게 살을 찌우는 오두막 시설은 아프리카 서부 지역에서 종종 발견되는데 이는 뚱뚱한 여성이 미의 기준이었기 때문이다. 또 뚱뚱한 여성은 임신, 수유, 육아에 있어서도 더 바람직하다고 생각되었다. 실제로 여성의 피하지방은 후손을 얻고 키우는 데 중요한 역할을 했으며, 자연선택을 통해 여성은 남성보다 피하지방을 더 많이 갖는 방향으로 진화가 이루어졌다. 사춘기부터 폐경기까지 여성은 남성보다 체지방이 훨씬 많은데, 30세 미만의 젊은 성인의 몸무게에서 지방조직이 차지하는 비율은 남자는 13퍼센트이고 여자는 24퍼센트 정도 되는데 이러한 차이는 폐경기까지 지속된다.[15]

지방조직의 이와 같은 차이는 만성질환과 밀접한 관련이 있는 복부가 아닌 팔, 다리 등에서 차이가 나고 어릴 때보다는 청소년기를 거치면서 더 커지기 때문에 지방을 보다 잘 저장하는 여성의 특성은 출산 능력과 관련이 있다고 볼 수 있다. 이런 현상은 지방조직의 체열 조절과 잉여 에너지 저장소로서의 역할이 인류의 생존과 번식에 매우 중요한 것임을 나타내는 것이다. 지방조직에 잉여 에너지를 더 많이 보관할 수 있는 여성은 식량이 부족한 시기에 마른 여성에 비해 더 잘 견딜 뿐만 아니라 태아를 갖거나 아이에게 수유하는 데도 훨씬 유리했다. 또한 임신을 하게 되면 잉여 에너지를 지방조직으로 저장하는 프로그램이 활성화되기 때문에 임신한 여성의 몸무게는 크게 늘게 된다. 태아의 무게보다 훨씬 더 많이 몸무게가 늘어나는데 심지어 임신 기간 동안 제대로 먹지 못해 영양 공급이 불충분해도 체지방이 늘어나 체중이 느는 것을 볼 수 있다.

어떻게 해서 이러한 일이 생기는 것일까? 아마도 여성호르몬인 에스트로겐이 지방 분해나 지방산의 저장에 중요한 영향을 미치기 때문일 것이다. 후손을 낳고 기르는 일은 인류의 생존에 무엇보다 중요한 일이어서 이를 담당하는 여성에게 성적인 역할뿐 아니라 에너지를 매우 효율적으로 저장하고 활용하는 능력 또한 갖추게 했는데 이 능력을 주도하는 것이 바로 에스트로겐이라고 할 수 있다. 영양 공급이 불충분한 상황에서도 자손을 낳고 기르는 일이 가능해야 살아남을 수 있기 때문이다. 오늘날 체중을 줄이기 위해 노력하는 여성들은 오랜 세월에 걸쳐 자연선택에 의해 갖추어진 이와 같은 여성들만의 생물학적인 특성을 거스르는 일을 해야 하기 때문에 그만큼 더 힘이 드는 것이다.

비만의 다음 단계는 바로 만성질환

2020년까지는 인류의 질병 중 거의 3분의 2가량을 만성질환이 차지할 것으로 예측되는데 이 중 대부분이 과체중이나 비만과 관련이 있다. 2013년 미국의학회에서 비만을 질환으로 규정한 것은 비만이 이제 단순한 보건학적 문제가 아니라 보다 깊은 관심과 치료를 요하는 건강 상태임을 선언한 것이다. 현재 비만은 놀라운 속도로 증가하고 있을 뿐 아니라 비만으로 인한 각종 질환 및 의료비는 사회가 감당하기 어려울 정도로 증가될 것이다.

비만은 전 세계적으로 질병과 사망을 초래하는 매우 중요한 요인이고 흡연이나 음주보다도 건강 문제를 더 많이 일으킨다. 특히 태어날 당시에는 영양 공급이 충분치 못하다가 성인기에 들어서서 지나치게 영양 공급이 되었던 세대는 비만에 의한 건강 문제가 심각해진다. 이런 사람들은 어렸을 때에 잉여 칼로리를 잘 저장하는 방향으로 인체의 대사기전이 자리를 잡았기 때문에 성인기에 과잉으로 영양이 공급될 때도 이를 지방조직에 저장하려는 생물학적 기전이 활성화되어 있다.

비만은 지방의 체내 축적이 많아져서 생기는 것으로, 지방세포의 수와 크기와 관련이 많다. 그런데 지방세포의 수는 청소년기까지는 증가하지만 그 이후 성인기에는 일정하게 유지된다. 성인기 이후의 비만이 지방세포의 수는 일정한데 지방세포에 저장되는 지방의 양이 늘어나서 세포의 크기가 커지는 것 때문인 데에 비해, 어렸을 때 비만이 되는 이유는 주로 지방세포의 수가 많아지기 때문이다. 따라서 어렸을 때부터 비만해지면 지방세포의 수 자체가 많기 때문에 성인비만으로 이어지기가 쉬우며 그만큼 나중에 비만과 관련된 여러 가지 만성병을 얻게 될 확률이 높아진다.

비만이 되기 쉬운 유전적인 성향이 중요한 역할을 하는 것도 분명한 사실이다. 비만한 사람의 가계를 들여다보면 비만 유병률이 높다. 이는 비만을 쉽게 초래하는 유전자가 유전되어 자손들도 비만이 되기 쉽다는 논리가 될 수 있다. 그러나 최근에 수행된 비만 관련 유전자에 대한 연구 결과를 보면, 비만에 가장 관련이 많은 것으로 알려진 FTO 유전자의 경우도 그 유전자의 변이가 비만에 기여하는 부분은 1퍼센트도 넘지 못한다.[16] 사람의 유전체 전체를 갖고 살펴보아도 비만에 대한 유전자 변이의 기여도는 대개 5퍼센트를 넘지 못하는 것 같다. 따라서 인구 집단 전체를 놓고 볼 때 비만이 급속도로 증가되고 있는 현상을 유전자 변이만으로 설명할 수는 없다. 오늘날 비만의 증가는 주로 환경적 요인의 변화 때문인 것으로 보아야 한다. 특히 비만에 대해 가족적인 성향이 있는 경우 유전자 변이의 기여가 있기는 하지만, 주요 원인은 가족 내에서 칼로리 섭취와 소비와 관련된 생활환경이 비슷하기 때문이라고 보는 것이 더 타당하다.

과다체중 혹은 비만이 어떠한 건강 문제를 일으키는지 좀 더 구체적으로 살펴보면 심혈관질환, 당뇨병, 고혈압, 고지혈증, 뇌졸중, 간질환, 담석증 등을 증가시키는 것으로 알려졌다. 암 발생에도 영향을 미쳐서 자궁내막암, 유방암 및 대장암도 증가시킨다. 또한 수면무호흡증이나 퇴행성 관절염, 그리고 불임에까지 영향을 줄 수 있으며 전체 사망률도 높이는 것으로 알려졌다. 더욱이 요즘음 비만으로 낙인 찍혀 사회적으로 차별 받는 것은 새로운 스트레스라고 할 수 있다. 반면 과체중자나 비만인 사람이 체중을 줄이면 당뇨병이나 심혈관질환의 위험도가 떨어질 뿐 아니라 고혈압이나 고지혈증 등 비만 때문에 초래된 문제의 상당수가 개선이 된다.

결국 비만은 식량 부족에 시달려야 했던 과거에 인류가 생존을 위해 습득한 효율적인 에너지 저장 능력 때문에 발생한다. 현대인들에게도 과거 인류의 조상처럼, 소비되는 칼로리보다 훨씬 많은 영양이 공급될 때 이를 지방조직에 저장하여 미래의 에너지 수요에 대비하려는 생물학적 프로그램이 가동되고 있다. 즉 에너지를 아껴서 미래의 수요에 대비하는 프로그램은 인류가 공통적으로 갖고 있기 때문에 영양 섭취와 칼로리 소비의 불균형을 줄이는 생활환경을 만드는 것이 비만을 줄이는 길이다.

15

당뇨병 유행에
새로운 이유가 추가되고 있다

인류가 겪은 당뇨병의 역사

기원전 230년 즈음에 그리스 멤피스의 아폴로니우스는 소변이 수도관의 물처럼 끊임없이 나오는 병을 일컬어 다이아베테스diabetes라는 말을 처음 사용하였다. 다이아dia는 〈통과해서〉, 베테스betes는 〈지나가는〉이라는 의미로, 아마도 소변이 자주 많이 나오기 때문에 이렇게 이름을 붙였을 것이다. 소변에서 설탕처럼 단맛이 난다고 하여 나중에 멜리투스mellitus라는 말을 덧붙여 당뇨병을 〈다이아베테스 멜리투스diabetes mellitus〉라고 부르게 되었다.

당뇨병을 한마디로 설명하면, 우리 신체가 당을 이용하지 못하게 되는 병이다. 우리 몸의 모든 세포는 정상적으로 기능을 하기 위해서 에너지원으로 당을 필요로 한다. 이를 위해서는 당이 세포 내로 들어가야 하는데 당을 세포 내로 들어가게 하는 역할을 하는 것이 인슐린이라는 호르몬이다. 그런데 인슐린이 충분히 없거나 있다 하더라도 세포가 인슐린에 반응하지 않으면 당이 세포 내로 들어가지 못하고 혈액 안에 쌓이게 된다. 그러면 결국 세포는 당을 이용하지 못하게 되고 혈액 내의 당, 즉 혈당은 높아지게 되는데 이것이 바로 당뇨병이다. 세포는 당을 이용하지 못하게 되면서 활용할 에너지가 없어져 굶은 상태처럼 되지만, 혈액 내에는 당이 고농도로 있기 때문에 눈이나 신장, 신경, 심장 등의 기관에 여러 가지 합병증을 유발시킨다.

현재 당뇨병은 전 세계적으로 유행처럼 크게 증가하고 있어서, 2011년에 3억7천만 명이 당뇨병을 앓고 있는데 2030년에는 5억5천만 명으로 늘어날 것으로 예측되고 있다.[17] 당뇨병은 췌장이 인슐린을 만들지 못해서 생기는 1형 당뇨병과 인슐린이 부족하거나 충분히 있어도 작용을 제대로 못해서 생기는 2형 당뇨병 등 두 가지 유형이 있는데, 최근에 크게 증가하고 있는 유형은 성인의 대표적인 만성질환이 된 2형 당뇨병이다. 칼로리 섭취와 에너지 사용의 불균형 때문에 주로 발생되는 2형 당뇨병은 심각한 건강 장애를 주지만 언제부터 인류가 당뇨병에 걸리게 되었는지, 그리고 당뇨병이 왜 발생되는지에 대해서는 잘 알려져 있지 않다.

당뇨병은 단단한 조직이 아니라 연성 조직에 주로 생기기 때문에 화석을 통해 발생 시기에 대한 증거를 찾기는 어렵다. 뼈에 당뇨병으로 인한 변화가 나타난다 하더라도 이는 대개 2차적인 변화라고 볼 수 있기 때문에 화석을 갖고 당뇨병을 증명하기는 쉽지 않다. 그러나 이집트의 다이 알바르사 유적지에서 발견된 기원전 2천년경의 화석을 보면 당뇨병에 의한 변화가 나타나고 연령 등을 고려해 보았을 때 2형 당뇨병으로 추정할 수 있는 특징이 있다. 아마도 이는 인류의 당뇨병, 특히 2형 당뇨병에 대한 최초의 증거라고 볼 수 있는데 이로 미루어 이미 문명 초기의 이집트에는 비만 등과 같이 2형 당뇨병을 초래하는 위험 요인이 존재했다는 것을 알 수 있다.[18]

또한 고대 이집트의 파피루스에 기록된 자료를 보면, 기원전 1500년 전에 〈소변을 지나치게 많이 보는 병〉이 기술되어 있다. 인도에서도 비슷한 시기에 당뇨병을 진단한 것 같은데, 인도의 의사들은 환자의 소변이 개미와 파리를 끌어들이는 것을 보고 〈맏후메하 madhumeha〉, 즉 꿀소변이 특징인 질환이라고 했다. 당뇨병 환자의 소변에는 당이 많이 배출되어 있기 때문에 이것을 이용한 진단이라고 볼 수 있다.[19] 이와 같이 문명의 초기 시대에 당뇨병에 대한 증거들이 나타나는 이유는 문명 시대에 접어들면서 수렵채집 시대와는 달리 지배 계급 혹은 상류 계층이 생겼기 때문이다. 그런 계급이나 계층에 속한 사람들 중 일부는 음식을 통해 고칼로리를 섭취하지만 에너지 사용은 낮아지면서 인슐린이 제 역할을 하지 못하는 경우들이 생겼을 것이다. 그러나 칼로리 섭취와 에너지 사용의 불균형이라는 문제를 생각하기 어려운 문명 이전의 수렵채집 시대에는 2형 당뇨병이 중요한 질병이었다고 할 수는 없다.

2세기경의 그리스 의사였던 카파도시아의 아레테우스는 "당뇨병은 그리 흔한 병은 아니지만 살이 녹아서 소변으로 빠져나오는 무서운 병이다. 환자는 끊임없이 물을 마시고 소변은 열린 수도관처럼 계속 나온다. 물을 마시지 않으면 곧 몸이 마르고 갈증이 심해져서 결국은 사망하게 된다."라고 생생하게 묘사한 바 있다.[20] 5세기에 들어와서 처음으로 당뇨병을 두 가지 유형으로 구분하기 시작했다는 증거들이 나타난다. 인도의 의사인 수스루타Susruta와 차라카Charaka는 당뇨병에는 두 가지 유형이 있는데, 첫 번째 유형은 비교적 젊은 시기에 마른 사람에게서 생기고 또 다른 유형은 나이가 좀 들어서 뚱뚱한 사람에게서 나타난다는 것을 알게 되었다.[21] 즉, 2형 당뇨병은 1형 당뇨병과 차이가 있다는 것을 이해하기 시작한 것이다.

그러나 당뇨병을 제대로 이해하기 시작한 시기는 16세기 이후다. 16세기 스위스의 유명한 의학자였던 파라셀수스Paracelsus는 당뇨병 환자의 소변을 증발시켜서 하얀 물질이 남는 것을 확인했고, 18세기 영국의 매튜 돕슨Matthew Dobson은 이 물질이 당이라는 것을 밝혔으며 또 환자들의 혈청에는 당이 높다는 것을 발견했다. 이어서 토머스 카울리Thomas Cawley는 췌장을 다친 사람에게서 당뇨병이 발생하는 것을 관찰함으로써 췌장과 당뇨병의 관련성을 보고했다. 19세기에 소르본 대학의 생리학 교수였던 클로드 베르나르Claude Bernard는 여러 가지 실험을 통해 혈액 내에 당이 너무 많이 분비되어 당뇨병이 생긴다는 이론을 세우게 되었다. 이후에 여러 학자들의 노력에 의해 인슐린의 결핍이 당뇨를 일으킨다는 것이 밝혀지면서 췌장에서 분비되는 인슐린이 당뇨병 발생에 중요한 역할을 한다는 것을 이해하게 되었다.

너무 많이 공급되는 당에 적응하지 못하는 우리 몸

당은 사실 인체의 가장 중요한 에너지원이다. 췌장에는 베타세포가 있는데 이 베타세포의 표면에는 글루트GLUT와 같이 당을 인식하는 수용체, 즉 감지기가 있다. 이 감지기를 통해서 당이 혈액 내로 들어온 것을 알게 된 췌장의 베타세포는 인슐린이라는 호르몬을 만들어낸다. 인슐린의 역할은 우리 몸에서 실제 에너지를 많이 사용하거나 저장하는 골격근이나 심장, 그리고 간과 지방세포에 있는 인슐린 수용체에 신호를 주어서 이 세포들이 당을 세포 안으로 끌고 들어가 이용하게 하거나 당을 글리코겐이나 지방으로 저장하게 만드는 것이다.

그런데 최근의 역사를 제외하고는 수백만 년 이상의 기간 동안 당은 에너지원으로 매우 귀하고 중요했기 때문에 우리 체내에는 당을 잘 이용하기 위해 감지기 역할을 하는 베타세포의 글루트 수용체가 상당히 많다. 이는 몸 안에 들어온 당을 조금도 놓치지 않고 활용하기 위해서이다. 따라서 당분을 섭취하게 되면 혈액 내의 당 농도가 높아지고 이는 베타세포의 글루트 수용체에 신호를 주어 인슐린을 생산하게 한다. 이러한 〈혈당-베타세포의 글루트 수용체-인슐린-세포의 인슐린 수용체〉로 연결되는 시스템은 오랜 기간을 통해 정교하게 갖추어졌기 때문에 그 자체의 오류는 거의 발생하지 않는다. 하지만 기본적으로 이 시스템의 목적은 어디까지나 부족한 당을 효율적으로 이용하기 위한 것이라는 데에 문제의 소지가 있다.

즉, 당이 지속적으로 넘치게 공급되는 상황은 이 시스템에 반영되지 못했던 것이다. 인류의 문명은 산업혁명이 마무리되고 선진국을 중심으로 물질적으로 풍요로운 사회가 되면서 당이 넘치게 공급되는 시대를 맞이했는데 이는 지금까지의 혈당 이용 시스템으로서는 겪어 보지 못한 새로운 환경인 것이다. 오늘날 혈당 이용 시스템은 세포가 실제로 필요로 하는 것보다 더 많은 당을 공급하게 되었는데 이렇게 지나치게 많이 공급되는 당은 거꾸로 이 시스템에 정지 신호를 보내 시스템의 작동을 방해하거나 멈추게 하는 역할을 함으로써 당뇨병을 일으키는 것이다.

세포 개별적으로 보면 세포 자신이 사용할 수 있는 양보다 더 많은 당이 세포 내로 들어오면 세포 내부의 균형적인 환경이 깨지기 때문에 당이 더 이상 세포 내로 들어오는 것을 차단한다. 당이 세포 내로 들어가는 것이 차단되면 혈액 내의 당 농도는 더욱 높아지고, 이는 다시 췌장의 베타세포에 있는 글루트 수용체를 통해 더 많은 인슐린이 만들어지게 해 혈액 내의 당과 인슐린의 농도를 지속적으로 높이는 악순환을 만들어 낸다. 과도한 양의 인슐린이 세포에 지속적으로 작용하게 되면 세포는 인슐린의 신호를 완전히 차단하는 상태에 이르게 된다. 그럼 결국 혈액 내에는 당이 높은 농도로 있어도 세포 안으로는 들어가지 못해 세포는 에너지원인 당이 없어서 기아 상태에 빠지게 된다. 과도하게 인슐린을 만들어 내던 베타세포도 지쳐서 결국에는 기능을 잃고 수명이 다해 죽어가기 때문에 당뇨병이 악화되면 인슐린마저도 생산하지 못하는 심각한 상태에 빠지게 된다.

당뇨병은 에너지 공급과 활용 사이에 문제가 생기는 병이므로 당뇨병을 제대로 이해하기 위해서는 에너지 대사와 이에 관여하는 미토콘드리아에 대해서도 잘 알아야 한다. 미토콘드리아는 세포 내에 있는 소기관인데 에너지 대사를 담당하는 중요한 역할을 한다. 원래는 독립적인 미생물이었을 것으로 추정되나 아주 오랜 과거에 어떤 생물체가 효율적인 에너지 대사를 위해 이 미생물을 몸 속에 넣고 이용하게 되면서 숙주 생물체와 공생적인 관계를 이루었다고 볼 수 있다. 미토콘드리아는 시간이 지나면서 숙주 생물체의 세포 내에 자리를 잡아서 에너지 생산과 같은 여러 가지 관계를 유지하면서 세포의 기능에 관여하게 되었다. 사람의 세포 내에서도 미토콘드리아는 이러한 공생적 관계를 유지하면서 에너지 대사의 중요한 역할을 담당하게 된 것이다.

미토콘드리아는 산소를 이용해서 영양분에서 에너지를 만들어 낸다. 사실 우리가 먹는 모든 영양분은 미토콘드리아가 먹는 셈이고 미토콘드리아는 이를 이용해 에너지를 내는 발전소의 역할을 한다. 미토콘드리아는 연료를 이용해 에너지를 생산하는 데 핵심적인 역할을 하기 때문에 칼로리 과다 섭취가 당뇨병의 유행과 관련이 있다면 미토콘드리아가 그 중심에 있을 거라고 생각하는 데에는 무리가 없다. 실제로 여러 연구 결과 미토콘드리아의 기능 저하와 당뇨병의 발생은 서로 밀접한 관련이 있는 것으로 밝혀졌다.

미토콘드리아는 세포핵 내의 DNA와는 별개로 자신만의 DNA를 갖고 스스로 분열하고 번식할 수 있는데, 연료를 공급받아 이를 이용해 에너지를 만들어 내는 발전소와 같은 역할을 하다가 연료 공급이 지나치게 많고 에너지의 수요가 줄어들게 되면 발전소의 역할을 줄이게 된다. 소비되지 않은 연료가 세포 내에 있으면 연료가 계속 쌓여서 세포 내부의 평형을 깨뜨려 미토콘드리아가 사는 환경을 악화시키기 때문이다. 이처럼 에너지 대사의 불균형이 계속되면 미토콘드리아가 에너지를 제대로 생산하지 못하도록 그 수를 줄이거나 기능을 떨어뜨리기 때문에 이후에 포도당과 같은 연료를 공급해 주어도 세포 내에서 이를 에너지로 만드는 효율은 떨어지게 된다.[22]

에너지 생산 효율이 떨어지게 되면 세포 내로 끌어들이는 당의 양을 줄이기 위하여 세포는 표면에 있는 인슐린 수용체의 수를 줄이게 된다. 이렇게 되면 혈액 내에 당과 인슐린이 상당히 많이 있어도 세포 내로 운반되는 당의 양은 줄어들게 되는데 이러한 상태를 〈인슐린 저항성〉이 생겼다고 한다. 당뇨병은 이와 같은 인슐린 저항성으로 발생하는 것이고 따라서 에너지 대사의 중심인 미토콘드리아의 기능 저하가 당뇨병 발생에 중요한 역할을 한다고 볼 수 있다.

당뇨병은 유전병일까?

흔히 당뇨병은 인슐린 기능이 잘못되어 생기는 유전적인 대사성질환으로 알고 있는 경우가 많다. 가족 중에 당뇨병 환자가 있으면 다른 가족에게도 당뇨병이 발생할 위험도가 상당히 높아지는데 이를 유전적인 요인이 크게 작용한 것으로 이해한 것이다. 그러나 한편으로는 환경적인 요인 또한 중요하게 여겨져서 의사들은 당뇨병 환자들을 진료할 때 고칼로리 음식이나 탄수화물을 너무 많이 섭취하지 말 것과 신체 활동을 늘리고 스트레스를 피하라고 권고한다. 그런데 문제는 유전적인 요인이나 환경적인 요인이 얼마나, 또 어떻게 당뇨병에 영향을 주는지 아직도 분명히 밝혀지지 않았다는 점이다. 단지 분명한 것은 사람의 유전자는 짧은 시기에 변화되는 것이 아니기 때문에, 최근 당뇨병의 급격한 증가를 주도한 것은 유전적인 영향이라기보다는 상당 부분 에너지 섭취의 증가 등 생활 습관의 변화라고 볼 수 있다.

당뇨병은 대개 근육세포를 중심으로 인슐린 저항성이 생기면서 초기에는 혈중 인슐린 농도가 높아지다가 병이 심해지면서 인슐린 생산도 떨어지는 병이다. 당뇨병의 발생에 가족력이 크게 작용하는 것을 보고 과거에는 유전적인 영향이 매우 큰 것으로 이해를 했다. 당뇨병의 유전적 원인에 대해서 살펴보면 지방산결합단백질인 FABP2 유전자 결함이 중성지방 등을 비정상적으로 높여서 당뇨병을 일으킨다거나, 지질분해유전자인 LpL 유전자의 결함이 당뇨병의 위험도를 높인다거나, 또는 단백질분해효소인 calpain-10을 조절하는 유전자의 변이가 당뇨병 발생에 중요한 역할을 한다는 것 등이 보고되고 있다. 이 외에도 지방이나 인슐린의 작용과 관련된 유전자들의 결함 내지는 변이가 당뇨병의 위험도를 높인다는 보고들도 상당히 많이 있다.

최근에는 사람의 유전체 전체에서 유전자 변이를 분석한 자료를 갖고 당뇨병과의 연관성을 찾는 연구들도 가능해졌는데 이렇게 해서 당뇨병과 관련이 있다고 밝혀진 대립유전자는 약 65개 정도이다.[23] 그런데 대립유전자의 영향은 처음에 생각했던 것보다는 아주 미미하다. 아주 큰 영향을 미치는 대립유전자도 당뇨병의 위험도를 2배 이상 높이지를 못하고, 더욱 놀라운 것은 당뇨병에 큰 영향을 미칠 것으로 생각했던 혈당 조절에 관여하는 유전자에서 대립유전자의 영향이 잘 나타나지 않았다는 것이다. 현재까지 유전체 전체를 탐색해서 확인된 대립유전자가 당뇨병을 일으키는 데 기여하는 정도는 모두 합쳐야 5-10퍼센트 정도에 불과한 것으로 나타났다. 즉 당뇨병 발생에 유전자 변이가 미치는 영향은 10퍼센트도 안 되는 것이다.

유전적인 기여가 클 것으로 확신하는 연구자들은 아직도 미처 발견하지 못한 대립유전자가 상당히 있을 것으로 생각하면서 아주 드물게 발견되는 대립유전자까지 유전체를 좀더 세밀히 조사해야 한다고 주장하는데 그 결과가 어떨지는 두고 봐야 할 일이지만 회의적이라고 할 수밖에 없다. 앞으로 유전체에 대한 보다 세밀한 자료를 이용해 분석하면 지금보다는 좋은 결과를 얻겠지만, 그렇다 하더라도 대립유전자가 당뇨병 발생에 기여하는 정도는 크게 바뀌지 않을 것이기 때문이다. 따라서 당뇨병을 단순히 유전적인 영향이 큰 질환으로 이해하는 것은 오류임이 드러났다. 칼로리 섭취와 에너지 소비의 불균형 때문에 미토콘드리아의 기능이 감소되어서 인슐린 저항성이 생기고 그것이 결국 당뇨병으로 진행되는 것이라면 근본적으로 유전자의 영향이 크게 나타날 것이라는 가정은 처음부터 무리가 있는 것 아니었을까?

절약유전자 가설과 절약표현형 가설

그렇다면 유전자의 영향이 크지 않은데도 당뇨병에 가족력이 미치는 영향이 크게 나타나는 이유는 무엇일까? 가족력에는 유전적인 부분도 있지만 가족이란 공동의 환경이 있고 이 환경이 미치는 영향이 상당히 큰 것으로 이해할 수 있다. 즉 가족 간에는 같은 식사, 같은 주거 환경, 같은 생활 습관을 갖기 때문에 이러한 공동의 환경이 주는 영향이 커 가족력의 영향이 크게 나타나는 것이다.

그러나 한편으로는 당뇨병과 관련된 혈당이나 인슐린은 대사 과정이나 호르몬 작용과 같은 인체 프로그램의 활동 결과이며, 이런 프로그램은 궁극적으로 유전자의 통제를 받는 것이라고 본다면 환경과 유전자의 영향을 분리하여 보기는 어렵다. 아마도 앞으로 유전자의 발현에 영향을 미치는 환경의 영향을 제대로 이해한다면 당뇨병과 유전자의 관계를 제대로 평가할 수 있을 것이다. 이러한 측면에서 유전자와 환경의 상호작용에 대한 두 가지 가설, 즉 절약유전자 가설과 절약표현형 가설은 당뇨병의 원인을 이해하는 데 도움이 된다.

선행인류가 오랫동안 살았던 아프리카는 일 년 내내 먹을 것이 풍부한 환경은 아니었을 것이다. 특히 기후가 추워지는 방향으로 변하면서 계절적 차이가 뚜렷해졌고 그러면서 먹을 것이 풍부한 때와 그렇지 못한 때가 구분되게 되었다. 따라서 먹을 것이 부족한 시기를 견뎌내야만 살아남을 수 있었으며 기근을 견디지 못한 그룹은 결국 자연선택에 의해 사라져 갔을 것이다. 1962년에 미국의 제임스 닐 James Neel 박사는 인류가 기근에 대비할 수 있었던 능력을 〈절약유전자〉 때문이라고 주장했다. 그는 절약유전자를 가진 사람들은 당이 몸 안에 들어오면 이를 당합성체인 글리코겐이나 지방으로 저장하는 능력이 뛰어나기 때문에 기근이 오면 몸 속에 저장해 놓은 글리코겐과 지방을 다시 당으로 변환시켜 사용했을 것이라고 생각했다.

이 가설에 의하면 절약유전자를 가진 사람은 과거 수렵채집 시대 혹은 농경 시대에 식량이 부족했던 시기에 생존에 유리했을 것이다. 그런데 이 유전자는 지방이 잘 축적되게 하여 식량이 부족한 시기를 견딜 수 있게 만들지만, 오늘날과 같이 식량이 풍부한 시기에는 이러한 유전자의 역할은 불필요할 뿐만 아니라 오히려 비만이 되기 쉽게 만들고 당뇨병과 같은 질환을 쉽게 초래한다. 이런 일이 생기는 것은 변화된 환경에 대한 유전자의 대응이 쉽게 이루어지지 않기 때문이다. 유전자의 활동은 미래를 충분히 예측해서 대응하는 전략을 갖고 있지 못하고 본질적으로 근시안적이다. 자원의 제한이 있으면 어려운 상황이 앞으로도 지속된다는 단순한 생각으로 유전자의 대응이 이루어지기 때문에 당뇨병과 같은 질환이 발생된다고 할 수 있다. 그러나 절약유전자 가설이 완전히 정설로 인정된 것은 아니다. 이 가설에 의하면 비만 유병률이 80퍼센트를 넘는 폴리네시아인과 10퍼센트도 안 되는 동아시아인 사이에는 상당한 유전자의 차이가 있어야 하나 비만이나 당뇨병과 관련된 유전자 다형성에서 두 집단 사이에 두드러진 차이는 발견되지 못했다. 또한 유전자에 대한 많은 연구 결과들이 나오면서 닐 박사가 생각했던 것처럼 특정한 절약유전자가 당뇨병 발생에 결정적인 영향을 주는 것은 아니라는 것이 밝혀졌다.

특정 유전자의 역할은 아니라고 해도 우리 몸의 대사에 관여하는 시스템의 이와 같은 절약 특성이 중요한 역할을 할 것이라는 데에는 의문의 여지가 없다. 단지 이를 유전자의 변이만으로 설명하기에는 한계가 있다. 어떤 생물학적 기전에 의해 에너지 절약의 특성을 갖추게 되었는지는 잘 알려져 있지 않지만 이와 같은 특성을 잘 갖춘 사람일수록 당뇨병의 위험은 크게 나타날 것이다. 예를 들어 오늘날 태평양의 폴리네시아인이나 아메리카 인디언처럼 과거에는 자원의 제한으로 식량이 충분치 않았거나 계절에 따라 식량의 양이 크게 변동했던 생활을 하다가 최근에 서구식의 식생활로 바뀐 인구 집단에서 특히 당뇨병이 많은 것을 볼 수 있다. 이들은 기근을 견디면서 오랜 기간에 걸쳐 환경에 적응하면서 효율적인 혈당 관리 시스템을 갖추었는데 지금은 그 효율성 때문에 당뇨병이 잘 발생하게 된 것이다.

이와 유사하지만 또 다른 이론이 절약표현형 가설인데, 1992년에 이 가설을 제시한 데이비드 바커David Barker의 이름을 따서 〈바커의 가설〉로 불리기도 한다. 이 가설은 태아가 엄마 뱃속에 있을 때 영양 부족 상태가 되면 출생 후 기근에 대비한 생존율을 높이기 위해 지방이 잘 축적되는 방향으로 생체 프로그램이 작동된다는 것이다. 이 가설은 20세기에 일어났던 전쟁과 기근에 의해 확인이 되었는데, 예를 들어 1944-1945년에 나치 독일의 식량 공급 차단으로 네덜란드에 기근이 발생되었을 때 당시 엄마의 뱃속에 있었던 태아들이 출생하여 성장하면서 성인이 되었을 때 비만이나 당뇨병 등이 증가되는 것이 관찰되었다.[24] 이 외에도 1959-1961년의 중국의 기근, 1967-1970년의 나이지리아 내전 등을 통해 당시에 태아였거나 신생아였던 아이가 커가면서 비만이나 당뇨병이 많이 발생되는 것이 관찰되었다.[25]

이 가설은 태아나 유아 시기의 영양 부족 상태가 유전자의 발현에 영향을 주어 에너지를 보다 효율적으로 축적하는 쪽으로 바뀌게 된다는 것이다. 유전자가 같다고 하더라도 외부의 환경에 따라서 유전자의 발현이 달라지기 때문에 엄마 뱃속에 있을 때나 어렸을 때 영양 부족 상태가 되면 성인이 되었을 때 당뇨병이 잘 생긴다는 것이다. 이 가설은 유전자의 구조적인 변이의 문제가 아니라 환경적인 요인이 유전자의 발현을 변화시켜서 당뇨병을 초래한다고 주장함으로써 당뇨병 발생을 이해하는 데 매우 중요한 단서를 주었다.

아시아가 미국, 유럽보다 당뇨병 위험이 커진 이유는?

과다한 당 혹은 칼로리의 섭취가 당뇨병을 초래하는 가장 중요한 이유이며, 특히 어렸을 때 영양 결핍 상태에 있었다면 성장기 이후의 고칼로리 섭취는 당뇨병을 훨씬 잘 발생시킨다고 해석할 수 있다. 그런데 이러한 이유로만 당뇨병이 발생되는 것은 아니라는 연구 결과들이 나오기 시작했다. 최근에 발표된 논문들에 의하면 환경오염물질인 다이옥신이나 다염화비페닐 등에 많이 노출되면 당뇨병의 발생 위험도가 상당히 높아진다는 것이다.[26] 이러한 잔류성 유기화학물질이 우리 몸의 지방조직 등에 녹아 있으면서 서서히 방출되어 인슐린 저항성을 초래하여 당뇨병을 발생시킨다는 것이다. 그런데 흥미롭게도 이런 몇 가지 특정한 화학물질만 인슐린 저항성을 가져오는 것은 아니라는 증거들도 나오고 있다. 먹는 물을 통해 비소를 많이 섭취했을 때도 당뇨병의 위험도가 높아지고, 미세분진이나 벤젠 같은 대기오염물질 혹은 플라스틱 가소제로 많이 쓰이는 프탈레이트 같은 물질도 인슐린 저항성에 영향을 미쳐서 당뇨병의 위험도를 증가시키는 것으로 밝혀졌다.[27]

어쩌면 일상생활에서 노출되는 화학물질의 증가도 최근에 당뇨병 유행을 초래한 매우 중요한 원인일 가능성이 있다. 사실 칼로리 섭취와 에너지 사용의 불균형이 당뇨병 발생의 결정적인 요인이라면 비만 유병률과 당뇨병 유병률은 서로 거의 일치해야 한다. 하지만 아시아인, 예를 들어 한국인의 비만 유병률은 미국인의 거의 10분의 1 수준인데 최근 한국인의 당뇨병 유병률은 미국인보다 오히려 높게 나타나고 있다. 이는 비만이 당뇨병의 중요한 원인이긴 하지만 비만으로만 당뇨병을 설명할 순 없고 당뇨병을 일으키는 다른 중요한 요인이 있다는 것을 시사하고 있는 것이다. 한편 지난 수십 년간의 당뇨병 유병률 변화는 흥미롭게도 같은 기간 화학물질의 생산량과 거의 일치한다.[28] 또한 현재 아시아 지역의 당뇨병 발생의 증가 속도는 미국이나 유럽보다 큰데 최근 25년간 화학물질의 생산과 사용 증가 역시 미국이나 유럽보다 아시아 지역에서 컸다.[29] 이러한 현상은 화학물질에 대한 노출 증가가 당뇨병 유행에 크게 기여하고 있다는 것을 나타내는 것이며, 아시아 지역은 당뇨병의 위험이 다른 지역보다 더 커지고 있다는 것을 뜻한다.

환경오염물질이 왜 인슐린 저항성, 그리고 당뇨병을 초래하는지는 잘 밝혀져 있지 않지만 이들 화학물질의 공통적인 특성은 문명 이전은 말할 것도 없고 산업혁명 이전에도 인류에게 거의 노출된 적이 없다는 점이다. 새로운 화학물질은 우리 몸에 들어와 기본적인 산화-환원 반응들의 대사 과정을 거치게 되는데 이때 만들어지는 반응성 산소기들이 산화스트레스를 세포에 주게 된다. 즉 새로운 화학물질에 대한 방어체계라고 할 수 있는 반응성산소기의 발생이 췌장에서 인슐린 생산에 관여하는 베타세포에 영향을 주거나, 인슐린 수용체를 갖고 있는 세포 내의 미토콘드리아에 영향을 주어서 인슐린 저항성이 생겼을 것이라고 추정해 볼 수 있다. 이렇게 본다면 고칼로리 섭취와 함께 수많은 화학물질에 노출되어 있는 오늘날의 인류는 인슐린 저항성의 증가, 즉 당뇨병 발생의 증가를 겪을 수밖에 없다.

16
사는 곳에 따라
고혈압의 위험도는 달라진다

수렵채집인 조상들도 고혈압 때문에 고생했을까?

고혈압은 현대인에게 가장 흔한 질환이라고 해도 과언이 아닐 것이다. 주변을 잠시만 둘러보아도 혈압이 높아서 약을 먹거나 혈압 때문에 식이 관리 혹은 운동 등을 하는 사람을 흔하게 만나게 된다. 특히 나이가 중년을 넘게 되면 고혈압은 다른 사람의 문제가 아니라 바로 자신의 문제인 경우가 적지 않다. 고혈압 유병률은 나라마다 조금씩 다르기는 하지만 선진국 대부분에서 20-50퍼센트의 유병률을 보이며 나이가 들수록 급격히 증가하는 것으로 나타난다.[30]

왜 이처럼 현대인에게는 고혈압이 많은 것인가? 현대인의 수명이 과거에 비해 크게 늘어나서 자연적으로 많이 발생하게 된 것인가?

기본적으로 수축기혈압이 140mmHg 이상, 그리고 이완기혈압이 90mmHg 이상일 때 고혈압이라고 한다. 그런데 고혈압은 혈압을 측정해야만 알 수 있는 병이기 때문에 혈압을 측정할 수 없었던 과거에는 얼마나 발생했는지 사실 정확히 알 수는 없다. 1881년이 되어서야 오스트리아의 사무엘 바쉬Samuel Basch가 처음으로 혈압계를 사용하여 사람의 혈압을 측정했는데 그 전에는 혈압에 대한 지식도 없었고 따라서 고혈압이라는 질병 자체를 알 수가 없었을 것이다. 설령 고혈압으로 사망했다 하더라도 다른 병으로 사망한 것으로 오인되었을 것이다. 다만 고혈압의 위험 요인이 과다한 염분 섭취, 운동 부족, 고지혈증, 만성적인 스트레스 등이라면 이러한 위험 요인이 없었던 인류의 조상에게는 고혈압이 위협적인 질환이 될 수 없었을 것이다.

과거 인류의 조상에게도 고혈압이 있었는지를 알아보기 위해서는 오늘날에도 석기 시대와 유사한 생활을 하는 원주민의 생활과 그들의 고혈압 유병률을 살펴보면 그 답을 얻을 수 있다. 볼리비아의 아마존 유역에 사는 찌만Tsimane 부족은 오늘날에도 열대식물, 쌀, 옥수수, 물고기, 그리고 사냥으로 잡은 동물들을 먹으면서 살아가고 있다. 문명과 완전히 단절되었다고 볼 수는 없지만 전기와 수도 같은 기본적인 문명 요소는 없는 상태이기 때문에 과거 수렵채집 시기의 생활과 비슷하다고 할 수 있다. 미국의 마이클 거빈Michael Gurven은 찌만 부족인들의 고혈압 유병률은 3퍼센트로, 미국 성인의 고혈압 유병률 33퍼센트에 비해 매우 낮다는 것을 확인했다.[31] 또한 나이를 먹어도 고혈압은 별로 증가하지 않는다는 것도 밝혔다.[32] 이들의 생활양식과 건강 상태를 통해 유추해 본다면 과거 수렵채집 시기의 인류의 조상에게는 고혈압이 거의 없었거나 있었다 하더라도 문제가 되지 않는 수준이었을 것이다.

그런데 이집트에서 발굴된 미라를 관찰한 결과, 이집트 고대 문명 시기에는 이미 비만이나 당뇨병과 함께 고혈압도 건강 문제의 하나였다는 것이 밝혀졌다.[33] 적어도 미라를 남길 수 있었던 상류 계층의 일부는 고혈압과 같은 만성질환을 갖고 있었던 것이다. 오늘날 인류의 질병 부담에서 가장 큰 비중을 차지하는 질병 중 하나인 고혈압 역시 문명과 함께 등장한 질환인 것이다. 결국 고혈압은 문명을 이루면서 발생하기 시작했고 산업혁명을 거쳐 현대로 오면서 대부분의 사람들의 생활 습관이 바뀌면서 폭발적으로 증가하게 되었다고 볼 수 있다.

악순환의 악순환이 고혈압의 작동 원리

고혈압을 이해하기 위해서는 혈압 조절과 관련된 생리학적 작동 원리를 아는 것이 도움이 된다. 특히 레닌-안지오텐신Renin-Angiotensin 시스템은 수분과 염분을 혈액 내에 유지하는 역할을 하고 혈관 수축과도 연관이 있어 고혈압과 직접적인 관련이 있는 생리학적 시스템이다. 레닌이라는 호르몬은 안지오텐신 1을 증가시키고 안지오텐신 전환 효소는 이를 다시 안지오텐신 2로 만드는데 이 안지오텐신 2라는 호르몬은 작은 동맥의 평활근을 수축시키는 역할을 한다. 이러한 역할을 하는 이유는 콩팥으로 가는 혈액의 양을 줄여서 염분이 몸 밖으로 빠져나가는 것을 막으려는 목적 때문이다. 레닌은 콩팥 위에 자리잡고 있는 부신에도 작용하여 알도스테론Aldosterone이라는 호르몬을 내는데 이 역시 콩팥에서 염분이 소변으로 빠져나가지 않게 하는 역할을 한다. 따라서 레닌-안지오텐신 시스템은 염분을 유지하기 위해 만들어진 생리학적 기전이고 염분은 수분을 끌어당기기 때문에 결국 혈관 내에 충분한 혈액량을 유지하기 위한 시스템이라고 볼 수 있다. 우리 몸에 필요한 수분을 유지하기 위해서는 염분이 있어야 하는데 선행인류가 아프리카에 살 때는 염분을 충분히 섭취하기 어려웠기 때문에 염분을 유지하기 위한 레닌-안지오텐신과 같은 정교한 시스템이 만들어지게 된 것이다.

사람은 대부분의 동물들과는 달리 두 발로 서 있기 때문에 심장은 중력을 이기면서 뇌로 혈액을 보내야 한다. 뇌는 에너지와 산소를 상당히 많이 쓰는 기관일 뿐 아니라 가장 핵심적인 기관이므로 혈압을 유지하여 심장 위에 있는 뇌에 혈액을 공급하는 일은 인간의 생존에 매우 중요한 일이다. 따라서 뇌로 가는 혈류의 압력이 떨어지는 것을 막기 위해 뇌에 있는 뇌하수체에서는 혈압이 낮아지면 바소프레신vasopressin이라는 호르몬을 내어 혈압을 올리는 역할을 한다. 이와 같이 인체는 레닌-안지오텐신 또는 바소프레신 등의 혈압유지체계를 이용해 수분과 염분을 유지함으로써 뇌나 심장 등 필수 기관에 혈액을 충분히 공급하게 한다.

그러나 이렇게 잘 짜여진 생명유지체계는 주로 낮아진 혈압을 높이는 방향으로는 작동하지만 높아진 혈압을 낮추는 방향으로는 좀처럼 작동하지 않는다. 왜냐하면 문명 이전의 인류는 5만 년 전 아프리카에서 나와 각지로 퍼지기 시작한 인류 대이동의 시기 이전에는 혈압을 높이는 요인에 노출된 적이 없었고 따라서 고혈압으로 인한 건강 문제를 경험한 적이 없었기 때문이다. 아프리카의 뜨거운 태양열을 받으면서 수렵채집 활동을 하기 위해서는 체표면의 혈관을 확장시키고 땀을 흘려서 체온 조절을 하는 것이 매우 중요했다. 그런데 이는 수분과 염분의 손실을 가져올 뿐 아니라 혈압도 낮아지게 만든다. 우리 몸의 생명유지체계는 가능한 이러한 손실을 줄이고 혈압을 유지해 신체 활동을 계속할 수 있도록 진행되어 왔다. 그러기 위해선 낮아진 혈압을 정상 수준으로 올리는 방향으로 작동해야 했다. 그래서 혈압을 높이는 것은 우리의 인체에 프로그램화되어 있지만 혈압을 낮추는 방법은 설계되어 있지 않은 것이다.

또한 혈압이 높아지면 동맥혈관벽이 두꺼워지고 딱딱해져서 콜레스테롤과 지방산이 굳어진 덩어리로 달라붙기 쉬워지는데 이것은 다시 혈관을 좁히는 역할을 해 혈압이 더욱 높아지는 악순환이 일어난다. 즉, 고혈압 상태가 지속되면 동맥경화증을 불러오고 동맥경화증은 고혈압을 다시 악화시키는 것이다. 고혈압 때문에 굳어진 혈관벽은 높은 혈압에 손상받기 쉬워지는데 높은 압력 때문에 혈관 내벽에 균열이 생기면 여기에 서서히 콜레스테롤과 지방산 등이 달라붙어서 혈관벽은 더욱 두껍고 딱딱하게 되는 악순환에 빠지는 것이다. 말하자면 상처가 아물 때 딱딱한 조직으로 바뀌듯이 부드럽고 탄력이 있는 혈관이 딱딱하고 탄력이 없는 속이 울퉁불퉁한 파이프처럼 변하게 된다. 이는 혈류의 순환에 장애를 일으키고 혈관을 약하게 해 뇌혈관질환, 심장질환, 신부전증, 동맥경화증 등 심각한 합병증을 일으키게 되는 것이다.

**안 좋은 걸 알면서도
우리는 왜 짠 음식에 끌리는 걸까**

혈압을 높이는 가장 중요한 원인 하나를 꼽으라고 한다면 많은 전문가들이 염분 섭취를 들 것이다. 염분 섭취는 여러 연구에서 혈압과의 인과관계가 충분히 밝혀진 바 있다. 우리나라의 연구에서도 고혈압 환자는 대개 음식을 짜게 먹는 것으로 나타났다. 이와 같은 연구 결과들을 바탕으로 최근에는 염분 섭취와 고혈압의 관련성이 잘 알려지게 되었다. 그런데 짜게 먹으면 고혈압이 생기기 쉽다는 것을 알면서도 짠 음식을 좋아하는 이유는 무엇일까?

선행인류가 살았던 아프리카의 사바나 지역은 그 이전 열대우림이었던 시기에 비해 기온이 내려가긴 했으나 그래도 여전히 높은 기온으로 낮에는 더워서 땀을 흘릴 수밖에 없는 환경이다. 거기에다 수렵채집 활동을 통해서만 살 수 있었던 당시에는 신체 활동량이 많아서 근육 사용으로 인한 체열이 상당히 발생하기 때문에 체온을 유지하기 위해 땀으로 내보내는 염분 및 수분의 양은 상당했을 것이다. 그런데 선행인류가 살았던 수백만 년간은 바다에서 먹을 것을 얻기가 어려웠기 때문에 염분을 충분히 섭취하지 못했다. 염분은 체내에 수분을 유지시키는 역할을 하기 때문에 생존을 위해서 매우 필요한 성분이지만 과거 수렵채집인들은 늘 염분 부족에 시달렸다고 볼 수 있다. 이들의 염분 섭취량을 과거 인류 조상과 비교적 비슷한 생활을 하는 오늘날의 수렵채집인의 식이를 바탕으로 추정해 보면 하루에 1그램 정도의 염분을 섭취했을 것으로 보인다. 한국인의 하루 염분 섭취량이 대개 15그램을 넘는다는 것을 보면 과거 수렵채집인의 염분 섭취량이 지금보다 얼마나 적은 양이었는지 알 수 있다. 수렵채집인들은 염분을 동물이나 식물 등의 먹거리를 통하여 얻을 수밖에 없었는데, 염분이 많은 음식을 먹는 것이 생존에 유리했기 때문에 짠 음식을 선호하는 성향이 자연선택되어 오늘날 그 후손인 우리에게도 이러한 성향이 남아 있는 것이다.

또한 그들은 주위에 항상 물이 풍부하게 있는 이상적인 환경을 갖기가 쉽지 않았을 것이다. 따라서 대부분의 선행인류는 항시 물 부족과 높은 기온으로 인한 수분 소실을 견디며 살아가야만 했다. 이러한 환경을 이겨내는 방법은 열을 덜 받아서 염분과 수분 소실을 가능한 적게 하는 것과 인체 내에 수분을 저장하는 효율을 높이는 것이다. 오늘날에도 강렬한 햇빛과 더운 기후에서 활동을 해야 하는 아프리카 흑인들은 백인에 비해 염분과 수분을 보다 더 인체 내에 갖고 있으려는 특성이 있다. 이러한 특성은 미국으로 이주한 흑인에게서도 나타나는데 혈장 농도나 요 비중 등 인체 내의 탈수지표를 보면 백인에 비해 흑인이 낮은 것을 알 수 있는데, 이는 흑인이 몸 안에 수분을 더 많이 갖고 있다는 것을 뜻한다.

한편 염분과 수분을 혈액 내에 충분히 가짐으로써 혈압을 유지하는 것이 매우 중요했기 때문에 우리 몸에는 염분이 체내에서 빠져나가는 것을 막는 역할을 하는 기전들이 마련되어 있다. 염분 유지에 중요하게 관여하는 기전 중에 CYP3A5라는 효소가 있는데 이 효소의 활성화는 유전자형에 따라 달라진다. 그런데 CYP3A5의 유전자형을 살펴보면 적도에서 멀어질수록 이 유전자의 변이가 증가되는 것으로 밝혀졌다.[34] 즉 아프리카의 흑인에게는 염분을 체내에 유지하는 능력이 유지되고 있는 반면, 아시아인과 유럽인의 경우는 유전자 변이에 의해 체내에 염분을 유지하는 능력이 상당히 줄어 있는 것이다. 염분이 많으면 혈액 내에 수분이 많아지고 혈압이 오르기 때문에 아시아인과 유럽인의 경우 자연선택의 힘은 아프리카의 흑인에 비해 염분 유지 능력을 줄이는 쪽으로 작용한 것이다.

염분 섭취와 고혈압, 그리고 지역적 차이

이렇게 자연선택의 방향이 아프리카에 살던 사람과 아시아나 유럽에 살던 사람 사이에 다르게 나타나는 것은 외부 기온이 높아지면 혈압이 떨어지고 추워지면 혈압이 높아지는 현상과 관련이 있다. 기온이 높은 곳에 거주하면 체내의 열을 발산하기 위해 체표면의 혈관이 확장되면서 체표면으로 많은 양의 혈액이 공급되어 전체적으로 혈압은 떨어지게 된다. 그래서 기온이 높은 지역에 거주하는 사람은 대개 혈압이 낮게 유지되어 고혈압이 잘 발생되지 않는다. 이는 아프리카에 거주하는 흑인에게서 고혈압 환자가 많지 않은 이유다. 그러나 기온이 낮아지는 곳에 거주할수록 체내 열 손실을 줄이기 위해 체표면의 혈관이 수축되면서 혈압이 높아지는 효과가 나타난다.

그런데 아프리카를 떠나서 높은 위도 지역으로 비교적 최근에 이주한 흑인들은 추워진 기후에도 불구하고 염분과 수분을 보다 잘 유지하려는 특성을 그대로 갖고 있기 때문에 다른 인종에 비해 고혈압의 위험성이 커지게 되었다. 이런 이유로 미국 내에서는 백인이나 아시아인에 비해 흑인의 고혈압 발생률이 높게 나타난다. 이것은 아프리카 흑인과 아프리카에서 노예로 강제 이주되었던 인구 집단을 위도에 따라서 살펴보았더니 위도가 증가하면서 고혈압의 유병률도 같이 증가했다는 연구에서도 잘 나타난다.[35] 따라서 위도가 높아서 기온이 낮은 곳에서는 염분과 수분을 몸 안에 많이 유지해서 혈압을 높이는 것이 오히려 위험할 수 있다. 그래서 고위도 지역에 사는 아시아인과 유럽인은 아프리카 흑인에 비해 염분 유지 능력이 줄어들게 된 것이다.

즉, 추운 기온의 고위도 지역에 살았던 사람들은 아프리카에 거주한 인류의 선조들이 겪었던 것과는 정반대 방향의 적자생존 과정을 겪었기 때문에 체내에 염분과 수분을 보존하려는 경향이 적고 또 염분 섭취의 기호도 줄어들었다. 또한 반대 방향의 적자생존 과정을 겪지 않아서 염분과 수분을 체내에 보존하려는 경향이 크게 남아 있는 적도 근처의 거주민들은 고온에 의한 혈관 확장 효과로 고혈압이 크게 문제되지 않을 수 있다. 그런데 고위도 지역과 적도 지역의 중간에 위치한 온대 지방의 거주민, 예를 들어 한국인은 여름철의 더위와 겨울철의 추위를 모두 경험하기 때문에 염분 섭취의 기호도 그대로 갖고 있으면서 추울 때 혈압이 높아지는 영향도 나타남으로써 그만큼 고혈압이 문제가 될 소지가 많다.

이와 같이 혈압유지기전은 인간의 기본적인 생명 유지 방법이고 염분 섭취 기호는 오랫동안 인류의 유전자에 각인되어 있었지만 지역에 따라서 다르게 나타날 수 있는 것이다. 하지만 반대 방향의 적자생존 압력이 심하지 않다면 언제든지 염분 섭취를 좋아하는 방향으로 우리를 이끌 것이다. 왜냐하면 지난 4-5만 년에 걸쳐 인류가 아프리카의 더운 환경에서 벗어나 추운 환경을 접하게 되면서 어느 정도 반대 방향의 적자생존 과정을 거쳤다 하더라도 염분 섭취를 좋아하는 경향은 인간 생존의 근원적인 방향에 부합하기 때문이다. 이런 이유로 짠 음식을 자주 먹게 되면 금방 익숙해지는 반면에 싱거운 음식에 적응하는 데에는 상당한 의지와 노력이 필요한 것이다.

스트레스와 운동 부족은 어떻게 고혈압을 유발할까

고혈압은 염분 섭취나 기온의 영향 이외에도 스트레스나 운동 부족에 의해서도 발생되는 것으로 알려져 있다. 그 중 먼저 스트레스에 대해 살펴보면, 스트레스란 일반적으로 생리적 반응이나 행동적 반응을 일으키는 사실상의 위협 또는 본인이 위협으로 받아들이는 것을 말한다. 의학적으로는 외부 자극에 의해 부신피질호르몬 및 카테콜아민과 같은 호르몬이 상승하는 등 신경내분비계와 자율신경, 면역체계의 변화를 가져오는 상황을 말한다. 스트레스는 고혈압과 관련이 있는데, 긴장할 때 혈압이 오른다는 것은 이미 잘 알려진 사실이다. 긴장에 의해 심박수가 증가하고 심박출량이 늘어나는 것은 실은 병리적인 현상이 아니라 외부 자극에 대해서 싸울 것이냐 도망갈 것이냐를 준비하는 생리적이며 방어적인 현상이다. 예를 들어 어떤 무섭고 두려운 상황이 나타났는데 긴장이 안 되고 싸우거나 도망갈 태세가 되어 있지 않다면 그대로 죽거나 다칠 수밖에 없기 때문이다. 이러한 위험한 상황을 벗어나게 준비시키는 기본적인 방식이 심장 박동을 증가시키고 순환 혈액량을 늘려서 싸우거나 도망갈 수 있도록 하는 것인데 이는 결과적으로 혈압이 높아지도록 만든다.

그렇다면 스트레스는 위험 상황에 대처하거나 벗어나게 하면서 생명을 지키는 기본적인 반응인데 왜 과거 수렵채집인들에게는 고혈압을 일으키지 않은 반면 현대인에게는 문제가 되는 것일까? 아마도 우리의 원시 조상에게 스트레스는 매우 드물었을 것이다. 사바나에서 영양과 같은 동물을 사냥하는 수렵채집인 조상이 있었다고 해보자. 그런데 사자와 같은 맹수도 영양 사냥을 하기 때문에 영양 주변에는 늘 맹수들이 있을 수 있는데 때로는 이러한 맹수들을 뜻하지 않게 만나서 잡아먹힐 수도 있다. 하지만 이렇게 잡아먹히는 일은 일어나기는 해도 매우 드물게 일어났을 것이다. 하나의 거주지에서 십 년에 한 번 정도 그러한 일이 생긴다고 해보자. 대개 그러한 일이 있으면 같이 사는 사람들은 스트레스를 받아서 영양을 사냥하는 걸 두려워할 것이다. 그런데 몇 달이 지나도 그 후에 아무런 일이 생기지 않으면 다시 이전처럼 사냥을 하게 된다. 더욱이 멀리 떨어진 거주지에서 또 다른 사람이 맹수에게 잡아먹혔다고 해도 이런 소식이 잘 전해지지 않는다면 그 거주지 사람들에게는 아무런 영향을 미치지 못할 것이다. 따라서 스트레스에 대한 반응은 자주 일어나지 않으며 일어나더라도 위험한 상황을 피할 수 있게 해주는 역할을 하기 때문에 스트레스는 과거 원시 조상에게는 매우 유익한 반응이었다.

현대인은 이러한 생리적 반응을 조상으로부터 물려받아서 거의 그대로 갖고 있으나 스트레스를 받는 빈도는 과거와는 비교도 되지 않게 많아졌다. 고도의 경쟁 사회에서 살아남아야 하는 현대인들은 공부, 직장, 자식 걱정과 같은 스트레스를 많이 받으며 살고 있다. 게다가 소식으로 전해 듣는 간접적인 스트레스도 끊이지를 않는다. 다시 말하면 누군가 맹수에게 잡아먹혔다는 소식을 매일 듣고 있는 셈이다. 인터넷, 신문, TV 등을 통해서 듣는 자연재해나 살인 사건과 같은 소식들은 현대인들에게 지속적으로 일정 수준의 스트레스를 주고 있다고 볼 수 있다. 이처럼 과도하게 많아진 스트레스가 만성적으로 부신피질호르몬이나 카테콜아민을 상승시켜서 혈압을 올리는 것이다.

운동 부족도 고혈압의 주요 원인에서 빠질 수가 없다. 2003년 미국 국립보건원이 보고한 고혈압 가이드라인에서는 혈압 관리를 위한 생활 개선 요법을 권장하고 있는데, 하루에 30분 이상 거의 매일 빨리 걷기 정도의 운동을 하면 수축기혈압을 4-9mmHg 정도 떨어뜨리는 효과가 있어 규칙적인 운동이 고혈압 관리에 매우 중요하다고 강조하고 있다.[36] 운동은 혈관을 이완시킴으로써 혈관 저항을 감소시켜 혈압을 낮추는 영향을 주고 장기적으로는 교감신경 활성을 감소시키고 산화질소와 같은 혈관 이완 물질을 증가시킨다. 또한 혈관의 구조적인 변화를 초래해 혈류를 개선함으로써 혈압을 떨어뜨리는 것으로도 알려졌다.

과거 수렵채집인은 사는 곳에서 하루에도 수 킬로미터에서 수십 킬로미터 떨어진 곳까지 다니면서 식량을 구해야만 자신과 가족을 먹여 살릴 수 있었다. 또 근거지에서 먹을 것이 바닥나면 아예 멀리 떨어진 다른 곳으로 거주지를 옮겨야 했기 때문에 기본적인 신체 활동량이 오늘날 현대인의 활동량과는 비교도 되지 않았을 것이다. 게다가 천천히 걸어 다니면서 채집하는 경우는 거의 없고 대부분 빠른 속도로 움직이거나 달리기를 해야만 동물들을 잡을 수 있고 남들보다 높거나 험한 곳을 가야만 과실, 견과류 등을 얻을 수 있기에 생존을 위해서 엄청난 신체 활동을 했을 것이다. 농업혁명 이후 정착 생활로 바뀌면서 인류의 신체 활동량이 달라지기 시작했지만 생산성이 높지 않았던 초기의 정착기에는 농경이든 목축이든 신체 활동량이 만만치 않았을 것이다. 지금도 농경과 목축을 하는 사람들의 활동량은 도시 생활을 하는 사람과 비교해 보면 훨씬 많다. 그러나 산업혁명 이후 산업 사회가 되면서 신체 활동을 많이 하지 않으면서도 도시에서 살아갈 수 있는 사람들이 늘어났다. 오늘날에는 하루 종일 책상에 앉아서 사무를 보면서 출퇴근 시간과 식사 시간에 잠깐 걷는 것 외에는 거의 신체 활동을 하지 않는 사람들을 흔하게 볼 수 있다.

신체 활동량에 있어서 원시 조상과 현대인 사이에는 이처럼 엄청난 차이가 있다. 신체 활동을 하는 근육에 에너지를 공급하는 순환 시스템이 심장과 혈관계인데 이 혈액 순환 시스템은 사바나 기후에서 낮 시간 동안 햇볕을 받으면서도 수렵채집 활동을 할 수 있도록 설계되어 있다. 이 시스템은 혈액량을 유지하고 각 기관에 충분한 압력으로 혈액을 보낼 수 있을 뿐만 아니라 신체 활동을 많이 하는 경우에 기능을 잘 유지할 수 있도록 최적화되어 있다. 즉, 이 순환 시스템은 많은 양의 신체 활동을 소화할 수 있게 만들어졌고 또 많은 양의 신체 활동을 해야만 원활하게 돌아갈 수 있다. 그런데 신체 활동량이 갑자기 수 세기에 걸쳐 줄어들게 되면서 이 시스템에 장애가 생기게 된 것이다. 특히 지난 50년 동안에는 엄청난 속도로 신체 활동량이 줄어들었다. 현대인의 줄어든 활동량으로는 건강한 혈액 순환 시스템을 유지하기에 역부족이 된 것이다. 마치 시원하게 흘러야 할 강물이 갑자기 빠져나갈 곳을 찾지 못해 강둑을 압박하는 일과 같은 현상이 생겼다. 원활하게 순환되어야 하는 혈류가 정상적인 순환을 못하게 되면서 강변에 퇴적물이 쌓이듯이 혈액 내의 콜레스테롤과 지방산이 혈관벽에 붙게 된 것이다. 이는 결국 혈류의 순환을 더욱 방해하게 되고 혈관 내부의 직경을 좁히는 역할을 해 혈압을 높게 만든다.

고혈압은 앞에서 살펴본 것처럼 염분 섭취, 스트레스, 운동 부족, 그리고 유전적 요인 등이 상호작용하여 일으킨다. 그런데 최근에 보고된 유전자와 고혈압의 관련성 연구 결과들을 보면 유전자가 고혈압 발생에 기여하는 비율은 크지 않은 것으로 밝혀졌다. 예를 들어 비교적 큰 규모의 유전체 역학 연구에서 나온 결과를 보면 고혈압과 관련 있는 유전자 변이를 모두 합하여도 혈압의 변화에 미치는 영향은 2퍼센트도 안 되는 것으로 나타났다.[37] 또한 고혈압과 연관이 있다고 밝혀진 유전자 변이 중 상당수가 수분 및 염분의 유지와 관련이 있는 것으로 나타났다. 결국 고혈압은 인류가 새로운 환경을 만나면서 염분 유지의 필요성은 줄었지만 염분 섭취를 좋아하는 경향을 유지하고 있고 문명의 발전과 함께 스트레스나 운동 부족과 같은 위험 요인들이 늘어나서 생겼다고 볼 수 있다.

17

과거에는 유익했던 유전자가
지금은 심혈관질환을
폭발시키고 있다

산업혁명 이전에는 전체 사망의 10퍼센트도 차지 못해

현대인과 비교해 보았을 때 과거 수렵채집 시기에 아프리카에서 살았던 인류의 조상에게서 동맥경화증과 심혈관질환이 발생될 위험성은 매우 적었을 것이라는 증거들이 나오고 있다. 벨기에의 대니얼 리모움Daniel Lemogoum은 수렵채집 시기 방식과 유사하게 전통적인 생활을 이어가고 있는 피그미족과 도시 근방으로 이주하여 살고 있는 피그미족을 비교한 결과, 전통적인 수렵채집 생활을 하는 피그미족에게는 동맥경화성 변화가 적었고 나이를 먹어도 동맥경화증이 크게 늘지 않는다는 것을 확인했다.[38]

오스트레일리아에 사는 원주민들의 경우에도 전통적인 수렵채집 생활에서 현대인의 방식으로 생활환경이 바뀌면서 심혈관질환의 위험 요인인 비만과 당뇨병이 급격하게 늘어난 것으로 나타났다. 지금도 현대 문명과 비교적 떨어져 살고 있는 오스트레일리아 북부 전통 마을의 거주민들은 몸이 마르고 혈압이 낮다. 나이가 들어도 혈압이 높아지거나 체중이 늘어나지도 않으며 혈당과 콜레스테롤 수치도 낮다. 또한 현대인의 방식으로 생활환경이 바뀐 원주민도 일시적으로 전통적인 수렵채집 생활로 돌아갔을 때는 혈당이나 중성지방이 떨어지고 인슐린 저항성도 개선되었을 뿐만 아니라 체중이 줄고 혈압도 떨어지는 현상이 나타났다. 오스트레일리아에 거주한 수렵채집인은 신체 활동을 많이 하면서 저지방, 고식이섬유의 열량은 낮으면서도 영양 성분이 풍부한 음식을 먹었던 것으로 알려졌다.[39]

이러한 연구 결과들은 수렵채집 시기에는 동맥경화증이 거의 없었다는 것을 나타내는데 그 이유를 정리해 보면 다음과 같을 것이다. 우선 당시에는 야채와 과일 위주의 저칼로리와 저염분 음식을 주로 먹었으며 약간의 물고기 등 수산식품과 가끔씩 사냥으로 얻은 육류를 먹는 생활을 했다. 또한 수렵과 채집을 하기 위해 많은 신체 활동을 해야 했다는 점과 문명 이후에 즐기기 시작한 술이나 담배 등에 노출되지 않았던 것도 중요한 이유라 할 수 있다.

한편 3천5백 년 전 아모세아몬으로 알려진 이집트의 공주는 40대에 사망했는데 그 미라를 조사해 보니 심장동맥이 막혀서 사망한 것으로 드러났다.[40] 문명 초기에 이미 심혈관질환이 발생하고 있었다는 것은 뜻밖의 사실이지만, 파라오의 딸인 공주는 일반인들과는 달

고대 이집트 시대 상류층은 심혈관질환을 일으키는 환경에 노출되었을 것이다.

리 신체 활동을 많이 하지 않고 육류와 같은 칼로리가 높은 음식들을 섭취했을 거라는 것은 쉽게 추정해 볼 수 있다. 공주 이외에도 미라로 보존된 당시 사회 고위층에 대한 컴퓨터 단층 촬영 결과에서도 동맥이 막혀 있는 소견들이 상당히 발견되었다. 당시의 이집트는 번영의 시대였고 가난한 사람들도 돼지고기를 풍족하게 먹을 수 있었으며 빵에는 꿀을 발라 먹던 시대였다. 따라서 공주와 같은 사회 고위층은 현대인의 식단처럼 심혈관질환에 좋지 못한 식생활을 했을 것으로 추정해 볼 수 있다. 수렵채집에서 벗어나 농경과 목축을 하는 문명 시대로 접어들면서 사회 상류층은 운동 부족과 비만과 같은 심혈관질환의 위험 요소들을 갖게 된 것이다.

그러나 문명화된 이후의 시기 중 전염병과 기근이 주로 문제가 되었던 산업혁명 이전에는 심혈관질환으로 인한 사망은 전체의 10퍼센트도 되지 않았고 그것도 대부분 감염과 영양 부족 때문에 생기는 류머티즘성 심장병이나 심근병증이 그 원인이었다. 그러다 산업혁명 이후 위생 상태가 개선되고 깨끗한 물의 공급과 함께 영양 상태가 좋아지면서 그 양상은 이전의 감염과 영양 부족으로 생기는 문제에서 점차 심혈관질환이 많아지는 쪽으로 바뀌어 갔다. 이러한 변화는 현대 사회로 오면서 보다 뚜렷해져서 현재 선진국에서는 심혈관질환이 전체 사망의 30퍼센트 이상을 차지하고 그 중에서도 관상동맥질환이 가장 중요한 원인이 되고 있다. 그런데 선진국에서만 이런 변화가 나타나는 것이 아니라 사회경제적 수준이 낙후된 국가에서도 다소간의 시간 차이가 있기는 하지만 비슷한 변화를 나타내고 있다. 더욱 문제인 것은 저개발 국가들은 선진국보다 훨씬 짧은 기간 안에 변화를 압축적으로 경험하고 있다는 것이다.[41]

예를 들어 한국전쟁 중에 사망한 미국인 병사와 한국인 병사에 대한 부검 조사 결과, 미국인 병사의 77퍼센트에서 동맥경화의 변화가 나타났지만 한국인 병사에게서는 이러한 변화를 거의 찾을 수 없었다.[42] 심혈관질환을 과거에 앓은 적이 없었던 경우만 조사를 했지만 미국인 병사는 젊은 나이에도 동맥경화의 소견이 있었던 것이다. 반면 1950년 당시에 사회경제적 수준이 미국에 비해 크게 떨어지고 식생활 등 생활 습관이 매우 달랐던 한국인 병사에게서는 이러한 소견이 거의 발견되지 않았다. 그런데 오늘날 한국은 사회경제적 수준이 급격하게 높아지고 생활 습관이 서구화되면서 심혈관질환이 크게 늘어나 현재는 한국인과 미국인 사이의 심혈관질환 발생률은 크게 차이 나지 않는다. 즉 60년이라는 짧은 기간 사이에 가속화된 생활환경의 변화는 한국에서 심혈관질환의 폭발적인 증가를 가져온 것이다.

심혈관질환의 주범, 동맥경화증의 발생

동맥경화증은 콜레스테롤이나 중성지방 같은 지방 덩어리가 혈관내벽에 쌓여서 혈관벽이 두터워지고 딱딱하게 굳어서 탄력을 잃은 상태를 말한다. 이렇게 혈관벽 안에서 만들어지는 지방 덩어리를 아테로마라고 하는데 아테로마는 혈액 내의 저밀도지질단백질Low Density Lipoprotein로 된 콜레스테롤, 즉 LDL-콜레스테롤이 혈관벽 안으로 들어가서 덩어리가 되어 굳어지면서 만들어진다.[43] 이와 같이 LDL-콜레스테롤은 동맥경화증 발생에 매우 중요한 역할을 한다. LDL-콜레스테롤은 산화 작용을 거치면서 혈관벽에 붙기 쉬워지는데 이 LDL-콜레스테롤을 처리하기 위해 대식세포 같은 백혈구들이 동원되어 그들을 잡아먹는다. 그런데 백혈구가 LDL-콜레스테롤 덩어리들을 처리하는 데에는 한계가 있어서 계속 그들을 잡아먹게 되면 결국은 세포가 터지고, 터진 세포 밖으로 다시 나온 콜레스테롤은 또 다른 백혈구가 동원되어 잡아먹는다. 이러한 과정이 반복되면서 지방 덩어리가 혈관벽 안에 쌓이게 되고 혈관벽이 두터워지면서 혈관 내의 직경이 줄어들게 되는 것이다. 따라서 아테로마는 기본적으로 LDL-콜레스테롤과 백혈구가 동원되는 염증 반응에 의해 형성되기 때문에 콜레스테롤, 특히 포화지방이 많은 음식을 섭취하거나 흡연이나 대기오염에 노출되는 등 혈액 내에서 염증 반응을 일으키는 경우에 잘 생긴다.

아테로마가 커지면서 혈관벽이 딱딱해지고 두터워지게 되면 혈관 내벽이 약해져 터지기가 쉬워진다. 아테로마는 대개 혈관벽 안에서 만들어지기 때문에 혈액과 직접 접촉하지는 않으나 혈관벽이 약해져 터지게 되면 혈액과 직접 접촉하게 되고 이렇게 되면 혈액이 굳어서 생긴 덩어리, 즉 혈전을 잘 생성하게 한다. 혈전이 관상동맥 안에서 만들어지게 되면 동맥을 막아서 심근경색증과 같은 허혈성 심장질환을 일으키게 된다. 아테로마는 그 자체가 혈관벽을 두껍게 할 수 있고 또한 터졌다 아물었다 하는 과정이 반복되면서 혈관을 좁게 만드는 역할도 하기 때문에 혈류량을 줄어들게 해 협심증과 같은 심혈관 질환도 일으킬 수 있다.

동맥경화증을 초래하는 또 다른 중요한 요인은 동맥혈관벽에 가해지는 압력이다. 고혈압, 즉 혈압이 높은 상태는 혈관내피세포에 압력에 의한 손상을 지속적으로 주어서 염증 반응이 잘 일어나게 한다. 이러한 염증 반응은 아테로마를 커지게 해 동맥경화증의 진행을 촉진시킨다. 한편 동맥경화증 자체의 변화가 혈관벽을 두껍게 만들고

혈관을 좁아지게 해 혈압을 다시 상승시키기 때문에 고혈압과 동맥경화증은 서로를 악화시키는 악순환에 빠지게 된다.

건강에 유리했던 유전자가 이제는 질병을 일으키는 유전자로

심혈관질환은 자연선택의 압력이 큰 질환은 아니다. 왜냐하면 대개 질환이 중년기 이후에 발생되어 후손을 보는 데에는 거의 영향을 주지 않기 때문이다. 따라서 심혈관질환을 일으키는 유전자 변이가 있다고 했을 때 그 변이가 자연선택의 압력에 의해 쉽게 사라질 가능성은 적다. 물론 심혈관질환을 직접적으로 일으키는 유전자 변이가 특별한 이유 없이 크게 증가할 가능성도 거의 없다. 그러나 유전자가 후손을 보는 시점까지는 상당한 이점을 주지만 나이가 들었을 때 심혈관질환에 더 잘 걸리게 하는 역할을 하는 경우라면 그 유전자의 빈도가 유지되거나 혹은 증가될 수 있을 것이다.[44]

　최근 유전체 전체를 이용한 유전자 관련성 연구에서 몇몇 유전자 변이가 심혈관질환과 관련이 있다고 밝혀졌는데 이는 이 유전자 변이가 과거에 자연선택 과정에서 유리했을 가능성을 의미한다. 그런데 문명화된 이후 인류는 수렵채집 시기와는 전혀 다른 환경 속에서 살게 되었고 따라서 과거 유전자 변이의 역할이 오늘날에는 달라지게 된 것이다. 과거에는 유리했던 대립유전자가 새로운 환경에서는 질병을 잘 일으키는 대립유전자가 될 수 있다는 것이다.

예를 들어 염증 반응을 일으키는 싸이토카인 농도가 유전적으로 높은 사람은 나이가 들어서 심혈관질환이 더 잘 발생하지만 젊었을 때는 감염성질환에 대한 저항력이 더 커서 후손을 보는 데에는 보다 유리했을 것이다.[45] 즉 염증을 잘 일으키는 대립유전자가 자연선택에서는 유리했지만 심혈관질환 발생은 더 잘 일으킬 수 있다는 것이다. 아테로마 형성에서 중요한 역할을 하는 혈액 응고 덩어리 즉, 혈전 형성에서도 자연선택에서 유리했던 유전자 변이가 심혈관질환에는 나쁜 영향을 준다. 혈액 응고에 관여하는 응고인자 7번에 생긴 유전자 변이는 혈액 응고를 보다 잘 일으키기 때문에 심혈관질환의 위험도를 높이는 것으로 알려졌다.[46] 다시 말하면 혈액 응고가 잘되기 때문에 출혈이 있는 경우 지혈이 잘되어 생존에 유리하게 작용했던 유전자 변이가 나이가 들었을 때는 혈관 내에서 혈전을 잘 만들 수 있으므로 심혈관질환을 보다 더 잘 일으키는 요인이 되는 것이다.

심혈관질환을 일으키는 요인 중 가장 중요한 것이 혈액 내의 콜레스테롤인데 오늘날 현대인의 식습관은 쉽게 고지혈증이 되기 쉽다. 원래 콜레스테롤은 세포막을 구성하는 데 쓰이고 호르몬과 같은 물질의 원료이기 때문에 인류의 진화에 매우 중요한 역할을 했다. 그래서 수렵채집 시기에는 혈중 콜레스테롤이 높은 쪽이 경쟁에서 유리해 자연선택되기 쉬웠을 것이다.[47] 그런데 이러한 자연선택이 수렵채집 시기의 콜레스테롤 섭취를 기반으로 이루어졌다면 이와 관련된 대립유전자가 있을 것이고 이 대립유전자의 역할은 과거와는 비교도 되지 않을 정도로 콜레스테롤이 많이 들어 있는 음식을 섭취하는 현대인에게는 오히려 문제를 초래할 수 있다. 아포 E Apolipoprotein E 유전자는 지질대사와 콜레스테롤의 이동에 관여하는 기능을 하는데 이와 같은 자연선택을 잘 설명해 준다. 특히 아포 E의 ε4 대립유전자는 혈중 콜레스테롤을 높이는 역할을 하기 때문에 먹거리가 충분치 않고 때때로 기근을 견뎌야 했던 수렵채집 시기의 생존에는 유리했다. 그런데 현대와 같이 영양이 충분히 공급되는 상태에서는 LDL-콜레스테롤을 높여 아테로마 형성을 촉진시킴으로써 심혈관질환의 위험성을 높이는 역할을 하게 되었다.[48]

아프리카에서 나와 인류가 이동을 한 이후 서로 다른 지역에 정착하면서 아포 E의 ε4 대립유전자는 사람들이 거주하는 위도에 따라 그 빈도가 다른 것으로 알려졌다. 위도가 높아서 추운 지역과 위도가 낮아서 더운 지역은 ε4 대립유전자의 빈도가 높고 위도가 35도 정도 되는 중위도 지역, 즉 연평균 기온이 섭씨 14도 정도로 생활하기에 가장 적절한 지역에서는 그 빈도가 가장 낮은 것으로 나타났다.[49] 추운 지역과 더운 지역은 각각 체온을 적절히 유지하기 위해 에너지를 많이 사용하기 때문에 신체 대사율이 높아지게 된다. 이때 콜레스테롤을 그 에너지원으로 사용하기 때문에 혈액 내의 콜레스테롤을 높이는 역할을 하는 ε4 대립유전자를 가진 사람들이 자연선택에서 유리했다. 그러나 오늘날에는 ε4 대립유전자가 오히려 아테로마를 형성시켜 혈관을 굳게 하거나 좁게 만들기 때문에 심혈관질환을 더 많이 일으키는 나쁜 역할을 한다.[50] 기온이 자연선택의 압력을 주었을 때는 생존에 보다 유리했던 대립유전자가 외부 기온의 영향을 크게 받지 않는 현대인에게는 오히려 질병을 일으키는 요인이 된 것이다.

이와 같이 유전자 변이가 아테로마 형성에 관여하는 혈중 콜레스테롤 농도나 혈전 형성 혹은 염증 반응에 영향을 주기 때문에 어떤 대립유전자를 갖고 있는지에 따라 심혈관질환의 발생 위험도가 달라질 수 있다. 과거에는 대부분 자연선택에서 유리했던 대립유전자였는데 환경이 바뀌면서 심혈관질환의 위험도를 높이는 역할을 하게 된 것이다.[51] 이렇게 된 이유는 최근 콜레스테롤 섭취가 크게 늘어났고 염증을 유발하는 요인들이 급속하게 늘어난 환경의 변화에 유전자가 적응하지 못하고 과거의 대립유전자들을 그대로 갖고 있기 때문이다. 즉 문명 이후 환경의 변화와 유전자의 적응 사이에 시간적 간격이 존재하는 것이다.

변화된 생활 습관이 원인이다

동맥경화증을 일으키는 주된 요인인 LDL-콜레스테롤은 포화지방과 트랜스 지방에 많이 들어 있다. 포화지방은 소고기와 같은 육류에 많고 트랜스 지방은 쇼트닝이나 마가린과 같이 상업적으로 제조된 식품에 많이 들어 있다. 지방을 빼지 않은 우유로 만든 제품들 역시 포화지방을 많이 갖고 있다. 따라서 우유를 비롯하여 우유로 만든 제품, 즉 마요네즈, 버터, 크림, 치즈, 요구르트 등과 계란 노른자에는 LDL-콜레스테롤이 상당히 들어 있다. LDL-콜레스테롤은 소고기, 돼지고지, 양고기 등 적색살코기에도 들어 있으며 간이나 콩팥과 같은 동물의 기관에도 상당히 들어 있다. 또한 적색살코기보다는 적지만 바닷가재, 조개, 굴, 새우 등에도 들어 있다. 트랜스 지방은 상온에서 굳는 특성을 가졌는데 여기에도 상당히 많은 LDL-콜레스테롤이 들어 있다. 대개 상업적으로 제품화된 식품에는 LDL-콜레스테롤이 많다고 볼 수 있는데 케이크, 파이, 쿠키, 도넛, 감자칩과 같은 가공 식품에 상당량 들어 있다.

그런데 이렇게 LDL-콜레스테롤이 많은 음식은 과거 수렵채집 시기에는 얻기 어려운 것들이다. LDL-콜레스테롤은 적은 농도 수준에서는 생존과 발달에 유리했기 때문에 수렵채집 시기에는 작은 동물을 잡아먹거나 물고기나 조개 등을 통해 섭취했을 것이다. 또한 이때는 심혈관질환이 나타나는 연령인 40대까지 생존하는 경우가 많지 않았기 때문에 당시에 섭취한 LDL-콜레스테롤은 질병을 일으키는 데 거의 영향을 주지 않았을 것이다. 문명 이후, 특히 산업혁명 이후에 LDL-콜레스테롤을 많이 함유한 먹거리가 우리의 식단을 차지하면서 심혈관질환은 급속도로 증가된 것이다.

LDL-콜레스테롤 말고도 심혈관질환을 일으키는 중요한 원인은 염증과 관련된 요인들이다. 흡연은 염증을 초래하는 대표적인 요인이라고 할 수 있다. 흡연을 할 때 우리 몸 안에 들어오는 수많은 화학물질과 뜨거운 연기는 쉽게 기관지나 폐에 염증을 일으키고 이 염증 반응은 혈액 내로 들어가서 심장혈관 내의 동맥경화를 촉진시키고 때로는 굳어진 혈관내벽을 터지게 하는 역할을 한다. 치주질환처럼 급속도로 진행되지는 않지만 만성적으로 염증이 지속되는 경우에도 동맥경화를 촉진시켜서 심혈관질환의 위험성을 높일 수 있다.[52]

신체 활동, 그 중에서도 특히 규칙적인 운동은 심혈관 기능을 개선하고 혈압을 떨어뜨려 심혈관질환의 위험도를 낮춘다. 특히 중년에 신체적으로 활동적인 사람은 나이가 들어 생길 수 있는 동맥경화의 진행을 막거나 늦출 수 있어서 심혈관질환을 예방할 수 있다.[53] 유산소 운동이 근력 운동에 비해 혈압을 낮추고 동맥의 탄력성을 개선하는 효과가 더 크지만 근력 운동 역시 심혈관 기능을 개선하는 데 도움을 준다. 그런데 일상생활에서 현대인의 신체 활동량을 보면 먹거리를 찾거나 사냥을 위해 상당한 신체 활동을 한 수렵채집인에 비하면 크게 부족하다. 우리의 신체는 아직까지 수렵채집 시기의 신체 활동량에 최적화되어 있기 때문에 현대인의 부족한 신체 활동량으로는 심혈관계 시스템이 적절히 작동하지 못하기 때문에 심혈관질환이 발생되는 것이다.

현대인들이 겪는 만성 스트레스는 아마도 문명 이전 수렵채집 시기에는 없었을 것이다. 갑자기 맹수가 나타나서 사나운 이빨을 드러내면서 달려드는 위험과 같은 급성 스트레스를 접하기는 했어도 오늘날의 현대인들처럼 일상생활에서 끊임없는 경쟁에 시달리지는 않았을 것이다. 정신적 스트레스와 염증 반응은 사실 거리가 있어 보이는 관계지만, 스트레스란 외부의 자극에 대한 대응 반응이고 염증 반응은 이러한 대응 반응에서 발전된 것이므로 같은 뿌리에서 시작했다고도 볼 수 있다. 따라서 정신적 스트레스가 염증 반응 물질과 염증 세포들을 증가시킬 수 있다. 증가된 염증 반응은 동맥경화를 촉진시키기 때문에 현대인의 스트레스 증가는 심혈관질환 증가를 가져오는 주요 원인 중 하나라고 할 수 있다.[54]

최근 들어 여러 가지 질병을 초래하는 요인으로 밝혀진 대기오염 물질은 우리가 숨을 쉬는 공기 중에 있는 작은 먼지와 가스들로 된 해로운 물질을 말한다. 그런데 대기오염과 건강 영향과의 관련성에 대한 많은 연구 결과들이 심혈관질환의 발생에도 대기오염이 중요한 역할을 한다고 밝히고 있다. 미국의 크리스틴 밀러Kristin Miller 등은 미국의 36개 대도시 지역에 거주하는 사람들을 6년간 추적 조사한 결과, 미세먼지 농도가 공기 입방미터당 10마이크로그램 높아질 때 심혈관질환에 의한 사망률이 76퍼센트나 증가했다고 보고했다.[55]

대기오염물질이 심혈관질환 발생을 증가시키는 이유 역시 염증 반응을 일으키기 때문이다. 오염물질들이 몸 안에 들어오면 여기에 대항하기 위해 염증 세포들이 동원되게 되는데 염증으로 악화된 동맥경화증이나 혈관내피의 손상은 심근경색증과 같은 심혈관질환 발생 위험도를 높인다. 대기오염은 수렵채집 시기는 말할 것도 없고 문명화 시기 이후에도 산업혁명 전에는 경험할 수 없었던 것이다. 산업화되면서 석탄과 석유와 같은 화석 연료를 사용했고 이로 인해 공장에서 나오는 배출 가스나 자동차에서 나오는 배기가스 등이 대기를 오염시키기 시작했다.

수면 부족 또한 심혈관질환 발생을 높이는 것으로 알려졌다. 특히 수면 시간이 여섯 시간이 안 되고 깊게 잠들지 못하는 사람들에게 더 잘 생기는 것으로 나타났다.[56] 수면 부족 혹은 수면 장애가 심혈관질환을 초래하는 이유는 아마도 심장에 충분한 휴식을 주지 못하고 에너지를 써버려서 심장의 회복 기능을 떨어뜨리기 때문일 것이다. 수면 문제 역시 밤이 길었던 산업혁명 이전에는 거의 없었던 문제이다. 현대 사회가 되면서 형광등과 같은 인공 조명 때문에 밤이 줄어들고 한편으로 스트레스가 많아지면서 충분히 깊은 잠을 자지 못해 발생된 문제인 것이다.

결국 심혈관질환은 문명 초기부터 발생되었다고 할 수는 있지만 최근의 폭발적인 증가는 음식과 신체 활동 측면에서 크게 달라진 생활양식과 함께 산업혁명 이후 본격적으로 늘어난 흡연과 대기오염, 그리고 수면 부족과 스트레스와 같은 생활환경에 그 원인이 있다. 유전자 변이가 심혈관질환 발생에 어느 정도 영향을 미치는 것으로 밝혀졌지만, 이 역시 생활환경의 변화에 의해 과거에는 유익했던 점이 건강에 해로운 영향으로 바뀐 것이므로 최근의 심혈관질환 증가는 현대인의 생활환경에 기인한 것으로 보아야 한다.

18

성숙하지 못한 방어체계가
알레르기 질환을 일으킨다

익숙지 않은 자극에 대한 미성숙한 반응

어린 자식이 온몸이 가려워서 피가 나도록 긁거나 숨이 차서 괴로워하는 모습을 지켜보는 부모의 가슴은 그야말로 찢어질 듯 아프다. 잠도 제대로 못 자면서 밤새 긁거나 기침을 하면서 뜬눈으로 지새워야 하는 이런 질병은 왜 생기는 것일까? 아토피 피부염과 천식과 같은 알레르기 질환은 면역체계가 적절하지 못하게 반응해서 생기는 질병이다. 알레르기는 봄철의 꽃가루, 애완동물에게서 떨어지는 비듬, 빵을 만들 때 쓰이는 밀가루 등 다양한 물질들에 노출될 때 생길 수 있다. 그런데 알레르기 반응은 모든 사람에게 생기는 것이 아니라 일부 사람에게만 발생한다. 알레르기 증상은 사실 우리 몸에 익숙하지 않은 어떤 물질이 반복적으로 우리 몸을 자극할 때 백혈구의 일종인 미만세포mast cell 표면에 있는 면역글로불린 E 항체와 이 물질이 결합해서 미만세포 속에 들어 있는 히스타민 같은 알레르기 유발 물질을 세포 밖으로 내보내기 때문에 생기는 것이다. 이러한 반응은 우리 몸에 익숙하지 않은 물질을 콧물이나 눈물, 혹은 재채기 등을 통해서 내보내기 위한 반응으로, 누구나 갖고 있는 방어기전이다.

생존을 위해서는 외부에서 특정 물질이 인체를 자극하거나 침입해 들어올 때 이를 막는 반응이 필요한데 그런 방어체계 중의 하나가 면역체계이다. 따라서 외부 물질과 인체가 접촉할 때 항체와 같은 대응 물질을 만들어 내는 〈외부 자극-내부 대응〉의 면역체계는 생물체의 생존에 필수적이라고 할 수 있다. 면역체계는 외부 물질에 대응해 이들을 잡아먹는 백혈구세포를 동원하거나 해로운 작용을 차단하는 항체와 같은 반응 물질을 만들어 내는 일을 한다. 그런데 익숙한 외부 자극이나 침입에 대해서는 적절하게 면역체계가 작동하는데 반해, 익숙지 않은 자극이 있을 때는 여기에 대응하는 방어기전도 성숙되지 않아서 종종 지나친 반응을 할 때가 있으며 때론 이러한 반응이 건강에 위협을 가하는 수준으로 일어나기도 한다. 이처럼 미성숙한 면역 반응에 의해 생기는 질환을 알레르기 질환이라 하며 이 중 대표적인 질환이 아토피 피부염과 천식이다.

문명 이전 수렵채집 시기에도 새로운 식물이나 동물을 만나는 경우가 종종 있었을 것이며, 수렵채집인들은 새로운 동식물들이 스스로를 보호하기 위해 내뿜는 독소 등에 다양한 형태로 노출되었을 것이다. 새로운 물질이 몸 안에 들어오면 그 물질로부터 우리 몸을 보호하기 위한 면역체계가 작동하는데, 문명 이전의 시기에도 면역체계가 비정상적으로 작동해 생기는 아토피 피부염이나 천식 등의 알레르기성 질환이 발생했을 수 있다. 그러나 새로운 환경으로 인한 자극이 많을수록 비정상적인 면역 반응은 더 자주 나타나기 때문에 인류의 이동과 행동 반경이 점차 커진 문명 이후 시대에는 수렵채집 시기에 비해 보다 많은 새로운 자극을 접하게 되었고 결과적으로 알레르기 질환은 점점 더 늘어났을 것이다.

알레르기 증상에 대한 최초의 기록으로는 기원전 3500년경에 이집트의 멘세스 왕이 말벌에 쏘여서 죽은 사건을 들 수 있다. 로마의 역사를 바꾸는 데도 알레르기 질환은 중요한 역할을 했다. 로마의 클라우디우스 황제의 아들인 브리타니쿠스는 말 알레르기가 있었는데 그 정도가 심해서 말을 타기만 하면 알레르기 반응이 나타났다. 눈이 부어 앞을 볼 수 없을 정도여서 말을 탈 수조차 없었는데 당시에는 말을 타고 선봉에 서서 사회 지도 세력을 이끄는 것이 황제 아들의 임무 중에서 매우 중요한 일이었다. 결국 브리타니쿠스는 클라우디우스 황제가 입양한 네로에게 그 일을 넘겨주었고 이로써 네로는 왕권을 차지할 수 있게 되었다. 네로가 이후에 로마를 불태우고 기독교인들을 박해한 것 등 그가 저지른 여러 가지 기행과 만행을 생각해 보면 알레르기라는 질환이 역사에도 큰 영향을 미쳤다는 것을 알 수 있다. 또한 알레르기 반응을 알고 이를 정치에 악용한 예도 있다. 영국 왕 리처드 3세는 딸기를 먹으면 알레르기 증상이 나타났는데 이를 이용해 정적인 윌리엄 헤스팅 경을 제거할 계획을 세웠다. 윌리엄 헤스팅을 접견하기 전에 딸기를 먹은 리처드 왕은 예상대로 그를 만나고 나서 여러 가지 알레르기 증상이 나타나자 이를 윌리엄 헤스팅의 저주 때문이라고 돌려 결국 그를 참수함으로써 정적을 제거할 수 있었다.[57]

실제로 알레르기Allergy라는 말이 사용된 것은 20세기 들어와서다. 오스트리아의 의사였던 클레멘스 폰 피르케Clemens von Pirquet가 말 혈청으로 만들어진 항독소로 호흡기 감염병인 디프테리아를 치료하던 중에 디프테리아와는 관련이 없는 증상들이 생기는 것을 보고 이를 디프테리아와 〈다른allos 반응ergos〉이라고 한 것에서 유래한다.[58] 아토피Atopy라는 말은 더 나중에 만들어졌다. 이는 보통 사람들에게는 아무런 문제를 일으키지 않는 꽃가루나 동물 비듬 같은 것에 접촉되었을 때 알레르기 반응을 보다 잘 일으키는 체질을 나타내기 위해 〈정상적이지 않은a 신체 부위 topic〉라고 한 데서 유래했다.

천식에 대해서는 문명 이전 수렵채집 시기에는 실증적인 증거 자료가 없지만 문명이 시작된 지 얼마 지나지 않은 고대 이집트에서는 천식이 존재했다는 증거들이 나오고 있다. 기원전 1500년경의 파피루스에는 천식과 같은 병의 치료법에 대해 기록되어 있는데, 고대 이집트 사람들은 호흡을 신체 기능 중 가장 중요한 것으로 여겼던 것 같다. 파피루스에 의하면 천식은 인체에 공기와 물을 공급하는 관이 고장 나거나 막혀서 생긴 병이다. 한편 기원전 3000년 즈음에 농사짓는 법을 알려주고 의약도 창시한 사람으로 알려져 있는 중국의 신농神農은 천식을 치료하기 위해 마황을 사용한 것으로 전해지고 있어서 당시에 천식이라는 질환은 중국에도 있었다는 것을 알 수 있다.[59]

과거에 아토피 피부염이나 천식이 얼마나 많이 발생되었는지는 확실하지 않지만, 분명한 것은 이들이 최근 들어 갑자기 증가되었으며 그것도 한 세대 정도의 기간 동안에 크게 증가했다는 것이다. 예를 들어 1960-70년대에는 아토피 피부염이나 천식으로 고통받는 아이들을 우리 주변에서 찾아보기 어려웠다. 그런데 최근에 초등학교에 가보면 상당수의 아이들이 아토피 피부염이나 천식을 앓거나 경험했던 것을 알 수 있다. 아토피 피부염은 현재 라틴 아메리카 일부 나라에서는 네 명 중 한 명꼴로 나타날 정도이다.[60] 천식 또한 급격히 증가해 1985년에서 2001년 사이에 세계적으로 천식 유병률은 100퍼센트 이상 증가했다. 1964년에 호주의 7세 이하 아이들의 천식 경험은 19퍼센트였는데 1990년에 같은 조사를 했을 때는 그 비율이 46퍼센트였다.[61] 이러한 놀라운 증가는 거의 유행병이라고 불러도 손색이 없을 정도이다. 그렇다면 아토피 피부염이나 천식이 최근 들어 급격하게 증가하는 이유는 무엇일까?

유전적 요인 외에 하나 더 있다

아토피 피부염은 습진과 같은 피부염이 있으면서 면역글로불린 E 항체가 증가되어 있는 질환을 말하는데, 유전적인 질환이거나 적어도 유전적인 영향이 큰 것으로 인식되어 왔다. 왜냐하면 아토피 피부염을 앓았던 부모에게서 태어난 자녀는 같은 질환을 앓을 확률이 매우 높기 때문이다. 그런데 흥미로운 것은 그 부모의 부모, 조부모까지 올라가서 과거의 질병력을 조사해 보면 과거에 그와 같은 질병을 앓았다는 증거를 찾기가 어렵다. 가족력의 영향이 매우 커서 유전적인 질환으로까지 인식되고 있는 이 질환이 같은 유전자를 가졌을 몇 세대 앞의 조상에게서는 나타나지 않았다면 유전자 자체가 그 원인이라고 보기는 어렵다.

아마도 오히려 유전적으로 잠재성이 있는 유전자 변이를 가진 사람이 여러 가지 환경 물질의 자극에 의해 그 잠재성이 폭발적으로 나타났을 가능성이 높을 것이다. 예를 들어 피부를 보호하는 단백질인 필라그린 유전자의 기능을 떨어뜨리는 유전자 변이가 있는 사람이 고양이를 기르게 되면 아토피 피부염이 생기기 쉽다.[62] 환경 물질의 자극은 가족 내에서는 서로 공유되기 때문에 같은 유전자 변이를 가진 후손에게서 나타나기 쉽다. 즉 유전자 변이와 고양이라는 두 가지 요인이 같이 있을 때 아토피 피부염이 그 가족 내에서 잘 발생하는 것과 같이, 아토피 피부염은 유전적 요인과 환경적 요인이 서로 영향을 주어서 발생된다. 아토피 피부염 발생이 적은 나라에서 많은 나라로 이민을 간 사람들에게서 아토피 피부염이 증가되는 것도 유전적 요인뿐 아니라 환경적 요인이 중요한 역할을 한다는 것을 의미한다.[63]

그런데 환경 요인이 중요하다면 그 조건을 바꾸어 환경 물질의 자극을 줄이면 없어져야 하는데, 아토피 피부염은 한 번 생기면 환경을 변화시켜도 성인이 될 때까지 조그만 자극에도 증상을 나타낸다. 따라서 외부의 새로운 환경에 대한 면역 반응이 비정상적으로 나타나서 아토피 피부염이 발생했다가 환경이 바뀌면 다시 정상적인 면역 반응을 나타낸다는 논리로는 설명되지 않는다. 어쩌면 외부 환경 물질의 자극에 의해 알레르기 반응이 크게 증가된 상태는 한 번 발생되면 이를 초래했던 물질과 접촉하지 않아도 상당 기간 지속적으로 나타난다고 볼 수 있다.

이렇게 환경 자극에 민감한 상태는 일시적인 자극에 의해 생기는 것이 아니라 민감한 반응을 일으키는 인체 내의 반응 시스템 때문에 생기는 것이다. 따라서 특정한 환경 자극에 의해서만 나타나는 것이 아니라, 면역체계가 외부의 환경 자극에 정상적인 반응을 하지 못하고 과도하게 민감하게 반응하는 〈미성숙함〉 때문에 생긴다. 그리고 이러한 이상 반응 상태 자체가 유전자 발현 프로그램에 입력되어 후손에게도 전달된다고 볼 수 있다. 따라서 최근 급격하게 늘어난 아토피는 환경 요인이 비정상적인 알레르기 반응을 증가시키고 이렇게 민감하게 반응을 일으키는 유전자 발현 상태가 자신뿐 아니라 후손에게 전달됨으로써 나타난 현상으로 볼 수 있다.[64]

한 세대 만에 파도처럼 몰려오는 천식

과거에도 천식이 없지는 않았지만 천식이 일반적인 병으로 알려지게 된 시기는 산업혁명 이후이고 최근과 같은 놀라운 증가가 시작된 시기는 1980년대 이후라고 볼 수 있다. 산업혁명 이후에 천식이 늘어났던 이유는 대기 등의 환경이 상당히 오염되었기 때문이다. 그런데 오염된 환경 때문에 천식이 늘어났다면, 오히려 산업혁명 시기에 비해 환경오염 수준이 크게 줄어든 최근에 천식이 급격히 늘어난 이유는 무엇일까? 도대체 어떤 요인이 천식이라는 질병을 파도처럼 갑자기 몰려오게 하는 것일까?

천식이 무엇 때문에 생기는지를 밝히는 것은 쉽지 않다. 많은 연구자들이 상당한 노력을 했음에도 아직 분명하게 밝혀진 바가 없다. 그 이유는 어떤 천식은 알레르기성 반응으로 생기고, 또 어떤 천식은 기관지에 대한 자극과 염증에 의해 생기는 등 발생기전을 어느 한 가지로 설명하기는 어렵기 때문이다. 최근의 일부 연구자들은 천식이 생기는 아이들과 그렇지 않은 아이들이 있는 것은 유전자의 차이 때문이라고 하면서 천식을 유발하는 유전자를 찾으려는 노력을 많이 해왔다. 그러나 많은 노력에도 불구하고 별 소득을 얻지 못한 채 유전자의 차이만으로 천식이 발생되는 것을 설명하기는 어렵다는 결론에 이르렀다. 설혹 천식을 잘 일으킬 수 있는 유전자가 있다 하더라도 유전자의 차이로는 최근의 급격한 발생 증가를 설명할 수는 없다. 유전자의 변화는 인구 집단에서 항상 일어나는 일이기는 하지만 천식

■
부모의 흡연이
자녀의 천식에
영향을 미칠 수 있다는
연구 결과도 있다.

이 발생하는 방향으로 많은 사람들의 유전자가 한 세대 만에 갑자기 변한다는 것은 생각하기 어려운 일이기 때문이다.

그렇다면 어떤 환경적 요인이 천식의 증가에 역할을 한 것일까? 독일의 발트라우트 에더Waltraud Eder는 우선적으로 간접흡연의 영향을 꼽는다.[65] 또 많은 연구에서 부모의 흡연이 자녀의 천식과 관련 있다고 보고하고 있다.[66] 부모가 흡연을 하면 담배 연기 속에 있는 화학물질들이 어린 자녀의 기관지에 자극과 염증을 일으켜서 천식을 일으킨다고 보는 것이다. 이는 담배 연기에 포함되어 있는 미세입자와 그 성분들을 들여다보면 충분히 타당한 이야기이다. 그러나 부모의 흡연만으로 천식의 놀라운 증가를 다 설명하기는 어렵다. 한 세대 전의 부모들은 지금보다 집에서 담배를 더 많이 피웠는데 오히려 집에서 담배를 훨씬 덜 피우는 요즘 천식이 더 많이 생기는 이유를 어떻게 설명할 수 있을까?

어떤 학자들은 대기오염이 천식 발생 증가의 주요 원인이라고 주장하기도 한다. 실제로 여러 연구 결과에서 대기오염이 증가하면 천식으로 인한 응급실 방문이나 병원 입원이 늘어난다고 밝혀졌다. 그러나 이 역시 지난 한 세대 동안 선진국에서는 대기오염의 농도가 줄었는데도 그 기간에 천식 발생이 크게 늘어난 것을 설명하기는 어렵다. 또 현재 국가들 간의 천식 발생률을 비교해 보면 대기오염이 훨씬 적은 나라에서 천식 발생이 더 높은 것으로 나타나기 때문에 대기오염만으로 설명하기에는 뚜렷한 한계가 있다.

천식 전문가들은 침대나 카펫에 있는 집먼지진드기를 주범으로 꼽는 데 주저하지 않는다. 집먼지진드기가 천식 증상을 악화시킨다는 것은 많은 연구들을 통해서도 밝혀진 사실이지만, 그렇다면 왜 집먼지진드기가 지난 한 세대 동안 갑자기 크게 늘었을까 하는 의문 역시 생길 수밖에 없다. 최근의 천식 발생 증가 양상을 설명하려면 집먼지진드기가 대부분의 국가에서 크게 늘어나고 있어야 하지만 후진국에서는 그러한 증거를 찾기가 어렵다. 집먼지진드기는 사람에게서 떨어져 나간 피부 세포와 같은 것을 먹고 살기 때문에 침대 매트리스나 카펫과 같은 곳에 살기 쉬운데 최근 들어 이러한 생활환경이 크게 늘었다고 볼 수 없기 때문이다. 인류의 거주 문화가 집먼지진드기가 서식하기에 좋은 방향으로 바뀌기는 했지만 그렇다고 천식의 급격한 증가를 집먼지진드기로 모두 설명하기는 어려운 것이다.

흥미롭게도 최근 들어 역시 크게 증가하고 있는 비만이 천식을 일으키는 원인 중 하나라는 연구 결과들이 나오고 있는데 체중을 줄이니 폐 기능이 좋아졌다고 보고되고 있다.[67] 그러나 비만이나 체중 증가가 어떻게 천식을 일으킬 수 있는지에 대한 설명은 부족하다. 아마도 비만을 일으키는 생활 습관이나 식습관이 천식을 초래했을 것으로 보는 것이 훨씬 더 타당할 것이다. 즉 정제된 음식과 인공적으로 처리된 음식 등 과거와는 크게 다른 음식의 섭취가 비만을 일으키는 요인인데, 비만이 천식 발생 증가와 관련이 있다는 연구 결과는 아마도 이런 음식과 함께 섭취하게 되는 여러 가지 감미료와 착색제 등 화학물질이 영향을 준다고 볼 수 있다. 이러한 화학물질은 과거에는 노출된 적이 없었던 새로운 것들이므로 알레르기 반응을 잘 일으키게 하거나 자극과 염증을 일으켜서 천식이 보다 잘 발생되게 하는 것이다.

깨끗한 환경이 오히려 병을 키운다

그런데 최근에는 아주 새로운 의견이 주목을 받고 있다. 이는 소위 〈위생 가설Hygiene Hypothesis〉이라 불리고 있는데, 이 가설은 아토피 피부염이나 천식의 발생은 아주 어렸을 때 세균에 노출되지 않은 깨끗한 환경에서 자랐기 때문에 면역 기능이 성숙되지 못해 생긴다는 이론이다. 세균은 피부에 염증을 일으키거나 기관지를 자극해 천식을 악화시킬 수 있는데, 어떻게 어렸을 때 세균에 많이 노출되면 아토피 피부염이나 천식이 잘 발생되지 않을 수 있느냐고 의문을 갖는 사람들도 있지만 많은 연구에서 오히려 〈세균 노출〉이 알레르기 질환 예방에 중요한 역할을 한다고 보고되고 있다.

사실 우리 생활 주변에 흔히 있는 대부분의 세균은 인간과 공존해 오면서 감염력이 매우 약해져 있기 때문에 면역 반응을 일으키는 정도의 자극을 주기는 해도 질병을 일으키지는 않는다. 마치 독성을 약화시킨 세균을 이용해 예방 접종을 맞는 것과 같다고 볼 수 있다. 이러한 세균들은 우리의 면역체계를 성숙시켜서 외부에서 들어오는 여러 물질에 대응할 수 있도록 돕는 역할을 한다. 그런데 항균제, 세정제 등을 사용하면서 세균이 생활 주변에서 적어지게 되면 면역 기능을 자극해 면역체계가 성숙해지게끔 하는 역할을 하기 어렵게 된다. 특히 면역체계를 성숙시켜야 되는 생후 일 년 이전의 시기에는 적절한 세균 환경을 갖는 것이 매우 중요하다. 세균뿐 아니라 기생충 역시 감염이 되면 아토피 피부염이나 천식을 막는 효과가 있는 것으로 알려졌다. 따라서 오늘날 우리는 생활환경에서 세균이나 기생충을 없애 감염성질환은 줄였지만 덕분에 아토피 피부염이나 천식과 같은 알레르기 질환은 오히려 증가시키게 되었는지도 모른다.

분명한 것은 지난 몇 십 년 동안 대부분의 나라에서 생활환경의 위생 수준이 크게 향상되었다는 것이다. 사람들은 보다 깨끗한 환경에서 생활하게 되었고 오염되지 않은 물과 음식을 먹게 되었다. 위생용품은 어디서나 구입할 수 있고 화장실, 부엌 등은 세균이 번식하지 않게끔 청결하게 관리했다. 특히 어린이들이 생활하는 공간은 더욱 위생적으로 관리하려는 노력을 기울였다. 그리고 이러한 위생 수준의 향상은 감염성질환을 감소시켜 그 결과 사망률이 크게 줄어든 것은 사실이다.

그러나 위생 수준의 향상이 새로운 문제를 일으킬 거라는 것은 그 누구도 상상하지 못했을 것이다. 사실 위생 수준의 향상이란 사람들이 오랫동안 적응해 왔던 미생물의 환경에서 크게 벗어나게 된 것을 의미한다. 그렇게 변화된 환경은 새로운 적응을 할 때까지 건강에 위협을 줄 수 있다. 감염성질환을 일으키는 병원균은 질병을 일으키는 나쁜 세균이지만 실제 병원균은 전체 세균 중에서 아주 일부에 불과하다. 병원균이 아닌 세균은 사실 건강에 해가 되지 않을 뿐만 아니라 때로는 매우 유익한 역할을 하는 경우도 많다. 그런데 병원균을 없애기 위해 사람들과 더불어 살면서 서로 적응해 왔던 세균까지 없애 버리는 바람에 〈사람과 세균의 공존 체계〉를 크게 변화시키게 되었다. 정리하자면, 위생 수준의 향상 때문에 생활환경 속에서 세균은 그 수가 줄어들어서 사람에게 주는 적절한 면역 자극을 주기 어렵게 된 것이다.

이는 사람들의 기본적인 면역체계를 흔들었고 결국 이로 인해 과

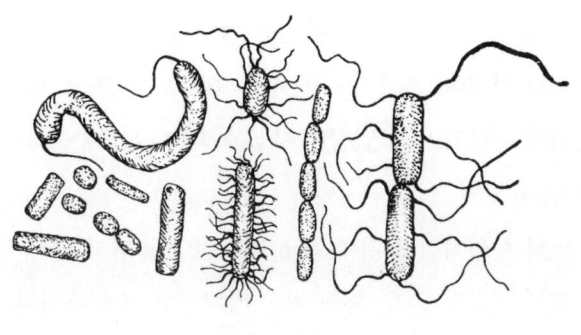
우리 몸 안에 있는 다양한 세균들. 이들과 우리는 공생 관계를 형성하기도 한다.

거에 비해 면역체계가 성숙하는 데 더 많은 시간이 필요하게 되었을 것이다. 아직 면역체계가 성숙하지 못한 어린이들은 새롭게 늘어난 외부 화학물질의 자극에 제대로 대응하지 못하게 되었는데 이러한 대응체계의 미성숙이 아토피 피부염이나 천식으로 나타나는 것이다. 즉 위생 수준의 향상으로 인한 세균 환경의 변화와 일상생활에서 노출되는 화학물질의 증가가 면역체계를 비정상적으로 작동시켜서 아토피 피부염이나 천식과 같은 알레르기 질환의 발생을 증가시켰다고 할 수 있다.

사실 우리의 위장관에는 세균을 중심으로 한 많은 미생물이 살고 있는데 우리 몸 안에 있는 미생물의 수를 모두 합치면 우리 몸을 구성하는 세포 수인 10조보다 10배가 많은 100조가 된다. 특히 이 중 대부분인 세균은 인체와 공존 관계를 형성하고 있으며 더 나아가 서로의 생존 환경을 유리하게 만드는 역할을 한다. 이처럼 세균과 인간이 서로 적응하면서 이롭게 된 환경은 매우 오랜 기간에 걸쳐서 만들어진 관계일 것이다. 흔히 우리는 항생제나 소독약으로 세균을 없애야 건강하게 된다고 믿고 있지만 사실 우리는 세균이 없으면 하루도 살 수가 없다.

문명 이전 수렵채집 시기에 주로 먹었던 가공되지 않은 음식에서 문명 이후의 변화된 환경, 특히 최근 정제되고 쉽게 소화될 수 있는 음식으로의 변화는 세균과 인간의 공존 체계를 흔드는 또 다른 요인이다. 우리의 몸 안에 있는 장내 세균에는 면역체계를 정상적으로 유지하고 작동시키는 데 중요한 역할을 하는 세균도 있다. 장내 세균은 우리가 섭취한 음식을 쓸모 있는 당과 다당류로 만들어 주기도 하고 비타민을 합성해 주기도 한다. 또 건강을 해칠 수 있는 외부의 미생물이 들어오면 싸워서 물리쳐준다. 따라서 장내 세균이 변화되면 인간의 면역체계가 영향을 받아서 비정상적으로 작동될 수 있다. 즉 인간이 섭취하는 음식에 따라서 장내 세균의 분포가 달라질 수 있고 이는 결국 면역 반응을 나타내는 데 크게 영향을 미칠 수 있다는 것이다. 이처럼 현대인의 식생활은 장내 세균 분포에 영향을 주어 알레르기성 질환의 발생 증가에 중요한 역할을 했을 것이다.

우리 몸은 왜 이렇게 불필요한 반응을 하는 걸까

알레르기는 기본적으로 익숙지 않은 외부 물질에 노출될 때 이에 대한 방어기전의 일환으로 과다한 생체 반응이 일어나는 것으로 이해할 수 있다. 오늘날 우리는 새로운 화학물질을 공기, 물, 일상용품 등을 통해 쉽게 접촉하게 되고 또한 음식 속에 감미료나 보존제 등의 화학물질들이 포함되면서 새로운 물질에 대한 노출이 짧은 기간 안에 크게 늘어나게 되었다. 이와 같은 급격한 변화는 새로운 물질에 대한 방어체계가 정상적으로 작동하기 어렵게 한다. 즉, 우리 몸이 갑자기 위협적인 외부 물질의 공격을 받고 있다고 인식하게 되어 면역글로불린 E 항체의 작용을 크게 높이게 된다. 성숙하지 못한 면역체계는 외부의 조그만 자극도 자신을 공격하는 것으로 인식해 과도한 방어를 하게 되는 것이다. 이런 이유 때문에 알레르기를 일으키는 물질, 예를 들어 꽃가루나 동물 비듬, 밀가루 등과 같은 물질은 그 자체의 독성은 크지 않은데도 이에 대한 반응은 지나치게 활성화되어 건강에 해로운 정도로까지 나타난다.

왜 이렇게 적절해 보이지 않는 과도한 반응이 일어나는 것이며, 이것이 불필요한 반응이라면 왜 자연선택 과정에서 없어지지 않고 남아 있는 것일까? 이 방어기전을 잘 살펴보면 콧물이나 눈물, 재채기 등을 통해 외부에서 들어온 이물질을 씻어내거나 내보내는 역할을 하고 또한 혈장 성분이 혈관 밖으로 빠져나와 조직 속에 들어온 어떤 이물질을 씻거나 공격하는 반응처럼 보인다. 그런데 이러한 알레르기 반응으로 얻는 이익이 확실하지 않아서 왜 이러한 반응이 계속 있어야 하는지 의문이 들 수 있다.

문명 이전에 인류의 건강을 위협했던 원인 중 재해와 사고가 아닌 질병으로는 중독intoxication과 기생충 감염을 들 수 있다. 오늘날 볼 수 있는 여러 가지 만성질환뿐 아니라 상당수의 감염성질환은 문명 이전에는 없었거나 있었다 하더라도 크게 건강을 위협한 정도는 아니었다. 그러나 수렵채집으로 얻은 음식을 먹고 생기는 중독이나 음식이나 피부를 통해 들어오는 기생충 감염은 아주 오랜 기간 인류에게 질병을 일으키고 사망을 초래하는 원인이었다. 따라서 자연선택 과정을 통해 중독과 기생충 감염에 대한 방어기전, 즉 외부에서 들어온 이물질이나 기생충을 씻거나 공격하는 반응이 갖추어졌을 것이다.

그런데 이러한 방어기전은 정교하지를 못해서 외부에서 들어온 물질의 독성과는 관계없이 익숙하지 않은 물질은 무조건 해로운 것으로 여기고 심한 반응을 일으킬 수 있다. 특히 문명 이후, 그리고 최근에 현대 사회에서 급격하게 증가된 새로운 물질들에 대해서 아주 오래전에 만들어진 반응체계는 혼란을 겪고 있는 것이다. 그리고 이러한 혼란은 방향성을 예측하기 어려워서 알레르기 반응이 어떤 물질에 의해 누구에게 어떻게 나타날지 예측하기가 어렵다. 그렇기 때문에 오늘날 아토피 피부염이나 천식 환자에게서 이러한 질환을 일으킨 요인을 찾고 치료하기가 쉽지 않다.

우리가 갖고 있는 생물학적 방어체계는 문명 이전의 시기에 외부 물질의 자극이 오늘날과는 비교가 되지 않을 정도로 단순하고 그 수가 적을 때 갖추어진 것이다. 오늘날에는 수많은 물질이 새로 만들어지고 일상생활을 통해 그대로 노출되고 있기 때문에 문명 이전에 갖추어진 반응체계를 정교하게 작동시켜 대응하는 것은 쉽지 않다. 새로운 물질이 생활환경에서 계속 늘어나는 한 알레르기 반응체계는 익숙하지 않은 자극으로 인해 더욱 민감해져서 아토피 피부염과 천식과 같은 알레르기 질환은 늘어날 수밖에 없을 것이다.

19

암,
순전히 인간이 만들어 낸 병

질병에 대한 승리가 코앞인 순간에

20세기 중반에 이르기까지 기승을 부리며 질병으로 인한 사망의 대부분을 차지했던 전염성질환이 그 세력을 점차 잃어가자 드디어 인류는 질병을 정복할 수 있다는 자신감을 갖게 되었다. 하지만 바로 그때, 질병에 대한 승리를 목전에 둔 바로 그 시점에 인류는 암을 비롯한 만성질병의 증가로 또다시 무기력함을 느껴야 했다. 21세기에 들어선 지금 산업화된 대부분의 나라에서 전체 사망의 3분의 1이 암으로 인한 것이고 이 비율은 적어도 당분간은 줄어들지 않을 전망이다. 그렇다면 오늘날 사망을 가장 많이 초래하는 질병이라고 할 수 있는 암은 문명 발생 이전에는 어느 정도로 사람들의 건강을 위협했을까?

 화석을 토대로 과거에 암이 얼마나 발생했고 또 어떤 이유로 발생했는지를 알기는 무척 어렵다. 뼈에 생기는 암이 아니고 부드러운 조직에 발생되는 암이나 혈액암 같은 경우는 화석에서 증거를 찾을 수가 없다. 결국 뼈에 생긴 암이나 뼈로 전이된 암을 갖고 추정할 수밖에 없는데, 다행스럽게도 유골 화석이 적지 않게 발견되었기 때문에 어느 정도 유추하는 데에는 무리가 없을 것이다. 특히 문명 이전의 수렵채집 시기에는 오늘날과 같이 수술과 같은 치료 기술이 발달되지 않았기 때문에 암이 있었다면 뼈에서 그 증거를 찾을 수 있을 것이다. 그런데 유골 화석에 대한 많은 조사에도 불구하고 유럽에서 발굴된 네안데르탈인의 화석에서 발견된 수막종으로 추정되는 병변이 거의 유일하게 선행인류에게서 발견된 암이라고 할 수 있다.[68] 이처럼 유골 화석에서 암을 발견하기가 어렵다는 것은 결국 과거에는 암이 매우 드물었다는 것을 의미하는데, 이는 결국 암을 일으키는 원인은 문명화와 관련되어 있다는 뜻이다.

 2010년에 영국의 맨체스터 대학에서 작성한 「암은 순전히 사람이 만든 병」이라는 기사는 상당한 반향을 일으켰다. 이 기사는 《네이처 리뷰 캔서 Nature Reviews Cancer》라는 학술지에 게재되었던 「암은 옛날부터 있었던 질환인가, 아니면 새로운 질환인가?」라는 로잘리 데이비드 Rosalie David와 마이클 짐머맨 Michael Zimmerman 교수의 연구 결과 보고에 근거한 것이다.[69] 이들은 암이 언제부터, 왜 발생했는지 그 기원을 밝히기 위해 3천 년 전의 이집트 미라 수백 구와 화석, 그리고 오래전의 의학 서적 등을 조사했다. 상당한 노력을 기울인 끝에 이들은 미라 다섯 구에서 종양이 있는 것을 찾아냈는데 이 종양은 모두 악성 종양인 암과는 다른 양성 종양이었다. 화석에 대한 조사에서도 암은 거의 발견되지 않았다. 한편 이 조사에서 동맥경화나 관절염 등은 기원전 이집트 시대에 이미 발생하고 있었다는 것이 밝혀졌는데 이 질환들은 대개 나이가 들어서 생기는 병이다. 미라의 사망 연령을 유추해 보면 얼마나 잘사는지에 따라 25세에서 50세까지의 분포를 보였다. 물론 암은 나이가 들어서 발병이 늘어나기 때문에 수명이 긴 인구 집단에서 훨씬 많이 발생하는 것은 당연하다. 그러나 비교적 젊은 나이에도 발병하는 암이 있으므로 암을 발견하지 못했던 이유를 나이가 들기 전에 사망해서 암이 발생되지 않은 것이라고만 할 수는 없다. 이러한 결과는 수렵채집 시기나 문명의 초기에 암이 발생하지 않았던 주된 이유는 암을 일으키는 요인이 당시에는 없었다는 것을 나타낸다. 따라서 아마도 고대 이집트 시대보다 훨씬 오래전 인류의 조상이 살던 구석기 시대에도 암은 거의 존재하지 않았을 것으로 추정할 수 있다.

    그리스 시대에 와서 히포크라테스가 게와 같이 조직을 파고 드는 성격을 가졌다는 의미로 암을 게를 뜻하는 카르시노스Karcinos라고 표현했고, 이후 로마의 의사였던 셀수스Celsus는 오늘날 암을 뜻하는 캔서Cancer라는 이름을 붙였다. 이처럼 질병 이름이 존재했다는 것은 그리스나 로마 시대에는 암이라는 병이 드물지 않게 발생했다는 것을 의미한다. 그러나 본격적으로 암에 대한 기록이 나타나는 시기는

18세기 이후다. 예를 들어 굴뚝 청소부에게 생긴 음낭암이나 코담배 사용자의 비암 등이 그것이다. 흥미롭게도 당시 암에 대한 기록은 단순히 질병의 양상을 기록한 것이 아니라 특정 직업이나 환경 요인에 노출되어 암이 잘 발생하는 사람들을 기록한 것이 많다. 아마도 이는 이런 요인에 노출되지 않은 사람들은 암 발생이 매우 적은데 비해 특별한 환경에 노출이 많이 된 집단에서는 특정한 암이 많이 발생되었다는 것을 의미한다고 볼 수 있다. 즉 대항해 시대와 산업혁명을 거치면서 다양한 직업이나 환경 노출이 전에 없이 많이 생기고 이러한 요인에 반복적으로 노출될 때 암이 발생되었던 것이다.

깨어진 평화 협정

암을 이해하기 위해서는 세포가 외부 환경의 자극에 반응하는 방식에 대해서 알 필요가 있다. 오늘날 동물의 몸을 구성하는 세포는 원래 단세포동물에서 시작해 다세포동물 및 기관을 구성하는 세포로 오랜 시간을 두고 발전해 왔기 때문에 단세포동물이 갖고 있는 자기분열과 증식기전을 억제하면서 다른 세포와 조화를 이루는 방법을 터득해 왔다. 세포가 모여 기관을 이루고 기관이 모여 개체를 이루면서 다양한 세포들은 대사를 느리게 하고 분열을 억제함으로써 다른 세포들과 모여 살 수 있게 된 것이다. 즉 세포들 간에 서로 자기를 억제하고 상생하는 상호협력과 조화가 생긴 것이다. 그런데 이러한 상호협력에 의한 억제기전이 풀려 마치 원시의 단세포동물 수준의 분열과 증식을 하게 되면 암세포로 발전하게 된다.[70]

먼저 세포의 억제기전이 풀리는 이유부터 살펴보자. 세포는 외부 자극이나 바이러스의 침입을 받게 되면 스스로를 보호하기 위해 원시세포 시절부터 갖춰왔던 방어기전을 동원한다. 예를 들어 기온의 극심한 변화나 감염 등 여러 가지 외부 자극이 있을 때 열충격 단백질이 나와서 단백질 발현을 조절하거나 산소의 공격력을 이용한 과량의 반응성 산소가 만들어져서 외부의 자극이나 침입자에 대응한다. 그런데 세포의 이러한 방어기전은 방어 물질을 이용해 외부의 자극이나 침입자를 공격하는 것이기 때문에 주변 세포에게도 상당한 영향을 미친다. 즉 주변에 있는 일부 세포는 다른 세포의 방어기전을 자신에 대한 공격으로 여기게 되어 조직 내에서 다른 세포와 조화롭게 지내는 환경이 깨진 것으로 인식하게 된다. 결국 세포와 세포 간의 조화와 협력이라는 평화 협정이 깨지는 것이다.

이렇게 인식이 변화된 세포는 스스로의 유전자를 보호하고 증식시키기 위해 활동하기 시작한다. 마치 스스로를 억제하고 있던 자물쇠를 풀고 자유를 얻듯이 세포가 원시세포의 자생적 성장과 분열 능력을 회복하는 것이다. 그리고 한 번 평화 협정을 깨고 세포들이 자생적인 성장과 분열을 하게 되면 이를 되돌리기는 어렵다. 조직 수준 혹은 개체 수준에서 보면 이는 평화 협정을 깬 〈반역 세포의 성장〉이고 우리가 암이라 부르는 질병이 생기는 것이다.

결국 암의 발생은 외부 환경의 자극에서 시작된 세포의 반응이고, 이는 익숙지 않은 새로운 환경에 대한 세포의 방어와, 이를 자신에 대한 공격으로 인식한 주변 세포의 생존 전략이 질병으로 나타나는 것이다. 익숙지 않은 새로운 환경의 자극과 침입이 없다면 세포 간의 평화 협정은 유지되고 암은 발생하지 않는다. 따라서 생활환경의 변화에 의해 새로운 자극과 침입이 넘쳐나는 현대와는 달리 그렇지 않았던 수렵채집 시기 혹은 문명의 초기에는 암이 거의 발생되지 않았던 것이다.

암은 과연 유전될까

암은 세포 내의 유전자에 결함이 생기거나 유전자가 정상적인 기능을 못해서 생기는 질병이다. 유전자란 단백질을 만들어 내 세포가 기능을 하게 하고 이웃한 세포들 간에 사이 좋게 지내도록 지침을 주고, 또 세포가 수명을 다하거나 손상을 받았을 때 스스로 죽게 함으로써 정상적인 상태를 유지하는 역할을 한다. 우리 몸에 있는 모든 세포는 이렇게 유전자가 지휘를 해 기능을 발휘하고 있는 것이다. 예를 들어 소화기관세포들은 음식물을 소화하고 섭취하는 일을 하고, 간에 있는 세포들은 섭취한 영양분을 대사시키며, 근육세포들은 영양분을 이용해 몸을 움직이는 기능을 발휘한다. 세포들은 세포 내에 모두 똑같은 유전자를 갖고 있지만 이렇게 서로 다르게 기능하는 이유는 전체 유전자 중에서 각 기관의 세포가 사용하는 유전자가 다르기 때문이다. 각 기관의 세포는 전체 유전자 세트에서 어떤 유전자는 활성화시켜서 그 기관의 고유 역할을 하게 하고 어떤 유전자는 불활성화시켜서 다른 기능을 못하게 한다.

그런데 이렇게 활성화된 유전자에는 세포의 분화와 조절에 관여하는 두 가지 암 관련 유전자, 즉 〈암유발 유전자〉와 〈암억제 유전자〉가 들어 있어서 중요한 역할을 하는데 이 부분에 이상이 생기면 암이 발생되는 것이다. 암유발 유전자는 세포의 성장과 분열에 관여하면서 각 세포가 원래 갖고 있는 기능을 하도록 조절하는 역할을 한다. 그런데 이 유전자에 돌연변이가 생기면 지나치게 활성화되어 정상적인 조절 기능을 못하게 되고 세포는 제멋대로 자라서 암이 될 수 있다. 암억제 유전자는 세포의 분열 속도를 조절하고 손상된 유전자를 수리하여 때로는 세포가 스스로 죽도록 하는 역할을 한다. 이 암억제 유전자에도 돌연변이가 생기거나 정상적으로 작동하지 못하게 되는 일이 생기면 제 기능을 못하기 때문에 세포는 통제를 벗어나서 암으로 발전할 수 있다.

특히 암억제 유전자는 마치 자동차의 브레이크와 같다. 자동차가 도로에서 지나치게 속도를 내어 사고가 나는 것을 막기 위해 브레이크가 적절하게 속도 조절을 하듯이, 암억제 유전자도 세포의 분열을 조절하는데 이 유전자에 돌연변이가 생겨 기능을 못하게 되면 세포 분열을 제멋대로 하게 되어 마치 자동차 사고가 나듯이 암이 발생되는 것이다. 암유발 유전자나 암억제 유전자는 각각 돌연변이에 의해 지나치게 활성화되거나 비활성화된다는 차이가 있지만 세포의 정상적인 조절 기능을 벗어나게 한다는 점에서 공통점이 있다. 조절을 벗어난 세포들이 만들어지면 그들은 이웃한 정상적인 조직을 파고들어 가거나 압박하여 우리 몸이 제대로 된 기능을 못하게 한다. 또 나중에는 멀리 있는 다른 기관이나 조직에까지 가서 병을 일으킨다.

그런데 이런 유전자 돌연변이는 대부분 부모한테 물려받아 생기는 것이 아니다. 암은 유전자에 문제가 생겨서 발생하는 질환이지만 아주 일부를 제외하고는 부모로부터 물려받은 유전병이라고 할 수는 없다. 그리고 대부분의 돌연변이는 살아가면서 어느 시점에 발생될 수 있지만 다음 세대로 전달되지도 않는다. 유전자를 이루는 DNA는 무수히 많은 유전자 코드로 이루어져 있고 이를 세포 분열을 통해 전달하기 때문에 돌연변이가 정상적인 세포 분열에도 생길 수 있기는 하지만 대부분의 돌연변이는 생활환경에서 노출되는 여러 요인들 때문에 발생된다.

물론 암에 따라서는 어떤 집안에서 더 많이 발생되는 경우도 볼 수 있다. 특정 가족 내에서 더 많이 발생하는 암이 있는 경우는 암을 일으키는 요인에 그 가족들이 다른 가족보다 더 많이 노출되기 때문일 수도 있지만, 그 가족이 특정한 유전자를 갖고 있어서 그 유전자가 부모에게서 자손으로 전달되기 때문일 수도 있다. 그런 유전자를 갖게 되면 암 발생 가능성이 높아질 수 있다. 하지만 이렇게 부모로부터 결함이 있는 유전자를 물려받아서 생기는 암은 전체 암 중의 5퍼센트도 되지 않는다.

유대인 중에서도 과거 동유럽에 뿌리를 두고 있었던 아슈케나지 Ashkenazi 유대인은 오늘날 미국 등 여러 나라에 퍼져 있는데 이들에게서 흔히 발견되는 BRCA1이나 BRCA2 유전자는 유방암과 난소암의 주요 원인 중 하나이다. 이 유전자를 갖고 있는 가족은 유방암과 난소암의 발생 위험도가 다른 가족에 비해 5-10배 정도 높아진다.[71] 그러나 이 경우처럼 암 발생 위험도를 높이는 유전자가 부모에게서 후손에게 전달되는 현상은 일반적이라기보다는 매우 예외적인 사례라고 보는 것이 타당할 것 같다. 왜냐하면 대부분의 암에서 이렇게 암 발생 위험도를 크게 증가시키는 유전자를 찾기는 어렵기 때문이다.

한편 이민을 간 인구 집단을 대상으로 한 연구에서 나타난 결과는, 암의 주요 원인이 부모로부터 물려받은 유전적 요인이 아니라 환경적 요인이라는 것을 분명히 보여준다. 예를 들어 아시아인에게서는 유방암과 대장암은 적게 발생하고 위암이 많이 발생하는데 비해 미국인에게서는 반대로 유방암과 대장암이 많이 발생하고 위암은 적게 발생한다. 그런데 아시아인이 미국으로 이주하게 되면 이주한 인구 집단에서는 아시아인의 암 발생 양상이 나타나는 것이 아니라 미국인의 암 발생 양상과 비슷해져서 유방암과 대장암이 늘어나고 위암은 줄어드는 현상이 나타난다. 이는 생활환경이 바뀜으로써 암 발생 양상이 달라진다는 것을 보여주는 것이다.

왜 지금에 와서 암은 대유행일까

암은 주로 생활환경 속에서 노출되는 여러 가지 요인, 즉 연령 증가, 흡연, 식이 습관, 호르몬, 그리고 스트레스 때문에 발생하는 것으로 알려졌다. 이 중 연령 증가를 암 발생의 중요한 요인으로 꼽을 수 있다. 왜냐하면 나이가 들수록 유전자의 결함 혹은 변이가 생길 확률이 높아지고 또한 결함 유전자를 제거하는 능력도 떨어지기 때문이다. 대장암은 30세 이전에는 드물지만 40세 이후에는 급격하게 증가한다. 위암이나 전립선암과 같이 대부분의 다른 암들도 나이가 들수록 증가해 대개 70세 이후에 정점을 이룬다. 따라서 최근에 크게 늘어난 수명의 증가가 암 발생의 중요한 원인이라고 볼 수 있다.

암의 원인 중에서 예방 효과를 가장 크게 볼 수 있는 것 하나를 고르라면 당연히 흡연이다. 흡연은 전체 암 발생의 30퍼센트 정도를 차지할 만큼 중요한 원인이다. 1982년에 미국의 보건장관은 "흡연은 암 사망을 일으키는 가장 큰 원인"이라고 선언했고 이후 담뱃갑에는 보다 강력한 경고문이 붙게 되었다. 흡연을 함으로써 노출되는 발암 물질이 수백 가지에 이르기 때문에 흡연은 특정한 암을 일으킨다기보다는 각종 다양한 암을 일으킨다고 보는 것이 타당하다. 물론 그중에도 가장 많이 노출되는 폐와 기관지 등의 호흡기 계통에 암이 발생되기 쉽다. 폐암은 85퍼센트 정도가 흡연 때문에 생긴다. 인류가 담배를 피운 역사는 5천 년 정도지만, 대항해 시대 이후에 아메리카 신대륙에서 유럽으로 건너가면서 담배가 퍼졌기 때문에 본격적으로 인류가 담배에 노출된 기간은 몇 백 년에 불과하다. 문명화 이전 시기 선행인류는 아예 담배를 접한 적이 없기 때문에 오늘날 암 발생의 가장 중요한 요인이 과거에는 없었던 것이다.

식습관이나 운동 부족은 얼마나 암 발생과 관련이 있을까? 현대인의 만성질환 대부분이 과거와 달라진 생활양식 때문에 생겼다고 본다면 암 역시 식습관과 운동 부족에 의해 발생되는 것은 아닐까? 실제로 많은 연구들에서 육류 특히 붉은색 살코기를 많이 섭취하고 식물성 음식을 덜 섭취하고 정제된 곡물을 주로 섭취하는 식생활과, 운동 부족, 좌식 생활 등 신체 활동량이 적은 생활 습관을 가진 경우에 암 발생이 많아진다고 보고하고 있다. 특히 최근에 급격하게 늘어나는 대장암이나 유방암과 같은 경우는 이러한 생활 습관과 관련이 높다. 요즘의 변화된 생활양식은 비만을 초래하는데 비만 자체가 대장암이나 유방암 등을 초래한다는 연구들도 많이 보고되고 있다. 현대인의 식습관과 신체 활동량은 문명 이전 시기의 생활양식과는 크게 다르며 문명화 이후라 하더라도 최근 몇 십 년 동안에 급격하게 변화된 것이다. 따라서 육류 섭취는 크게 제한되었고 주로 식물성 음식에 의존했으며 오늘날의 쌀이나 밀과 같은 곡물도 없었고 정제되지 않은 알곡 그대로 섭취하던 과거 수렵채집 시기에는 음식 때문에 암이 생겼다고 볼 수 없다. 또한 수렵과 채집을 위해 끊임없이 신체적 활동을 해야 생명을 유지하고 자손을 양육할 수 있는 환경에서는 운동 부족에 의한 암 역시 생길 수가 없었을 것이다.

호르몬은 인체의 각 세포와 조직 그리고 기관 간의 기능을 조절하고 수행하게 하는 신호 전달 시스템이다. 호르몬은 인체 내부의 고유한 화학물질이라고 할 수 있는데 산업혁명 이후에 크게 늘어난 화학물질들은 호르몬의 정상적인 작동을 방해할 수 있다. 또한 현대인의 식생활은 에스트로겐과 같은 호르몬 자체의 분비를 증가시키기도 한다. 그런데 호르몬은 세포의 기능을 조절하는 역할도 하기 때문에 호르몬이 방해를 받거나 그 분비가 증가되면 세포는 비정상적인 역할을 하거나 통제를 벗어난 성장을 할 수 있게 된다. 예를 들어 에스트로겐에 대한 수용체가 많아서 에스트로겐의 영향을 많이 받는 유방이나 자궁 같은 조직의 경우, 에스트로겐의 정상적인 작용이 방해를 받거나 에스트로겐이 많아지면 암이 발생되기 쉬워진다. 호르몬에 대한 영향도 늘어난 화학물질 혹은 현대인의 식생활에서 초래된 것이기 때문에 문명 이전 시기에는 호르몬 관련 암 또한 발생되지 않았을 것이다.

  암 발생의 또 다른 요인은 현대인의 생활환경 속에서 늘 경험하는 스트레스다. 이 주장을 뒷받침하는 것 중 하나는 야생 동물에게서는 암을 발견하기가 어렵다는 것이다. 동물에게도 암이 발생하지만 이는 주로 사육을 하는 동물이나 실험 목적으로 관찰하는 동물에 해당된다. 야생에 사는 동물에게서는 잘 발생하지 않는데 사람이 사육을 하면 암이 발생하는 이유는 아마도 스트레스를 주는 환경 때문일 것이다. 마찬가지 논리로, 오늘날 상당한 속도로 암 발생이 증가되는 이유 중 하나는 과거와 크게 달라진 현대인의 생활환경에서 오는 스트레스라고 할 수 있다.

결국, 암은 문명화의 산물

18세기 런던에서 퍼시벌 포트 경이 굴뚝에 들어가서 검댕을 청소하는 어린이 노동자들에게서 음낭암이 많이 발생한다고 보고한 것은 환경적 요인이 암을 일으킨다는 것을 보여준 첫 번째 사례였다. 검댕으로 더럽혀진 옷을 입고 제대로 씻지도 못한 어린 노동자들이 굴뚝 안에 들어가 청소를 할 때 피부 중 특히 얇아서 화학물질이 침투하기 좋은 음낭에서 암이 발생한 것이다.

오늘날 사람들이 일상생활에서 사용하는 많은 화학물질 및 생활용품들은 인류의 조상에게는 익숙지 않은 새로운 환경적 노출이기 때문에 세포 입장에서는 이를 새로운 외부 환경의 자극으로 받아들여 대응을 할 수가 있다. 국제암연구소에서 암을 잘 일으키는 물질로 분류한 항목을 보면 비소, 석면, 벤젠, 크롬, 니켈, 유리규산, 염화비닐 등이 있다.[72] 이런 것들은 문명화 이전에는 사람들에게 전혀 노출되지 않았고 문명화 이후에도 비교적 최근에 노출된 물질들이다. 이들이 암을 일으키는 주요 원인들이기 때문에 이 물질들에 노출되지 않았던 비교적 최근까지 암은 상당히 드물게 나타났던 것이다.

그런데 흥미로운 것은 국제암연구소의 발암물질 분류에 햇빛과 나무분진이 포함되어 있다는 것이다. 햇빛과 나무분진은 과거 인류의 조상들도 노출되었을 물질이다. 특히 햇빛은 오늘날의 현대인에 비해 과거 조상들이 상대적으로 더 많이 노출되었을 것이다. 그러면 햇빛에 더 많이 노출되었던 과거 인류의 조상들에게서 지금보다 더 많은 피부암이 발생했을까? 오늘날 햇빛 때문에 발생되는 피부암은 주로 백인에게서 생긴다. 백인을 제외한 다른 인종은 멜라닌이 효과적으로 햇빛을 차단시켜 피부암을 억제하기 때문이다. 현재 흑인에게서 피부암이 적은 것처럼, 과거 인류 조상의 피부색도 검은색이었기 때문에 설사 피부암이 있었다 하더라도 매우 드물었을 것이다.

또한 검은 피부는 자외선이 엽산을 파괴시키는 작용을 막는데, 엽산은 유전 정보의 기본 골격인 DNA 합성에 중요한 역할을 하며 또 유전자 발현 조절에도 반드시 있어야 하는 물질이다. 따라서 검은 피부를 가진 아프리카인은 햇빛에 많이 노출되어도 피부암이 잘 발생하지 않는다. 아프리카 대륙에서 나와 자외선이 적은 고위도 지역으로 이동해 그곳에서 살게 된 인류는 멜라닌 색소량이 적어지게 되었는데, 이처럼 자외선 차단막이 없는 경우 햇빛에 많이 노출되면 그만큼 피부암 발생 위험도가 높아지게 된다. 즉, 백인은 멜라닌 색소가 적어 햇빛을 차단하는 능력이 부족하기 때문에 피부 세포에 유전자의 돌연변이가 생기기 쉬운 것이다. 따라서 햇빛 역시 인류가 대이동을 한 이후 피부암을 일으키는 주요 요인이 되었다고 볼 수 있다.

목재업이나 가구업에 종사하는 근로자들이 상당량의 미세한 나무분진에 노출되면 코에 생기는 비암이나 코 주위의 얼굴 뼛속 공간에 생기는 부비강암이 발생한다는 보고가 있으나, 일상생활이나 자연에서 노출되는 나무분진에 의해서는 이러한 암이 발생하지 않는 것으로 알려졌다. 나무분진 자체는 매우 오래된 노출 요인이나 질과 양의 측면에서 본다면 목재업이나 가구업 종사자들의 나무분진 노출은 과거 문명 이전 시기와는 크게 다르다고 할 수 있는데 이 또한 문명화의 산물인 것이다.

최근에 영국의 맥스웰 파킨Maxwell Parkin은 그동안 학계에 보고되었던 연구 자료 등을 바탕으로 암을 일으키는 것으로 확인된 주요 생활 습관과 환경적 요인들을 정리해 보고했다.[73] 그가 정리한 암 발생 요인들로는 흡연, 음주, 비만, 운동 부족, 감염성질환, 방사선, 햇빛, 직업적인 노출, 환경호르몬 등이 있으며 이와 함께 야채와 과일, 섬유질 등의 섭취 부족, 그리고 과다한 붉은색 살코기와 염분 섭취 등의 식습관을 들고 있다. 그런데 이러한 생활 습관과 환경적 요인들은 대부분 문명 이전의 수렵채집 시기에는 경험하지 못했던 요인들이거나 경험했다 하더라도 오늘날 현대인의 경험 수준과는 크게 다르다고 할 수 있다. 즉 오늘날 발생이 크게 증가하고 있는 암은 문명 이후, 특히 산업혁명 이후 현대인에게 나타나는 질환이며, 따라서 암은 대부분 이러한 생활 습관과 환경적인 요인들을 변화시키거나 제거함으로써 예방이 가능한 질환이라고 할 수 있다.

20
현대 사회,
우울증을 키우다

옛날에도 우울했다

우울증은 기분이 저하되어 삶에 대한 의욕과 흥미를 잃고 자신에 대한 죄의식 혹은 부정적인 생각에 사로잡혀 수면 장애, 집중력 저하 등을 나타내는 정신 증상 혹은 질환을 일컫는다. 실제로 가벼운 우울 증상이 있을 때는 사회생활에 다소 어려움을 겪긴 해도 사회적인 기능을 못하진 않지만, 심한 우울증을 앓게 되면 사회생활을 제대로 수행할 수 없는 상태가 된다. 따라서 심한 우울증은 매우 심각한 질환이라 할 수 있다.

우울증은 일평생 전체를 보면 여성의 경우 15-20퍼센트, 남성의 경우 8-10퍼센트 정도 발생하는 것으로 알려져 있다. 경미한 상태의 우울증까지 포함시킨다면 우울증으로 고통받고 있는 사람의 수는 훨씬 많아져서 전 세계 인구의 약 4분의 1 정도가 될 것이다. 세계보건기구에서는 2030년이 되면 우울증이 인류가 겪는 질병의 부담 순위에서 심장질환이나 암을 제치고 1위가 될 것으로 예측하고 있다.[74] 우울증은 마치 유행병처럼 놀라운 속도로 증가하고 있는 것이다. 그렇다면 우울한 기분은 왜 생기는 것일까? 우울한 기분은 활력을 잃게 하고 생산성을 떨어뜨리는데 이런 부정적인 기분이나 감정은 왜 자연선택에 의해 없어지지 않고 현재까지 남아 있는 것일까?

동물도 우울 증상을 나타낸다고 관찰되는 것을 보면 다른 만성질환과는 달리 문명화 이전의 시기에도 우울증이란 병은 어느 정도 존재했던 것 같다. 인류의 조상은 수렵을 위해 미지의 세계를 돌아다녀야 했고 먹을 물과 식량을 찾아 다니면서 변화하는 기상 조건, 위험, 밤의 두려움, 그리고 이방인과의 적대적 만남 등을 이겨내야 했다. 이와 같은 어려움에 대처하기 위해서 서로가 의지하고 도움을 주고 위험을 함께 극복하면서 공동체를 이루어 왔다. 그런데 그들 사이의 정서적 지지가 깨지고 위험에 노출되는 상황이 발생하면 아마도 불안이나 걱정이 생길 것이고 불안과 걱정은 우울한 기분을 가져왔을 것이다. 단지 이런 상황은 자주 일어나는 것은 아니어서 오늘날처럼 우울증이 만연하지는 않았을 것으로 추정해 볼 수 있다.

문명화된 이후에도 산업혁명 이전 시기까지는 우울증이 오늘날과 같은 증상으로 잘 정의되어 있지 않은 걸 보면 우울증이 하나의 질환으로 제대로 인식된 것은 비교적 최근의 일이라고 할 수 있다. 과거

문헌을 살펴보면 11세기 페르시아의 의사였던 아비센나Avicenna가 오늘날의 우울증과 유사하게 의심, 공포 등의 우울한 기분 장애를 기술한 것을 찾아볼 수 있는 정도이다.[75] 우울증이 오늘날과 같이 저하된 기분을 나타내는 정신 증상을 일컫는 용어로 사용된 것은 거의 19세기 중반에 이르러서다.[76] 그리고 20세기에 들어와서야 우울증에 대한 다양한 기술과 정의가 시도되었는데 이는 아마도 현대 사회로 올수록 우울증이 보다 빈번하게 나타났기 때문일 것이다.

20세기에 들어와서는 우울증이 기질적으로 생기는 것인지 아니면 외부의 스트레스 때문에 발생하는 것인지에 대해서 많은 논의가 있어 왔다. 그런데 우울증의 원인에 대해 여러 가지 설명이 있다는 것은 그만큼 그 이유를 분명하게 정의하기 어렵다는 뜻이다. 정신분석학의 대부로 불리는 지그문트 프로이트Sigmund Freud는 죽음이나 남녀 간의 결별 같은 중요한 인간관계의 손실이 자신을 둘러싼 세상을 부정적으로 보게 할 뿐만 아니라 자신의 내면적인 세계도 위축시켜서 자책감, 열등감, 무가치함을 드러낸다고 했다. 프로이트는 다분히 자신이 관찰한 환자의 정신 세계를 분석하여 우울증의 원인에 대한 뛰어난 해석을 했지만 오늘날의 우울증을 충분히 설명했다고 보기는 어렵다. 사별이나 결별 같은 인간관계의 변화는 문명 이전 시기에도 있었는데 왜 산업혁명 이전의 시기에는 드물다가 현대 사회로 올수록 우울증이 빈번하게 나타나는지에 대한 설명은 부족하기 때문이다. 역사 속의 인간이 왜 우울증을 갖게 되었는지에 대한 설명, 즉 우울증이 발생하는 이유에 대해서 역사와 문화를 경험하는 인간에 대한 존재론적인 설명은 충분하지 않다고 할 수 있다.

최근에는 우울증이 뇌의 신경전달물질의 불균형 때문에 초래된다는 이론이 보다 중요하게 대두되고 있다. 그리고 이러한 생물학적 기전에 대한 이해는 우울증의 치료에 상당한 성과를 거두었다. 그러나 분명한 것은 우울증은 현대 사회에서 놀라운 속도로 증가하고 있고 이러한 증가는 생물학적 기전의 이해만으로는 설명되기 어렵다는 것이다. 신경전달물질의 불균형과 같은 생물학적인 변화는 이보다 선행하는 원인에 의한 2차적 변화라고 보는 것이 타당할 것이다. 따라서 인간을 둘러싼 사회적 환경, 특히 현대 사회의 환경의 변화를 보면서 그 맥락에서 우울증이 증가하는 현상의 본질을 이해할 필요가 있다.

무엇이 우리를 우울하게 만드는가

면역기전이나 염증 반응 등이 외부의 이물질 자극 혹은 침입에 대한 방어기전이듯, 외부의 스트레스가 있을 때면 다양한 신경전달물질, 예를 들면 도파민, 세로토닌, 노르에피네프린 등이 동원되게 된다. 우울증은 과도한 목표나 스트레스로 인해 이러한 신경전달물질이 고갈되거나 균형이 깨져서, 즉 외부의 자극이 지나치거나 지속적이어서 이러한 방어기전으로 감당하지 못할 때 생기는 것이라고 할 수 있다. 마치 외부 병원균의 침입이 과도하여 백혈구 등의 염증 반응으로는 감당하지 못할 때 감염병이 생기듯이, 과도한 스트레스로 인해 신경전달물질의 방어체계가 무너질 때 우울증이 생긴다고 볼 수 있다.

한편 새로운 사회 환경이 이전 세대에서 전해오는 문화와 충돌을 일으킬 때, 즉 새로운 환경으로 얻은 가치보다 잃어버린 가치가 클 때에는 상실감으로 인해 우울증이 생길 수 있다. 현대인은 물질적으로는 풍요로운 생활을 하지만 문화적 가치의 측면에서는 잃어버린 것이 많다고 볼 수 있다. 사회적 스트레스나 새로운 가치 창조에 대한 압력은 커지는데 전통적으로 이를 해소하는 방식이었던 친밀감을 바탕으로 한 공동체 문화가 사라졌기 때문이다. 물질적으로 더 풍요로워진 사회에 사는데도 오히려 우울증이 과거보다도 훨씬 더 많아진 이유는 이러한 상실감이 크게 작용했기 때문이다. 저녁 때면 가족들이 한자리에 모여 같이 식사를 하고 하루의 일과를 서로 이야기하던 문화적 전통이 현대 사회로 접어들면서 바쁜 일과에 쫓겨 가족 구성원들이 함께 식사를 하거나 이야기를 나눌 시간이 없어졌다면 이는 물질적 풍요로는 메울 수 없는 문화적 상실감으로 자리잡게 된다고 볼 수 있다.

상실감과 더불어 현대인의 팽창된 사회관계는 문명 이전의 수렵채집 시기뿐 아니라 문명화된 이후에도 상당 기간 지속되었던 신뢰할 수 있고 서로 잘 아는 인간관계에서 벗어나 잘 알지 못하는 낯선 인간관계, 심지어는 전혀 얼굴도 보지 못한 인간관계 속으로 들어가게 한다. 신뢰할 수 없는 관계는 스스로의 위치와 역할, 존재 기반에 끊임없이 의문을 나타내는 부정적 사고를 불러일으킬 수 있는데 이러한 사고는 불안, 우울을 유발시키는 또 다른 원인이다. 특히 컴퓨터와 인터넷의 등장으로 사람들은 그 이전 시대에 비해 고립감을 더욱 느끼게 되었다. 사실 사무실 등에서 현대인들은 많은 사람들에게 둘러싸여 있지만 대부분의 업무 시간을 컴퓨터 작업에 투자하기 때문에 상대적으로 사람으로부터 고립된다. 집도 점차 가족 간의 친밀감을 느끼는 공간에서 각자 컴퓨터나 스마트폰에 의해 고립되는 환경으로 바뀌어 간다. 대중교통 수단을 이용할 때도 수많은 사람들에 둘러싸여 있지만 각자가 스마트폰 등으로 인터넷이라는 거대한 시스템에 연결되어 있어 사람 간의 관계는 점차 그 의미를 잃어가고 있다. 선행인류 때부터 쌓아온 친밀감을 바탕으로 한 공동체가 기계를 매개로 한 관계로 바뀌어 가면서 각 개인은 사람과의 직접적인 관계를 형성하는 데 소홀해지고 컴퓨터와 인터넷을 통한 관계 형성에 더 몰입하고 있다. 사람들 사이의 친밀감이 없어지면서 양적으로 늘어난 관계 형성에도 불구하고 내적인 고립감은 더욱 커지는 것이다.

이와 같이 오늘날 우울증을 초래하는 중요한 요인 중 하나는 인터넷 등 컴퓨터로 연결된 사회에 대한 종속성이다. 사람들은 인터넷에 접속해 정보를 얻고 서로의 안부를 확인하며 최근에는 소셜 미디어 등을 통해 자신이 어떤 집단에 속해 있는지를 확인한다. 인터넷은 정보를 얻는 수단에서 우리의 삶을 지배하는 유기체로 자리를 잡아가고 있다. 18세기의 "나는 생각한다. 고로 존재한다."라는 데카르트의 실존적 명제는 이미 빛을 잃었고, 사람들은 독립적인 인격을 지닌 개체가 아니라 유기적 구성체에 대한 종속적 존재로서의 실재를 경험하고 있다. 이러한 종속적 지위는 자신의 존재 가치를 주장하는 자아와 충돌할 수밖에 없다. 따라서 유기적 구성체의 거대한 힘을 이길 수 없는 개별적 자아는 종속적 지위를 인정하고 그 구성체에 순화되어 살든지 아예 구성체의 틀 밖으로 나와 초연하게 살든지 둘 중 하나를 선택하지 않으면 안 되는 상태에 이르게 된다. 이 두 가지 방향 중 어느 쪽으로도 갈피를 잡지 못하게 되면 불안해지고 우울증에 빠져들게 되는 것이다.

따라서 산업혁명 이후 영양 섭취의 증가와 생활양식의 변화가 오늘날 만연하고 있는 만성질환을 초래한 이유라면, 컴퓨터 연결망을 기반으로 한 현대 사회의 발전은 사람들을 유기적 구성체에 종속시킴으로써 불안과 우울을 초래하는 중요한 이유이다. 그런데 컴퓨터와 인터넷에 대한 의존성은 담배나 술의 의존성과는 비교가 안 될 뿐만 아니라 개인적뿐만 아니라 사회 전체가 의존하고 있기 때문에 의존성을 끊는 방식으로의 해결은 거의 불가능하다는 데 문제의 심각성이 있다. 특히 인터넷화되는 속도가 빠를수록 유기적 구성체와 자신의 종속적인 관계의 변화 속도 또한 커지는데 그럴수록 이 변화되는 관계에 적응하기란 쉽지 않다. 따라서 인터넷화되는 속도가 빠른 나라에서 불안과 우울증의 발병이 많게 된다. 한국의 최근 자살률이 세계에서 가장 높은 것도 이러한 관계를 나타내는 하나의 현상이라고 할 수 있다.

우울증은 나를 보호하기 위한 수단

우울증이 과거에는 드문 질환이었다 하더라도 정상적인 생활에 크게 장애를 일으키는데도 자연선택에 의해 없어지지 않은 이유는 무엇일까? 특히 우울증은 대개 청소년기나 젊은 성인기에 잘 나타나기 때문에 우울증 때문에 일상생활을 제대로 할 수 없었다면 자연선택의 압력에 의해 제거되기 쉬웠을 텐데 없어지지 않고 지금까지 이어져 온다는 건 우울증이 생존과 관련된 이득이 있었다는 것을 의미한다. 이에 대해 미국의 폴 앤드류Paul Andrews 등은 우울해지는 성향은 주변의 복잡한 환경에 적응하는 기전이라고 설명한다. 문제를 해결하기 위해서는 여러 주변 상황에 대한 관심을 줄이고 기분을 가라앉혀서 주어진 문제에 집중하는 것이 필요했다는 것이다. 이렇게 해서 해결 능력을 높임으로써 생존하는 데 이득이 있었다는 것이다.[77]

우울증을 다른 각도에서 보면 또 다른 새로운 해석을 할 수도 있다. 우울증은 일반적으로 자기 파괴적인 질환으로 인식되어 왔지만 실은 자신을 보호하고 미래를 준비하기 위한 보호기전일 수도 있다는 것이다. 예를 들어 우리는 불에 손을 집어넣지는 않는다. 왜냐하면 손을 불 속에 넣으면 뜨거워서 견딜 수가 없기 때문이다. 이처럼 뜨거움을 느끼는 감각이 있기에 생명에 위협을 주는 상해로부터 스스로를 보호할 수 있는 것이다. 이런 감각이 없으면 아픔도 느껴지지 않아 행복할 것 같지만 이는 스스로를 보호할 수 있는 보호기전이 없는 것과 같기 때문에 다치는 것에 무방비 상태가 되어 결국 일찍 죽게 된다.

  이와 같은 논리로 보면 어쩌면 우울 증상은 보호기전일 수 있다. 달성할 수 없는 목표 혹은 달성하기 매우 어려운 목표에 도달하기 위해 엄청난 에너지를 소모하게 되면 에너지와 자원의 낭비일 뿐만 아니라 정신과 신체도 소진되게 된다. 달성할 수 없는 목표가 있을 때 이러한 낭비와 소진을 막기 위한 기전이 스스로의 자존감을 낮추고 그 목표를 포기하게 만드는 것이다. 사실 이를 통해 고갈된 에너지를 보충하는 시간을 갖고 다시 도전할 수 있는 기회를 모색할 수 있다. 달성할 수 없는 목표가 있을 때 이를 포기하지 못하고 에너지를 다 사용해 버리면 정신과 신체는 극도로 소진되어 사회적 기능을 수행할 수 없게 되고 주위의 도움이 없으면 생명을 유지하기도 어려운 상태에 이를 수 있다. 이 같은 상태를 막기 위해 우울증이 나서는 것일 수 있다.

  우울증이 스스로를 보호하는 기전일 수 있다는 것은 미국의 마이클 랠리Michael Raleigh와 마이클 맥과이어Michael McGuire의 실험에서도 확인할 수 있다.[78] 세로토닌은 기분을 조절하고 불안, 분노, 식욕, 수면 등과 같은 감정과 행동을 적절하게 통제할 수 있게 하는 중요한 신경전달물질이다. 흥미롭게도 원숭이의 경우 서열이 높을수록 세로토닌이 많이 분비되어 편안하고 안정적인 성향을 나타내고, 서열이 낮을수록 세로토닌도 낮아지고 공격적이며 스트레스를 많이 받는 성격이 되고 우울증 같은 행동 양상도 나타냈다. 사실 서열이 낮을 때 세로토닌이 낮아지는 것은 우울 증상을 초래할 수 있지만 한편으로는 선택적 이익을 줄 수도 있다. 만일 힘센 원숭이나 포식자의 공격에도 스트레스를 받지 않고 편안한 상태로 있다면 서열이 낮은 원숭이는 살아남을 확률이 적어진다. 세로토닌이 낮아져 불안하고 조그만 자극에도 쉽게 반응하는 상태가 되어야 공격을 피하고 살아남을 확률이 커진다.

이익이 있기에 우울증 유전자는 살아남았다

우울증은 해로운 증상이기만 한 것이 아니라 이처럼 생존 능력의 이득과도 관련이 있다. 이득과 관련된 우울증의 또 다른 특성을 기술 습득, 모방, 그리고 창조적인 능력에서도 볼 수 있다. 인류를 다른 동물과 크게 구분 짓는 것 중의 하나가 도구의 사용이다. 석기가 나타나면서 석기 제작 기술이 퍼지게 되었고, 이는 곧 사회적 능력을 나타내는 것이어서 이 기술을 가진 사람은 짝짓기 성공 가능성이 보다 높아지게 되었다. 기술을 습득하는 능력이 큰 경우 후손을 많이 낳을 확률이 커지면서 모방 혹은 학습에 의한 기술 습득 능력이 선택 압력의 큰 부분을 차지하게 되었다. 뇌 크기를 서로 비교하는 대뇌 비율 지수, 즉 몸의 크기에 비해 뇌의 크기가 얼마나 되는지를 비교하는 척도를 살펴보면 사람의 뇌는 영장류를 포함한 다른 동물들에 비해 월등히 크다. 이는 큰 뇌가 기술 습득에 유리한 역할을 했고 뇌를 크게 하는 것이 인간의 생존에 매우 중요한 역할을 했다는 것을 의미한다.

그런데 기술은 단순 모방이 아니라 기존의 기술 위에 새로운 것이 더해진 창조성이 가해졌을 때 더욱 가치가 있다. 또한 창조적인 생각을 갖고 있는 사람들이 기술을 보다 잘 전파할 수 있고 그 유전자를 후세에 전할 확률도 높다. 반면 창조적인 사람들은 정서적으로 불안정하고 우울증과 같은 정신질환에 잘 걸릴 수 있는 유전자를 갖고 있을 확률도 높은 것으로 알려져 있다. 아리스토텔레스 이후 오늘날의 우울증과 같은 맥락으로 사용되었던 멜랑콜리아Melancholia라는 말은 상당히 오랫동안 지적 능력이 뛰어나고 생각과 창의성이 많은 사람을 나타내는 말로도 사용되었을 정도이다.

우울증을 잘 초래하는 성향은 창조성과 결부되어 있기 때문에 생존 선택에서 유리한 측면이 있었던 것이다. 따라서 우울증과 관련이 있는 유전자는 오랜 역사를 거쳐 오면서도 사멸하지 않고 살아남아 오늘날 현대인에게도 그 유전자가 상당수 존재할 가능성이 있다. 어떻게 보면 우울증을 잘 일으킬 수도 있지만 한편으론 창조적 능력과 관련되어 있는 유전자가 인류 문명 발전에 상당한 기여를 했다고도 볼 수 있다. 베토벤, 뉴튼, 헤밍웨이 등 위대한 음악가, 과학자, 작가들의 상당수가 우울한 성향을 갖고 있었다. 천재와 우울증은 어찌 보면 동전의 양면으로, 인류 문명의 진보를 이끈 하나의 동력이자 그 부산물이라 할 수 있을지도 모른다.[79]

그러나 우울증에 잘 걸리게 하는 유전자가 상당히 존재한다 해도 최근에 갑자기 그 유전자가 증가했다고 볼 수는 없다. 그렇다면 오늘날 우울증은 왜 이렇게 급격하게 늘어나는 것일까? 창조성이란 그 사회에 존재하고 있는 기술이나 생각에 대한 도전이자 대안 제시다. 기존의 기술이나 생각을 엮어서 새로운 조합을 만들어 내는 것이 창조성이다. 현대 사회로 올수록 사회는 보다 경쟁적이 되고 더 많은 혁신들이 가치를 인정받기 때문에 창조성이 있는 사람은 상당히 큰 선택적 이익을 갖게 된다. 그런데 현대 사회처럼 기존에 존재하는 기술이나 생각이 엄청나게 많아 우리의 뇌가 그것을 담기에도 벅찬 경우에는 새로운 조합을 만들어 내는 일은 무척이나 많은 에너지를 요한다. 또한 지금과 같은 경쟁 사회에서는 새로운 기술이나 생각에 대한 사회적 요구가 커져가기 때문에 정신적 소진 상태를 초래하기 쉬운 환경이 되어가고 있다. 결국 경쟁은 창조성을 발휘하게도 하지만 동시에 지나친 경쟁은 정신적 소진을 초래할 수도 있기 때문에 우울증이 많이 발생할 수 있다.

그럼에도 우리는 우울해지지 않을 수 있다

뇌는 정신 활동을 하는 중추신경기관인데 여러 가지 신경전달물질에 의해 그 작용이 조절되고 있다. 뇌는 뇌혈관장벽과 같은 보호막이 있어서 외부의 물질이 쉽게 들어갈 수 없는 구조로 되어 있다. 하지만 완벽하지는 않아서 알코올에 의해 취할 수도 있고 카페인에 의해 각성 작용이 나타날 수도 있다. 마약은 뇌에 작용해서 비정상적인 감각을 느끼게 할 수도 있고 마취제는 뇌의 기능을 억제해 의식이 없는 상태로 만들기도 한다. 즉 여러 가지 화학물질이 뇌를 구성하는 세포에 직접 작용하거나, 뇌의 신경전달물질의 기능을 억제 또는 활성화하거나, 혹은 신경전달물질의 수용체에 작용해 정상적인 두뇌 활동을 방해할 수 있다.

예를 들어 도파민은 각성 작용을 하는 주요한 신경전달물질이다. 그런데 도파민의 작용이 적절하게 조절되지 않고 지나치게 과다해지거나 반대로 너무 적어지면 우울증을 포함한 여러 가지 정신질환이 생길 수 있다. 마리화나나 코카인 같은 마약은 도파민의 작용을 변화시켜서 비정상적인 감각을 초래하는 것으로 알려졌다. 그런데 마약이나 정신질환 치료 약제뿐 아니라 현대인의 생활에서 접하는 수많은 화학물질 중 일부는 뇌에 들어가서 신경전달물질의 정상적인 작용을 방해할 수 있다. 인류가 매년 2천 가지 이상의 새로운 화학물질을 만들어 낸다는 것을 생각해 보면 그 중 일부가 정상적인 신경전달물질의 작용을 방해해 우울증을 초래하거나 악화시킬 가능성은 상당히 높다.

또한 현대인에게 우울증과 같은 정신질환이 흔하게 나타나는 이유 중 빼놓을 수 없는 것이 영양 섭취의 불균형이다. 특히 선행인류에 비해 오메가 6의 섭취는 크게 늘어났고 오메가 3의 섭취는 줄어든 것이 우울증을 유발하는 하나의 이유일 수 있다. 오메가 6가 많은 식물성 지방의 소비 증가뿐 아니라 옥수수 사료로 키운 가축의 육류 소비 증가도 오메가 6의 섭취를 크게 늘렸다. 반면 오메가 3를 많이 섭취하게 되면 스트레스 반응을 초래하는 호르몬이 줄어들어 우울증을 예방하는 데 도움이 된다.[80] 즉 오메가 3에 비해 오메가 6의 비율이 높은 경우 우울증이 더 많이 발생될 수 있는 것이다. 이러한 소견은 인류가 과거 수백 년간 주어진 환경 조건에 적응하며 살아오면서 뇌를 발달시키고 건강을 유지하게 했던 식습관이 최근에 크게 변하면서 우울증의 증가를 초래했다는 것을 시사한다.

현대 사회의 외부 자극은 문명 이전과는 비교할 수도 없는 수준이고 문명 이후라 하더라도 산업혁명 이전 사회와도 커다란 차이가 있다. 특히 인터넷을 기반으로 한 유기적 체계를 만들어 가고 있는 현대 사회에서 사람들은 끊임없이 밀려오는 정보의 홍수 속에 살고 있고, 그 속에서 각자 고립된 사람들은 과거와 같은 친밀하고 지속적인 관계가 사라지면서 서로 경쟁하며 달성하기 어려운 목표를 향해 나아간다. 이런 외부 환경에 대한 반응은 상당한 에너지를 필요로 하고 신경전달물질도 외부 자극의 대응에 동원된다. 우울증은 사회적 압력과 이에 대응하는 정신적 방어기전의 균형이 흔들리거나 깨져서 나타나는 증상으로 볼 수 있는데, 사회가 개인의 능력과 자원을 최대한 끌어내려고 부단한 압력을 가하는 구조에서는 외부 자극에 대응하는 내부 자원이 고갈되기 쉽고 따라서 우울증은 증가할 수밖에 없다. 마치 전쟁터에서 무수히 밀려오는 적군 때문에 총알과 포탄이 바닥나서 더 이상 사용할 탄환이 없을 때 전쟁에서 질 수밖에 없는 것과 같은 이치이다. 따라서 외부 자극에 대응하는 내부 자원이 고갈되지 않도록 정신적 방어를 강화시킬 수 있는 지원체계가 매우 필요하다. 즉 가족 그리고 사회 안에 보다 친밀하고 신뢰할 수 있는 공동체 문화를 만들어 간다면 우울증의 증가를 예방할 수 있을 것이다.

맺음말

질병은
과연 예방될 수 있을까

만성질환 시대를 열다

지구의 나이 45억 년에 비하면 문명화를 이루어왔던 지난 1만 년은 아주 짧은 시간이다. 인류의 조상이 살아왔던 몇 백만 년의 기간에 비해도 짧다고 할 수 있다. 하지만 이 기간 동안 인류는 놀라운 문명화를 이루어왔다. 문명화와 함께 오늘날 우리가 갖고 있는 대부분의 질병들은 새로운 생활환경을 접하면서, 때로는 자연환경을 정복하고 개발하면서, 또 때로는 우리가 새롭게 만들어 낸 환경에서 비롯하여 발생하였다.

이 책에서는 지금까지 인류의 질병을 탄생시킨 8가지 주요 요인들과 현재 인류가 겪고 있는 8가지 주요 질병을 살펴보았다. 이 책에서 다룬 먹거리, 기후 변화, 햇빛, 오래달리기, 술, 담배, 산업혁명, 그리고 화석 연료의 8가지 환경 요인들은 대부분 문명화와 더불어 새롭게 출현했거나 과거에 있었다 하더라도 문명화 이후에 새로운 양상으로 나타난 것들이다. 또한 이 책에서 다룬 대부분의 질병은 익숙지 않은 새로운 환경 요인에 유전자가 적절하게 대응하지 못해 발생된 경우들이다. 특히 오랜 수렵채집 시기를 거친 후 1만 년 전에 농업혁명과 함께 문명의 시기로 접어든 이후 인류의 생활환경은 이전과는 매우 다르게 급격히 변했고, 1만 년이라는 기간은 유전자가 이 변화된 생활환경에 완전히 적응하기에는 충분한 기간이 아니었다. 더욱이 3백 년 전에 산업혁명이란 또 한 차례의 큰 변화를 겪으면서 〈유전자의 대응〉은 큰 혼란을 겪게 되었고, 결국 오늘날과 같은 만성질환 시대를 열게 되었다.

병든 사람, 병든 지구

자, 이제 우리의 일상생활을 되돌아보자. 지하철역의 에스컬레이터가 고장 나거나 사무실까지 가는 엘리베이터가 작동을 하지 않으면 그만큼 걸어야 하기 때문에 짜증이 나고, 사무실에서는 의자에 앉아서 거의 손가락만을 움직여서 일을 하며, 집에 와서는 높은 칼로리의 음식을 먹고 소파에 편안히 앉아서 텔레비전을 본다. 산업혁명 이후 풍요로워진 물질적 세상이 우리에게 가져다준 이러한 편리함과 안락함은 우리로 하여금 에너지를 덜 쓰게 하면서 영양 공급은 이전과는 비교할 수 없을 정도로 늘려서 결국 만성적인 에너지 공급 과잉 상태를 초래했고 이는 비만이나 당뇨병 등의 질환으로 나타났다.

또한 산업혁명 이후의 물질적 풍요는 인류가 수많은 새로운 물질에 노출된다는 것을 의미한다. 일 년에 2천 개씩 만들어지는 새로운 화학물질은 인류가 이전에는 전혀 노출된 적이 없었던 물질이어서 자연선택에 의한 유전자적 적응 과정을 겪지 않았다. 새로운 화학물질에 대해 인체의 생물학적 방어체계는 이를 외부 이물질의 공격으로 받아들이게 되었고 따라서 알레르기나 염증 등을 초래하여 천식이나 암 등의 질환을 일으킨다.

사실 비만이나 당뇨병, 암이나 천식 같은 질병의 증가는 단순한 증가라기보다는 오늘날 인류가 처한 환경을 대변하는 〈질병 현상〉이라고 볼 수 있다. 오늘날과 같은 질병이 없었던 문명 이전의 수렵채집 시대로부터 농업혁명을 거치면서 나타났던 감염병과 영양 문제가 산업혁명 이후 풍요로운 시대로 진입하면서 비만, 당뇨병, 천식, 암 등의 질환으로 다시 바뀐 것이기 때문이다. 따라서 질병 양상의 이러한 변화는 근본적으로 〈생활환경의 변화〉가 주도했다고 볼 수 있다.

그런데 자세히 들여다보면 지난 1만여 년의 세월 동안 사람만이 질병을 갖게 된 것은 아니다. 우리가 살고 있는 지구환경도 같이 병들어가고 있다. 사실 지구라고 하는 환경은 우주의 관점에서 보면 아주 작은 공간이고 하나의 폐쇄 시스템이라고 볼 수 있다. 폐쇄적인 생태계에서 문명을 이루다가 유령 같은 석상만 남기고 사라진 태평양의 이스터 섬은 폐쇄된 환경 조건에서 자원의 지나친 남용이 얼마나 무서운 결과를 초래하는지를 잘 보여준다.

폴리네시아인인 라파누이족은 서기 900년경에 이스터 섬에 정착했는데, 이들은 이유는 분명하지 않지만 큰 얼굴 형상의 모아이 석상을 세우기 시작했고 이 석상을 옮기기 위해 나무를 베어서 운반용 굴림대로 사용했다. 결과적으로 산림은 황폐화되었고 물고기를 잡는 데 쓸 카누마저 더 이상 만들 수 없게 되었다. 생활 조건 또한 급속도로 나빠지면서 주민 간에 갈등과 전쟁이 일어나게 되었고 서로 잡아먹는 일까지 벌어져서 인구도 급감하기 시작했다. 1722년에 네덜란드인들이 그곳에 도착했을 때는 한 세기 전에 1만 5천 명에 달하던 인구가 2천 명에 불과하게 되었다.[1] 이와 같은 이스터 섬의 역사는 광산에서 산소가 부족해질 때 죽음으로 신호를 보내는 카나리아와 같은 메시지를 우리에게 주는 것이 아닐까? 폐쇄적인 생태계인 지구환경의 자원을 현재와 같이 제한 없이 쓰게 되면 지구는 문명의 잔재만 남기고 사라진 이스터 섬의 운명을 닮게 될지도 모른다.

현대 문명의 기반을 이루고 있는 화석 연료의 사용 또한 화석 연료 자체의 고갈과 함께 기후 변화라는 지구환경 전체의 위기를 가져오고 있다. 그리고 산업혁명 이후 지난 몇 백 년간 발전해 온 문명은 그 이전의 발전 속도와는 비교가 되지 않을 정도인데 이는 곧바로 질병 양상의 놀라운 변화와 지구환경의 총체적 위기를 가져왔다. 따라서 오늘날 사람들에게서 발생하는 질병은 그 이전에는 볼 수 없었던 새로운 질병이면서 동시에 지구환경의 위기를 표현하는 하나의 지표라고도 할 수 있다. 결국 사람은 지구환경 생태계의 한 구성원이고, 사람의 건강은 지구환경의 건강과 떨어질 수 없으며, 사람의 건강은 바로 지구환경의 건강을 반영한다고 할 수 있다.

질병 예방 전략 3가지

오늘날의 질병 양상은 유전자가 변화에 적절하게 적응하고 대응하지 못했기 때문이기도 하다. 인류 문명, 특히 현대 문명이 만들어 내는 변화는 그 자체도 위협적이지만 지나치게 빨리 변화를 가져오는 〈속도〉에 더욱 큰 문제가 있다. 인간은 스스로 감당할 수 없는 수준의 변화를 문명이란 이름으로 만들어 내고 있지만, 이 문명은 한편으론 건전한 인간의 존재 기반을 흔들고 인류에게 질병을 만들어 내고 있는 것이다. 현재 인류의 문명은 환경과 유전자의 조응 관계를 크게 벗어나게 할 만큼 환경 변화를 가져왔고 또한 이를 가속화시키고 있다. 따라서 질병 발생의 기본적인 이유인 환경 변화와 유전자 적응 사이의 시간 차이를 줄이기 위해서는 다음과 같은 변화가 있어야 한다.

첫 번째는 현대 인류의 환경과 생활 습관을 적절하게 바꾸어 유전자가 최적으로 적응했던 상태로 되돌리는 것이다. 우선 식습관을 수렵채집 시기나 산업혁명 이전의 시기로 되돌리려는 노력이 필요하다. 즉 다양한 채소, 과일, 견과류, 어류의 섭취와 함께 오메가 3가 많은 불포화지방산의 섭취를 늘리면서 한편으로는 포화지방산이 많은 육류의 섭취 및 염분, 그리고 가공 식품의 섭취를 줄여야 한다. 우리의 주된 양식이 된 쌀이나 밀과 같은 곡물의 경우도 가능한 정제가 덜 된 상태로 섭취하는 것이 중요하다. 또한 운동과 같은 신체 활동량도 상당히 늘려서 수렵채집 시기의 수준에 가까이 가도록 하며 흡연이나 음주 같은 생활 습관을 개선하려는 노력도 있어야 한다. 화석 연료에 대한 사회적 의존성도 줄여 기후 변화나 대기오염, 새로운 화학물질에 의한 건강 영향도 줄여야 한다. 또한 보다 친밀한 인간관계를 바탕으로 서로 지지하고 나누는 공동체 문화를 만들어 감으로써 소외되고 개별적인 존재에서 벗어나 서로 협조하고 연대하는 사회문화를 만들어 가야 한다.

두 번째는 인류의 생존과 안녕에 직접적으로 연결되어 있는 지구환경의 보존이다. 사실 우리가 살고 있는 지구환경은 우리에게 음식, 거주지 및 약물을 공급해 주고 공기와 물을 정화시켜 주며 토양을 비옥하게 해준다. 뿐만 아니라 우리가 여가를 즐기고 문화를 향유할 수 있게 해준다. 또한 생태계의 균형은 인간에게 위험한 병원체 및 매개체를 적절히 통제함으로써 질병의 전파를 막는 역할도 한다. 〈건강〉이란 인간을 둘러싼 지구환경과의 조화에 의해 얻어지는 것이며 이는 상호 간의 적응을 필요로 한다. 이런 면에서 보면 지구 자원의 남용은 인간의 존재 기반을 위협하고 환경과 인간 사이의 새로운 긴장 관계를 초래하고 있는 것이다. 따라서 지구 자원을 아끼고 환경을 보존하려는 노력은 바로 인간의 건강과 안녕을 지키는 길이다.

세 번째 변화의 방향은 유전자의 적응에 의해 이루어질 것이다. 유전자의 적응이란, 환경 변화에 보다 잘 적응하는 유전자가 나타나고 또 이를 이용해 다음 세대에 더 많은 자손을 퍼트리는 과정을 의미한다. 그런데 이러한 적응은 유전자 변이라고 하는 DNA 코드의 변화에 의해서만 초래되는 것은 아니다. 사실 유전자 변이에 의해서만 환경 변화에 적응한다면 적어도 몇 천 년 이상의 시간이 필요할 것이다. 이 책에서 살펴보았듯이 유전자의 적응은 DNA 코드의 구조적 변화 없이도 유전자 발현 프로그램의 변화에 의해서도 초래될 수 있다. 유전자 발현 프로그램에 의해 환경 변화에 적응하는 데에는 몇 세대의 시간이면 가능할 수 있다. 유전자 발현 프로그램은 DNA 코드 변화와 같은 하드웨어적인 변화가 아니라 소프트웨어적인 적응 과정이기 때문이다. 그리고 이러한 환경 적응 방식은 생활환경을 인간의 유전자가 적응되어 있는 과거로 완전히 돌리지 않더라도 지금의 변화된 생활환경에 어느 정도는 유전자가 적응할 수 있다는 것을 의미한다.

인류는 이러한 세 가지 방향의 변화를 통해 생활환경의 변화와 유전자 적응에서 나타나는 시간 차이를 극복할 수 있을 것이다. 따라서 이는 인류가 현재 겪고 있는 만성질환 시대를 벗어날 수 있는 가장 중요한 질병 예방 전략이다. 이러한 예방 전략은 환경과 유전자의 조화를 회복하고 문명에 의해 탄생된 질병을 극복할 수 있는 미래를 인류에게 가져다줄 것이다.

참고문헌

제1부 : 질병은 어떻게 탄생되었나

1장 : 질병의 원인은 두 가지, 아니 한 가지다

1. 빌 브라이슨, 『모든 것의 역사』, 까치글방, 2003.
2. 찰스 다윈, 『종의 기원』, 동서문화사, 2013.
3. Dolinoy DC. The agouti mouse model: an epigenetic biosensor for nutritional and environmental alterations on the fetal epigenome. *Nutr Rev*. 2008. 66 Suppl 1:S7-11.
4. Wolff GL, Kodell RL, Moore SR, Cooney CA. Maternal epigenetics and methyl supplements affect agouti gene expression in A^{vy}/a mice. *FASEB J*. 1998. 12(11):949-57.
5. 리처드 도킨스, 『이기적 유전자』, 을유문화사, 2010.

2장 : 농업혁명, 질병 시대의 서막을 열다

6. Wikipedia. Isthmus of Panama. http://en.wikipedia.org/wiki/Isthmus_of_Panama. 2013.
7. 그레고리 코크란, 헨리 하펜딩, 『1만 년의 폭발』, 글항아리, 2009.
8. Wikipedia. Terra Amata. http://en.wikipedia.org/wiki/Terra_Amata_(archaeological_site). 2013.
9. Tony McMichael. *Human Frontiers, Environments and Disease-Past Patterns, Uncertain Futures*. Cambridge University Press. 2001.
10. Andrew Chamberlain. Archaeological demography. *Hum Biol*. 2009. 81(2-3):275-86.

11. Kim Hill, A. M. Hurtado, R. S. Walker. High adult mortality among Hiwi hunter-gatherers: Implications for human evolution. *Journal of Human Evolution*. 2007. 52: 443e454.
12. Jacob L. Weisdorf. From foraging to farming: explaining the Neolithic revolution. *Journal of Economic Surveys*. 2005. 19(4):561-86.

3장 : 인류의 이동은 질병의 탄생에 어떤 영향을 끼쳤을까

13. Tony McMichael. *Human Frontiers, Environments and Disease-Past Patterns, Uncertain Futures*. Cambridge University Press. 2001.
14. Jablonski NG. The evolution of human skin colouration and its relevance to health in the modern world. *J R Coll Physicians Edinb*. 2012. 42(1):58-63.
15. Entine, J. *Taboo: Why Black Athletes Dominate Sports and Why We Are Afraid to Talk About It*. New York: Public Affairs Press. 2000.
16. 재레드 다이아몬드, 『총 균 쇠』, 문학사상사, 1998.

4장 : 유전자, 억울한 누명을 쓰다

17. 재레드 다이아몬드, 『총 균 쇠』, 문학사상사, 1998.
18. Tony McMichael. *Human Frontiers, Environments and Disease-Past Patterns, Uncertain Futures*. Cambridge University Press. 2001.
19. 그레고리 코크란, 헨리 하펜딩, 『1만 년의 폭발』, 글항아리. 2009.
20. Zuk O, Hechter E, Sunyaev SR, Lander ES. The mystery of missing heritability: Genetic interactions create phantom heritability. *Proc Natl Acad Sci U S A*. 2012. 109(4):1193-8.
21. Jeck WR, Siebold AP, Sharpless NE. Review: a meta-analysis of GWAS and age-associated diseases. Aging Cell. 2012 Oct;11(5):727-31.
22. Visscher PM. Sizing up human height variation. *Nature Genet*. 2008. 40:489-90.
23. Manolio TA, Collins FS, Cox NJ, Goldstein DB, Hindorff LA, Hunter DJ, McCarthy MI, Ramos EM, Cardon LR, Chakravarti A, Cho JH, Guttmacher AE, Kong A, Kruglyak L, Mardis E, Rotimi CN, Slatkin M, Valle D, Whittemore AS, Boehnke M, Clark AG, Eichler EE, Gibson G, Haines JL, Mackay TF, McCarroll SA, Visscher PM. Finding the missing heritability of complex diseases. *Nature*. 2009. 461(7265):747-53.

제2부 : 질병을 탄생시킨 8가지 환경 요인

5장 : 드디어, 영양 섭취에 문제가 생겼다

1. Milton, K. Diet and primate evolution. *Sci Amer*. 1993. 269: 86-93.
   Tutin CEG, Fernandez M. Composition of the diet of chimpanzees and comparisons with that of sympatric lowland gorillas in the Lopé Reserve, Gabon. *Am J Primatol*. 1993. 30:195-211.
2. Peter Ungar. Dental topography and diets of Australopithecus afarensis and early Homo. *Journal of Human Evolution*. 2004. 46:605-22.
3. 제인 구달, 『인간의 그늘에서』, 사이언스북스. 2001.
4. 존 앨런, 『미각의 지배』, 미디어윌, 2013.
5. Tony McMichael. *Human Frontiers, Environments and Disease-Past Patterns, Uncertain Futures*. Cambridge University Press. 2001.
6. Popovich DG, Jenkins DJA, Kendall CWC, Dierenfeld ES, Carroll RW, Tariq N, Vigden E. The western lowland gorilla diet has implications for the health of humans and other hominoids. *J Nutr*. 1997. 127:2000-5.
7. Denton D, We singer R, Mundy NI, Wicking EJ, Dixon A, Moissan P, Pinged AM, Shade R, Carey D, Ardaillou R, Paillard F, Chapman J, Thillet J, Michel JB. The effect of increased salt intake on blood pressure of chimpanzees. *Nature Medicine*. 1995. 1:1009-16.
8. Eaton SB, Eaton SB, Sinclair AJ, Cordain L, Mann NJ. Dietary intake of long chain polyunsaturated fatty acids during the Paleolithic. *World Rev Nutr Dietet*. 1998. 83:12-23.
9. McHenry HM. How big were early hominids? *Evol Anthropol*. 1992. 1:15-20.
10. Crawford MA, Cunnane SC, Harbige LS. *A new theory of evolution: quantum theory*. In: Sinclair A, Gibson R, eds. *Essential fatty acids and eicosanoids*. Champlaign, Ill: Amer Oil Chemists Soc. 1992. pp. 87-95.
11. Ethne Barnes. *Diseases and Human Evolution*. UNM Press. 2007.
12. Cordain L, Eaton SB, Miller JB, Mann N, Hill K. The paradoxical nature of hunter-gatherer diets: meat-based, yet non-atherogenic. *Eur J Clin Nutr*. 2002. 56 Suppl 1:S42-52.
13. Cohen MN. *Health and the rise of civilization*. New Haven: Yale Univ Press. 1989.
14. Jared Diamond. The Worst Mistake in the History of the Human Race. *Discover*.

1987. 8: 64-6.
15. 그레고리 코크란, 헨리 하펜딩, 『1만 년의 폭발』, 글항아리, 2009.
16. Jared Diamond. The Worst Mistake in the History of the Human Race. *Discover*. 1987. 8: 64-6.
17. Tony McMichael. *Human Frontiers, Environments and Disease-Past Patterns, Uncertain Futures*. Cambridge University Press. 2001.
18. Eaton SB. *Fibre intake in prehistoric times. In: Leeds AR, ed. Dietary fibre perspectives 2 reviews and bibliography*. London: John Libbey. 1990. pp. 27-40.
19. Tony McMichael. *Human Frontiers, Environments and Disease-Past Patterns, Uncertain Futures*. Cambridge University Press. 2001.

6장 : 질병의 배후에는 기후 변화가 있었다

20. Global greenhouse warming. *Ice age and sea levels*. http://www.global-greenhouse-warming.com/ice-ages-and-sea-levels.html. 2013.
21. Wikipedia. *Ice Age*. http://en.wikipedia.org/wiki/Ice_age. 2013.
22. Wikipedia. *Early human migration*. http://en.wikipedia.org/wiki/Early_human_migrations. 2013.
23. Wikipedia. *Green house gas*. http://en.wikipedia.org/wiki/Greenhouse_gas#cite_note-63. 2013.
24. Wikipedia. *Keeling curve*. http://en.wikipedia.org/wiki/Keeling_Curve. 2013.
25. IPCC. *Climate Change 2007-Synthesis Report*. WHO, UNEP. 2007.
26. Kyle Clendinning. *Climate Change and Conflict: The Implications for Sub-Saharan Africa*. http://earthreform.org/climate-change-and-conflict-the-implications-for-sub-saharan-africa. 2013.
27. McMichael AJ. Globalization, climate change, and human health. *N Engle J Med*. 2013. 369(1):96.
28. Tony McMichael. *Human Frontiers, Environments and Disease-Past Patterns, Uncertain Futures*. Cambridge University Press. 2001.
29. Virginia Gewin. Climate change will hit genetic diversity: Probable loss of 'ccryptic' variation a challenge for conservationists. *Nature*. 2011. doi:10.1038/news.2011.490.
30. Pauls SU, Nowak C, Bálint M, Pfenninger M. The impact of global climate change on genetic diversity within populations and species. *Mol Ecol*. 2013.

22(4):925-46.

7장 : 만성질환의 유행에 햇빛은 책임이 있을까, 없을까

31. Kalla AK. Human Skin Colour, Its Genetics, Variation ad Adaptation: A Review. *Anthropologist Special*. 2007. 3: 209-214.
32. Off MK, Steindal AE, Porojnicu AC, Juzeniene A, Vorobey A, Johnsson A, Moan J. Ultraviolet photodegradation of folic acid. *J Photochem Photobiol B*. 2005. 80(1):47-55.
33. Alan R. Rogers, David Iltis, Stephen Wooding. Genetic Variation at the MC1R Locus and the Time since Loss of Human Body Hair. *Current Anthropology*. 2004. 45: 105?8.
34. 그레고리 코크란, 헨리 하펜딩, 『1만 년의 폭발』, 글항아리. 2009.
35. Melissa Edwards, Abigail Bigham, Jinze Tan, Shilin Li, Agnes Gozdzik, Kendra Ross, Li Jin, Esteban J. Parra. Association of the OCA2 Polymorphism His615Arg with Melanin Content in East Asian Populations: Further Evidence of Convergent Evolution of Skin Pigmentation. *PLoS Genetics*. 2001. 6 (3): e1000867. doi:10.1371/journal.pgen.1000867.
36. Namgung R, Tsang RC. Bone in the pregnant mother and newborn at birth. *Clin Chim Acta*. 2003. 333(1):1-11.;
    Grant WB. Holick MF. Benefits and Requirements of Vitamin D for Optimal Health: A Review. *Alternative Medicine Review*. 2005. 10:2:94-111.
37. Garland CF, Garland FC. Do Sunlight and vitamin D reduce the likelihood of colon cancer? *Int J Epidemiol*. 1980. 9: 227-231.
38. Hong SP, Kim MJ, Jung MY, Jeon H, Goo J, Ahn SK, et al. Biopositive effects of low-dose UVB on epidermis: coordinate upregulation of antimicrobial peptides and permeability barrier reinforcement. *J Invest Dermatol*. 2008. 128:2880-7.
39. Campbell GR, Spector SA. Hormonally active vitamin D3 (1 alpha, 25-dihydroxycholecalciferol) triggers autophagy in human macrophages that inhibits HIV-1 infection. *J Biol Chem*. 2011. 286:18890-902.
40. Glade MJ. Vitamin D: health panacea or false prophet? *Nutrition*. 2013. 29(1):37-41.
41. Park HY, Lim YH, Kim JH, Bae S, Oh SY, Hong YC. Association of serum 25-hydroxyvitamin D levels with markers for metabolic syndrome in the elderly: a repeated measure analysis. *J Korean Med Sci*. 2012. 27(6):653-60.

8장 : 어떻게 인간은 오래달리기를 가장 잘하게 되었을까

42. Chakravarty EF, Hubert HB, Lingala VB, Fries JF. Reduced disability and mortality among aging runners: a 21-year longitudinal study. *Arch Intern Med*. 2008. 168(15):1638-46. doi: 10.1001/archinte.168.15.1638.
43. Jae Allen. *What Is the Difference Between Walking & Running Strides?* http://www.livestrong.com/article/364340-what-is-the-difference-between-walking-running-strides/. 2011.
44. Daniel E. Lieberman, Dennis M. Bramble. The Evolution of Marathon Running Capabilities in Humans. *Sports Med*. 2007. 37(4,6): 288-290.
45. David R. Carrier, A. K. Kapoor, Tasuku Kimura, Martin K. Nickels, Satwanti, Eugenie C. Scott, Joseph K. So, Erik Trinkaus. The Energetic Paradox of Human Running and Homonid Evolution. *Current Anthropology*. 1984. 25(4); 483-495.
46. Van Praag H, Christie BR, Sejnowski TJ, Gage FH. Running enhances neurogenesis, learning, and long-term potentiation in mice. *Proc Natl Acad Sci USA*. 1999. 96(23):13427-31.
47. Wikipedia. *Persistent Hunting*. http://en.wikipedia.org/wiki/Persistence_hunting. 2013.
48. O'Keefe JH, Patil HR, Lavie CJ. Exercise and life expectancy. *Lancet*. 2012. 379(9818):799;
49. Maron BJ, Poliac LC, Roberts WO. Risk for sudden cardiac death associated with marathon running. *J Am Coll Cardiol*. 1996. 28(2):428-31.
50. Anil Ananthaswamy. *Why Is Exercise Such a Chore?: Human evolution made us long-distance runners, but it didn't make us like it*. http://www.slate.com/articles/health_and_science/new_scientist/2013/06/daniel_lieberman_long_distance_running_we_evolved_endurance_and_dislike.html. 2013.

9장 : 술, 그 이율배반적인 역할

51. Wikepedia. *History of alcoholic beverages*. http://en.wikipedia.org/wiki/History_of_alcoholic_beverages. 2013.
52. David J. Hanson. *Preventing Alcohol Abuse: Alcohol, Culture and Control*. Wesport, CT: Praeger, 1995.
53. Patrick E. McGovern. *Ancient Wine: The Search for the Origins of Viniculture*. Princeton: Princeton University Press. 2003.

54. David J. Hanson. *Preventing Alcohol Abuse: Alcohol, Culture and Control*. Wesport, CT: Praeger. 1995.
55. Jean-Charles Sournia, Nick Hindley, Gareth Stanton. *A History of Alcoholism*. Blackwell Pub. 1990.
56. David J. Hanson. *History of Alcohol and Drinking around the World*. http://www2.potsdam.edu/hansondj/Controversies/1114796842.html. 2013.
57. David J. Hanson. *History of Alcohol and Drinking around the World*. http://www2.potsdam.edu/hansondj/Controversies/1114796842.html. 2013.
58. 장인식, 『음료 이야기』, 기문사. 2005.
59. Goedde HW, Harada S, Agarwal DP. Racial differences in alcohol sensitivity: A new hypothesis. *Human Genetics*. 1979. 51(3): 331-334.
60. Eng MY, Luczak SE, Wall TL. ALDH2, ADH1B, and ADH1C genotypes in Asians: A literature review. *Alcohol research & health*. 2007. 30 (1): 22-7.
61. Baan R, Straif K, Grosse Y, Secretan B, Ghissassi FE, Bouvard V. et al. Carcinogenicity of alcoholic beverages. *The Lancet Oncology*. 2007. 8(4): 292-293.
62. B. Simini. Serge Renaud: from French paradox to Cretan miracle. *The Lancet*. 2000. 355 (9197): 48. doi:10.1016/S0140-6736(05)71990-5.
63. Ferreira MP, Willoughby D. Alcohol consumption: the good, the bad, and the indifferent. *Appl Physiol Nutr Metab*. 2008. 33(1):12-20.

10장 : 우리 몸은 아직, 담배에 적응되지 않았다

64. Wikipedia. *History of smoking*. http://en.wikipedia.org/wiki/History_of_smoking. 2013. 조던 굿맨, 『역사 속의 담배』, 다해, 2010.
65. Wikipedia. *Rodrigo de Jerez*. http://en.wikipedia.org/wiki/Rodrigo_de_Jerez. 2013.
66. 조던 굿맨, 『역사 속의 담배』, 다해, 2010.
67. History Learning Site. *Cures for the Plague*. http://www.historylearningsite.co.uk/cures_plague_1665.htm. 2013.
68. Wilkie David S., Morelli Gilda A. *Forest Foragers: A Day in the Life of Efe Pygmies in the Democratic Republic of Congo*. http://www.culturalsurvival.org/ourpublications/csq/article/forest-foragers-a-day-life-efe-pygmies-democratic-republic-congo. 2013.
69. Noel T. Boaz. *Evolving Health: The Origins of Illness and How the Modern*

World is Making Us Sick. John Wiley & Sons. 2002.
70. Patterson J. T. *The Dread Disease: Cancer and Modern American Culture*. Harvard University Press. 1987.
71. Wynder E, Graham E. Tobacco smoking as a possible etiologic factor in bronchogenic carcinoma: A study of six hundred and eighty-four proved cases. *JAMA*. 1950. 143: 329-336.
72. Doll R, Hill AB. Lung cancer and other causes of death in relation to smoking; a second report on the mortality of British doctors. *British Medical Journal*. 1956. 2(5001): 1071-1081.
73. Saah T. The evolutionary origins and significance of drug addiction. *Harm Reduct J*. 2005 29(2):8.
74. Yokota J, Shiraishi K, Kohno T. Genetic basis for susceptibility to lung cancer: Recent progress and future directions. *Adv Cancer Res*. 2010. 109:51-72.

11장 : 산업혁명, 온갖 질병의 온상이 되다

75. Tony McMichael. *Human Frontiers, Environments and Disease-Past Patterns, Uncertain Futures*. Cambridge University Press. 2001.
76. Simon Szreter. Industrialization and health. *Br Med Bull*. 2004. 69:75-86.
77. Thomas McKeown. *The Modern Rise of Population*. New York: Academic Press. 1976.
78. Simon Szreter. Industrialization and health. *Br Med Bull*. 2004. 69:75-86.
79. Bingham P, Verlander NQ, Cheal MJ. John Snow, William Farr and the 1849 outbreak of cholera that affected London: a reworking of the data highlights the importance of the water supply. *Public Health*. 2004. 118(6):387-94.
80. Encyclopedia Britannica. *Occupational disease*. http://www.britannica.com/EBchecked/topic/424257/occupational-disease. 2013.
81. Brown JR and Thornton JL. Percivall Pott(1714-1788) and Chimney Sweepers' Cancer of the Scrotum. *Br J Ind Med*. 1957. 14(1): 68-70.
82. Wikipedia. *Thomas Robert Malthus*. http://en.wikipedia.org/wiki/Thomas_Robert_Malthus. 2013.
83. Fritz Haber. *The synthesis of ammonia from its elements*. Nobel Lecture. 1920. http://www.nobelprize.org/nobel_prizes/chemistry/laureates/1918/haber-lecture.pdf.
84. 톰 스탠디지, 『식량의 세계사』, 웅진지식하우스. 2009.

85. Joel Mokyr. *The Second Industrial Revolution, 1870-1914*. The Lever of Riches. 1990.
86. Edward Broughton. The Bhopal disaster and its aftermath: a review. *Environ Health*. 2005; 4: 6.
87. Roger Ekirch. *At Day's Close: Night in Times Past*. W. W. Norton& Company Ltd. 2005.
88. Androniki Naska, Eleni Oikonomou, Antonia Trichopoulou, Theodora Psaltopoulou, Dimitrios Trichopoulos. Siesta in Healthy Adults and Coronary Mortality in the General Population. *Arch Intern Med*. 2007. 167(3):296-301.

12장 : 화석 연료의 사용이 인류에게 남긴 치명적 유산

89. Kim JH, Hong YC. GSTM1, GSTT1, and GSTP1 polymorphisms and associations between air pollutants and markers of insulin resistance in elderly Koreans. *Environ Health Perspect*. 2012. 120(10):1378-84.
90. World Health Organization. Burden of disease from the join effects of Household and Ambient Air Pollution for 2012. http://www.who.int/phe/health_topics/outdoorair/databases/AP_jointeffect_BoD_results_March2014.pdf?ua=1
91. Roy JR, Chakraborty S, Chakraborty TR. Estrogen-like endocrine disrupting chemicals affecting puberty in humans—a review. *Med Sci Monit*. 2009. 15(6):RA137-45.
92. Yum T, Lee S, Kim Y. Association between precocious puberty and some endocrine disruptors in human plasma. *J Environ Sci Health A Tox Hazard Subst Environ Eng*. 2013. 48(8):912-7.
93. Skinner MK, Anway MD. Seminiferous cord formation and germ-cell programming: Epigenetic transgenerational actions of endocrine disruptors. *Ann N Y Acad Sci*. 2005. 1061:18-32.
94. Dietert RR. Misregulated inflammation as an outcome of early-life exposure to endocrine-disrupting chemicals. Rev Environ Health. 2012;27(2-3):117-31.
95. Gaspari L, Paris F, Jandel C, Kalfa N, Orsini M, Daures JP, Sultan C. Prenatal environmental risk factors for genital malformations in a population of 1442 French male newborns: a nested case-control study. *Hum Reprod*. 2011. 26(11):3155-62.;
Fernandez MF, Olmos B, Granada A, Lopez-Espinosa MJ, Molina-Molina JM, Fernandez JM, Cruz M, Olea-Serrano F, Olea N. Human exposure to

endocrine-disrupting chemicals and prenatal risk factors for cryptorchidism and hypospadias: a nested case-control study. *Environ Health Perspect*. 2007. 115 Suppl 1:8-14.
96. Swan SH, Main KM, Liu F, Stewart SL, Kruse RL, Calafat AM, Mao CS, Redmon JB, Ternand CL, Sullivan S, Teague JL; Study for Future Families Research Team. Decrease in anogenital distance among male infants with prenatal phthalate exposure. *Environ Health Perspect*. 2005. 113(8):1056-61.
97. Kim Y, Ha EH, Kim EJ, Park H, Ha M, Kim JH, Hong YC, Chang N, Kim BN. Prenatal exposure to phthalates and infant development at 6 months: prospective Mothers and Children's Environmental Health (MOCEH) study. *Environ Health Perspect*. 2011. 119(10):1495-500.

제3부 : 인간이 만든 문명, 문명이 만든 8가지 질병

13장 : 전염병, 병원균의 전성시대를 불러오다

1. Wikipedia. *Black Death*. http://en.wikipedia.org/wiki/Black_Death. 2013.
2. 재레드 다이아몬드, 『총 균 쇠』, 문학사상사, 1998.
3. George J. Armelagos and Kristin N. Harper. Disease Globalization in the Third Epidemiological Transition. Globalization, Health, and the Environment. AltaMira Press. 2005.
4. Eric Chivian, Aaron Bernstein. *Sustaining Life-How Human Health Depends on Biodiversity*. Oxford University. 2008.
5. Harvard University Library Open Collections Program. *Contagion-Historical views of diseases and epidemics*. http://ocp.hul.harvard.edu/contagion/panamacanal.html. 2013.
6. Eric Chivian, Aaron Bernstein. *Sustaining Life-How Human Health Depends on Biodiversity*. Oxford University. 2008.
7. Greg Guest and Eric C. Jones. Globalization, Health, and the Environment: An Introduction. Globalization, Health, and the Environment. AltaMira Press. 2005.

14장 : 오래된 생물학적 프로그램 때문에 우리는 비만해질 수밖에 없다

8. Ezzati M, Riboli E. Behavioral and dietary risk factors for noncommunicable diseases. *N Engl J Med*. 2013. 369(10):954-64.
9. Cheryl D. Fryar, Margaret D. Carroll, Cynthia L. Ogden. *Prevalence of Overweight, Obesity, and Extreme Obesity Among Adults: United States, Trends 1960-1962 Through 2009-2010*. Centers for Disease Control and Prevention. 2012.
10. Puoane T, Steyn K, Bradshaw D, Laubscher R, Fourie J, Lambert V, Mbananga N. Obesity in South Africa: the South African demographic and health survey. *Obes Res*. 2002. 10(10):1038-48.
11. Wang Y, Beydoun MA, Liang L, Caballero B, Kumanyika SK. Will all Americans become overweight or obese? Estimating the progression and cost of the US obesity epidemic. *Obesity*. 2008. 16:2323-2330;
   Kelly T, Yang W, Chen CS, Reynolds K, He J. Global burden of obesity in 2005 and projections to 2030. *Int J Obes*. 2008. (Lond.)32:1431-1437.
12. Michael Curtis. The Obesity Epidemic in the Pacific Islands. *Journal of Development and Social Transformation*. http://www.maxwell.syr.edu/uploadedFiles/moynihan/dst/curtis5.pdf.
13. 제레미 리프킨, 『육식의 종말』, 시공사, 2008.
14. Ann Simmons. *Where fat is a mark of beauty*. Los Angeles Times. http://www.anthroprof.org/documents/docs102/102articles/fat26.pdf.
15. Sylvia Kirchengast. Gender Differences in Body Composition from Childhood to Old Age: An Evolutionary Point of View. *J Life Sci*. 2010. 2(1): 1-10.
16. Walley AJ, Asher JE, Froguel P. The genetic contribution to non-syndromic human obesity. *Nat Rev Genet*. 2009. 10(7):431-42.

15장 : 당뇨병 유행에 새로운 이유가 추가되고 있다

17. International Diabetes Federation. *The Global Burden*. http://www.idf.org/diabetesatlas/5e/the-global-burden.
18. Dupras TL, Williams LJ, Willems H, Peeters C. Pathological skeletal remains from ancient Egypt: the earliest case of diabetes mellitus? *Practical Diabetes Int*. 2010. 27(8): 358-363.
19. Jacek Zajac, Anil Shrestha, Parini Patel, Leonid Porestsky. *Principles of Diabetes*

Mellitus. Springer Science+Business Media. 2010.
20. Laios K, Karamanou M, Saridaki Z, Androutsos G. Aretaeus of Cappadocia and the first description of diabetes. *Hormones (Athens)*. 2012. 11(1):109-13.
21. Frank LL. Diabetes mellitus in the texts of old Hindu medicine(Charaka, Susruta, Vagbhata). *Am J Gastroenterol*. 1957 27(1):76-95.
22. Patti ME, Corvera S. The role of mitochondria in the pathogenesis of type 2 diabetes. *Endocr Rev*. 2010. 31(3):364-95.
23. Drong AW, Lindgren CM, McCarthy MI. The genetic and epigenetic basis of type 2 diabetes and obesity. *Clin Pharmacol Ther*. 2012. 92(6):707-15.
24. C Nicholas Hales and David J P Barker. The thrifty phenotype hypothesis. *British Medical Bulletin*. 2001. 60: 5-20
25. Thurner S, Klimek P, Szell M, Duftschmid G, Endel G, Kautzky-Willer A, Kasper DC. Quantification of excess risk for diabetes for those born in times of hunger, in an entire population of a nation, across a century. *Proc Natl Acad Sci U S A*. 2013. 110(12):4703-7.
26. Taylor KW, Novak RF, Anderson HA, Birnbaum LS, Blystone C, Devito M, Jacobs D, Köhrle J, Lee DH, Rylander L, Rignell-Hydbom A, Tornero-Velez R, Turyk ME, Boyles AL, Thayer KA, Lind L. Evaluation of the Association between Persistent Organic Pollutants(POPs) and Diabetes in Epidemiological Studies: A National Toxicology Program Workshop Review. *Environ Health Perspect*. 2013. 121(7):774-83.;
Lee DH. Persistent organic pollutants and obesity-related metabolic dysfunction: focusing on type 2 diabetes. *Epidemiol Health*. 2012. 34:e2012002. doi: 10.4178/epih/e2012002.
27. Kim JH, Hong YC. GSTM1, GSTT1, and GSTP1 polymorphisms and associations between air pollutants and markers of insulin resistance in elderly Koreans. *Environ Health Perspect*. 2012. 120(10):1378-84.;
Lai MS, Hsueh YM, Chen CJ, Shyu MP, Chen SY, Kuo TL, Wu MM, Tai TY. Ingested inorganic arsenic and prevalence of diabetes mellitus. *Am J Epidemiol*. 1994 139(5):484-92.
28. Neel BA, Sargis RM. The paradox of progress: environmental disruption of metabolism and the diabetes epidemic. *Diabetes*. 2011 60(7):1838-48.
29. Kearney AT. *Chemical industry vision 2030: A European Perspective*. https://www.atkearney.com/paper/-/asset_publisher/dVxv4Hz2h8bS/content/chemical-industry-vision-2030-a-european-perspective/10192.

16장 : 사는 곳에 따라 고혈압의 위험도는 달라진다

30. Kearney PM, Whelton M, Reynolds K, Whelton PK, He J. Worldwide prevalence of hypertension: a systematic review. *J Hypertens*. 2004. 22(1):11-9.
31. Gurven M, Blackwell AD, Rodríguez DE, Stieglitz J, Kaplan H. Does blood pressure inevitably rise with age?: longitudinal evidence among forager-horticulturalists. *Hypertension*. 2012. 60(1):25-33.
32. Gurven M, Kaplan H, Winking J, Eid Rodriguez D, Vasunilashorn S, Kim JK, FinchC, Crimmins E. Inflammation and infection do not promote arterial aging and cardiovascular disease risk factors among lean horticulturalists. *PLoS One*. 2009 4(8):e6590.
33. Michael R. Eades. *Obesity in ancient Egypt*. http://www.proteinpower.com/drmike/obesity/obesity-in-ancient-egypt/. 2013.
34. Thompson EE, Kuttab-Boulos H, Witonsky D, Yang L, Roe BA, Di Rienzo A. CYP3A variation and the evolution of salt-sensitivity variants. *Am J Hum Genet*. 2004. 75(6):1059-69.
35. Kaufman JS, Durazo-Arvizu RA, Rotimi CN, McGee DL, Cooper RS. Obesity and hypertension prevalence in populations of African origin. The Investigators of the International Collaborative Study on Hypertension in Blacks. *Epidemiology*. 1996. 7(4):398-405.
36. National Institutes of Health. The Seventh Report of the Joint National Committee on Prevention, Detection, Evaluation, and Treatment of High Blood Pressure(JNC 7). U.S. Department of Health and Human Services. 2004.
37. Taal HR, Verwoert GC, Demirkan A, Janssens AC, Rice K, Ehret G, Smith AV, Verhaaren BF, Witteman JC, Hofman A, Vernooij MW, Uitterlinden AG, Rivadeneira F, Ikram MA, Levy D, van der Heijden AJ; Cohort for Heart and Aging Research in Genome Epidemiology and Early Genetics and Lifecourse Epidemiology consortia, Jaddoe VW, van Duijn CM. Genome-wide profiling of blood pressure in adults and children. *Hypertension*. 2012. 59(2):241-7.

17장 : 과거에는 유익했던 유전자가 지금은 심혈관질환을 폭발시키고 있다

38. Lemogoum D, Ngatchou W, Janssen C, Leeman M, Van Bortel L, Boutouyrie P, Degaute JP, Van de Borne P. Effects of hunter-gatherer subsistence mode on arterial distensibility in Cameroonian pygmies. *Hypertension*. 2012. 60(1):123-8.

39. O'Dea K. Cardiovascular disease risk factors in Australian aborigines. *Clin Exp Pharmacol Physiol*. 1991. 18(2):85-8.
40. James Owen. *Egyptian Princess Mummy Had Oldest Known Heart Disease*. http://news.nationalgeographic.com/news/2011/04/110415-ancient-egypt-mummies-princess-heart-disease-health-science/. 2013.
41. Gaziano TA, Bitton A, Anand S, Abrahams-Gessel S, Murphy A. Growing epidemic of coronary heart disease in low- and middle-income countries. *Curr Probl Cardiol*. 2010. 35(2):72-115.
42. Enos WF, Holmes RH, Beyer J. Coronary disease among United States soldiers killed in action in Korea. *JAMA*. 1953. 152 (12): 1090-1093.
43. Williams, KJ; Tabas, I. The Response-to-Retention Hypothesis of Early Atherogenesis. *Arteriosclerosis, thrombosis, and vascular biology*. 1995. 15 (5): 551-61
44. Ding K, Kullo IJ. Evolutionary genetics of coronary heart disease. *Circulation*. 2009. 119(3):459-67.
45. Van Den Biggelaar AH, De Craen AJ, Gussekloo J, Huizinga TW, Heijmans BT, Frölich M, Kirkwood TB, Westendorp RG. Inflammation underlying cardiovascular mortality is a late consequence of evolutionary programming. *FASEB J*. 2004. 18(9):1022-4.
46. Hahn MW, Rockman MV, Soranzo N, Goldstein DB, Wray GA. Population genetic and phylogenetic evidence for positive selection on regulatory mutations at the factor VII locus in humans. *Genetics*. 2004. 167: 867-877.
47. Ding K, Kullo IJ. Evolutionary genetics of coronary heart disease. *Circulation*. 2009. 119(3):459-67.
48. Davignon J, Gregg RE, Sing CF. Apolipoprotein E polymorphism and atherosclerosis. *Arteriosclerosis*. 1988. 8: 1-21.
49. Eisenberg DTA, Kuzawa CW, Hayes MG. Worldwide allele frequencies of the human apoliprotein E (APOE) gene: climate, local adaptations and evolutionary history. *American Journal of Physical Anthropology*. 2010. 143 (1): 100-111.
50. Jean Davignon, Jeffrey S. Cohn, Laurence Mabile, Lise Bernier. Apolipoprotein E and atherosclerosis: insight from animal and human studies. *Clinica Chimica Acta*. 1999. 286: 115-143.
51. Shah S, Casas JP, Gaunt TR, Cooper J, Drenos F, Zabaneh D, Swerdlow DI, ShahT, Sofat R, Palmen J, Kumari M, Kivimaki M, Ebrahim S, Smith GD, Lawlor DA, Talmud PJ, Whittaker J, Day IN, Hingorani AD, Humphries SE. Influence of common genetic variation on blood lipid levels, cardiovascular risk, and

coronary events in two British prospective cohort studies. *Eur Heart J*. 2013. 34(13):972-81.
52. Genco R, Offenbacher S, Beck J. Periodontal disease and cardiovascular disease: epidemiology and possible mechanisms. *J Am Dent Assoc*. 2002. 133Suppl:14S-22S.
53. Pal S, Radavelli-Bagatini S, Ho S. Potential benefits of exercise on blood pressure and vascular function. *J Am Soc Hypertens*. 2013. doi:pii: S1933-1711(13)00126-5. 10.1016/j.jash.2013.07.004.
54. Black PH. The inflammatory response is an integral part of the stress response: Implications for atherosclerosis, insulin resistance, type II diabetes and metabolic syndrome X. *Brain Behav Immun*. 2003. 17(5):350-64.
55. Miller KA, Siscovick DS, Sheppard L, Shepherd K, Sullivan JH, Anderson GL, Kaufman JD. Long-term exposure to air pollution and incidence of cardiovascular events in women. *N Engl J Med*. 2007. 356(5):447-58.
56. Chandola T, Ferrie JE, Perski A, Akbaraly T, Marmot MG. The effect of short sleep duration on coronary heart disease risk is greatest among those with sleep disturbance: a prospective study from the Whitehall II cohort. *Sleep*. 2010. 33(6):739-44.

18장 : 성숙하지 못한 방어체계가 알레르기 질환을 일으킨다

57. Allergy Associates of Utah. *Allergies in Utah and Around the World- A Historical Perspective*. http://www.utahallergies.com/allergy-info/allergy-information/allergy-history.html. 2013.
58. Richard Wagner. Clemens von Pirquet, discoverer of the concept of allergy. *Bull N Y Acad Med*. 1964. 40(3): 229-235.
59. Estelle Simons. *Ancestors of allergy*. Global Medical Communications. 1994.
60. Odhiambo JA, Williams HC, Clayton TO, Robertson CF, Asher MI; ISAAC Phase Three Study Group. Global variations in prevalence of eczema symptoms in children from ISAAC Phase Three. *J Allergy Clin Immunol*. 2009. 124(6):1251-8.
61. Robertson CF, Heycock E, Bishop J, Nolan T, Olinsky A, Phelan PD. Prevalence of asthma in Melbourne school children: changes over 26 years. *BMJ*. 1991. 302:1116-8.
62. Bisgaard H, Simpson A, Palmer CN, Bonnelykke K, McLean I, Mukhopadhyay S, Pipper CB, Halkjaer LB, Lipworth B, Hankinson J, Woodcock A, Custovic A.

Gene-environment interaction in the onset of eczema in infancy: filaggrin loss-of-function mutations enhanced by neonatal cat exposure. *PLoS Med*. 2008. 24;5(6):e131.
63. Williams HC. Epidemiology of human atopic dermatitis—seven areas of notable progress and seven areas of notable ignorance. *Vet Dermatol*. 2013. 24(1):3-9.
64. Tezza G, Mazzei F, Boner A. Epigenetics of allergy. *Early Hum Dev*. 2013. 89Suppl 1:S20-1.
65. Waltraud Eder, Markus J. Ege, Erika von Mutius. Asthma Epidemic. *N Engl J Med*. 2006. 355:2226-35.
66. Strachan DP, Cook DG. Health effects of passive smoking. 6. Parental smoking and childhood asthma: longitudinal and case-control studies. *Thorax*. 1998. 53:204-12.
67. Schaub B, von Mutius E. Obesity and asthma, what are the links? *Curr Opin Allergy Clin Immunol*. 2005. 5:185-93.

19장 : 암, 순전히 인간이 만들어 낸 병

68. Shi-Ming Tu. *Origin of Cancers*. Springer 2010.
69. Rosalie David, Michael R. Zimmerman. Cancer: an old disease, a new disease or something in between? *Nature Reviews Cancer*. 2010. 10: 728-733.
70. Noel Boaz. *The origin of illness and how the modern world is making us sick*. John Wiley & Sons. 2002.
71. Kobayashi H, Ohno S, Sasaki Y, Matsuura M. Hereditary breast and ovarian cancer susceptibility genes (Review). *Oncol Rep*. 2013. 30(3):1019-29.
72. International Agency for Research on Cancer. *IARC Monographs on the Evaluation of Carcinogenic Risks to Humans*. WHO. http://monographs.iarc.fr/. 2013.
73. Parkin DM. The fraction of cancer attributable to lifestyle and environmental factors in the UK in 2010. *Br J Cancer*. 2011. 105Suppl2:S2-5.

20장 : 현대 사회, 우울증을 키우다

74. Natalie Fraser. *Mental Illness and Disability*. Asia-Australia Mental Health. http://aamh.edu.au/_data/assets/pdf_file/0019/402364/Mental_Illness_is_a_Disability.

pdf.
75. Hague, Amber. Psychology from Islamic Perspective: Contributions of Early Muslim Scholars and Challenges to Contemporary Muslim Psychologists. *Journal of Religion & Health*. 2004. 43(4):357-377.
76. G E Berrios. Melancholia and depression during the 19th century: a conceptual history. *The British Journal of Psychiatry*. 1988. 153:298-304.
77. Paul W. Andrews, J. Anderson Tompson, Jr. Depression's Evolutionary Roots. *Scientific American*. 2009.
78. Michael J. Raleigh, Michael T. McGuire, Gary L. Brammer, Arthur Yuwiler. Social and Environmental Influences on Blood Serotonin Concentrations in Monkeys. *Arch Gen Psychiatry*. 1984. 41(4):405-410.
79. Wikipedia. *Creativity and mental illness*. http://en.wikipedia.org/wiki/Creativity_and_mental_illness. 2013.
80. Hamazaki K, Itomura M, Huan M, Nishizawa H, Sawazaki S, Tanouchi M, Watanabe S, Hamazaki T, Terasawa K, Yazawa K. Effect of omega-3 fatty acid-containing phospholipids on blood catecholamine concentrations in healthy volunteers: a randomized, placebo-controlled, double-blind trial. *Nutrition*. 2005. 21(6):705-10.

맺음말 : 질병은 과연 예방될 수 있을까

1. Wikipedia. *Easter Island*. http://en.wikipedia.org/wiki/Easter_Island. 2013.

찾아보기

DNA 28-29, 33, 79-81, 128, 263, 327, 333, 356
LDL-콜레스테롤 292-293, 296-298
RNA 28, 33, 38

ㄱ

간기능 164, 217
간빙기 44, 108, 111, 119
간접흡연 178-179, 310
갈라파고스 31-32
결핵균 135
겸상세포돌연변이 69
겸상적혈구빈혈증 41
고혈압 52, 72, 79, 118, 135, 140, 201, 210, 255-256, 273-287, 293-294
곡물 53-54, 74, 98, 1019-102, 131, 193-194, 227, 330, 355
골격근 68, 104-105, 261
골관절염 150
골밀도 134, 150
공동체 문화 339, 349, 355
공장 폐수 188
과체중 241, 253, 255
관상동맥질환 83, 140, 166, 177, 291

교대 근무 201
구루병 101, 133
국제암연구소 332
군집 생활 56, 59
글루트 수용체 261-262
글리코겐 48, 147, 261, 268
급성질환 184
기생충 50-52, 57, 58-60, 170, 233-235, 313, 318
기후 변화 23, 54, 63, 107-122, 141, 207, 238, 351, 353, 355

ㄴ

내분비교란물질 210, 218
네안데르탈인 46, 321
녹조류 28
농경 13-18, 53-57, 98-103, 105, 109-110, 131-132, 155, 167, 183, 224-226, 232-233, 243, 268, 286, 290
농경목축 12, 53-56, 70, 224
농업혁명 13, 16-19, 23, 42-43, 53-56, 60, 74, 98, 101, 103, 138, 198, 286, 351-352
뇌염 113

뇌졸중 118, 166, 177, 255
니코틴 174, 180-182
니콜라스 모나르데스 170

ㄷ
다염화비페닐 214, 271
다윈 13, 31-32, 37, 62
다이옥신 215, 273
다환방향족탄화수소 206-208
단백질 29, 33, 38, 92-94, 99, 101, 144,
　　150, 193, 196-197, 307, 324-325
단일 작물 99, 103, 225
단핵세포 28
담배 17, 23, 168-169, 176-182, 200,
　　248, 289, 310-311, 329-330, 341, 351
당뇨병 9, 14, 22-23, 59, 80-81, 105,
　　134, 140, 149, 210, 213-217, 255,
　　258-275, 289, 352
대기오염 84, 117, 206, 209-210, 238,
　　271, 293, 300-301, 311, 355
대립유전자 37, 74-80, 180, 266, 294-
　　297
대사증후군 134-135, 215
대사체계 28
대장암 134-135, 138, 150, 255, 328-
　　330
대항해 시대 16, 182, 243, 323, 329
데이비드 버커 269
뎅기열 113
도코사테트라엔산 96
도코사헥사엔산 97
도파민 174, 338, 347
돌연변이 65, 79, 99, 326-327, 333

동맥경화증 104, 277-278, 288-289,
　　292, 293-294, 297, 300
동아시아 64, 77-78, 132, 161-162, 269

ㄹ
락타아제 77
로드리고 데 헤레스 169
로저 에커치 200
루이 파스퇴르 189, 196

ㅁ
마야 문명 168
만성질환 14-15, 23, 39-40, 80-81,
　　110, 123, 136, 139-140, 184, 195,
　　201, 210, 240, 252-253, 258, 275,
　　318, 330, 336, 341, 350-351, 356
말라리아 69, 102, 113, 117, 197, 234-
　　235, 238
맥주 155, 158
먹거리 23, 49, 54, 57, 66, 70, 91-92,
　　102, 131, 149, 152, 243, 246, 279,
　　296, 298, 351
메틸화 33-34
멜라닌 66-67, 124-133, 333
면역체계 58, 229, 234, 236, 283, 302,
　　303-304, 308, 313-316
문명화 16-17, 23, 55, 77-78, 103, 105,
　　109-110, 117, 130, 132, 162, 176,
　　181, 226, 229, 243, 291, 294, 300,
　　321, 330, 332, 334, 336, 339, 350-351
미세먼지 9, 300
미토콘드리아 38, 263-266

ㅂ

바소프레신 276
바이러스 28, 224, 227, 232-236, 324
베링해 75, 108
베타세포 261-262, 272
병원균 14-17, 21, 49, 57, 109-113,
　202, 223-237, 314
보팔 사건 198
부비강암 333
불포화지방산 59, 94, 96-97, 104, 355
비만 9, 23, 52, 118, 201, 215, 217, 240-
　256, 259, 268-271, 275, 289-290,
　312, 330, 334, 352
비비원숭이 92
비스페놀에이 214
비암 323, 333
비타민 B12 34
비타민 D 66-67, 126-127, 130-139
빙하기 12, 16, 44, 54, 63-64, 73, 108-
　109, 111, 119, 121, 224

ㅅ

사바나 44, 51, 66, 91, 93, 95, 107, 141,
　278, 284, 286
사하라 사막 115
산업혁명 13, 18-19, 23, 42, 59, 103,
　105, 110-111, 133, 138, 183-187,
　190-192, 195, 200, 202-206, 237,
　246, 262, 272, 275, 288, 299-301,
　309, 323, 331, 334, 348, 351-354
산업화 17, 42, 183-196, 199, 246, 300,
　320
상동염색체 37

생물 무기 229
생물학적 방어기전 58-59
생존경쟁 37
생활 하수 188
석유 111, 198, 204, 206, 299
석탄 111, 188, 204-208, 300
선행인류 17, 44-47, 51-59, 66, 76, 91-
　97, 103-107, 129, 131, 146, 149, 173,
　178, 203, 223-224, 267, 276, 279,
　321, 330, 340, 347
성조숙증 213
세계보건기구 19, 176
세균 21, 49, 56-58, 128, 135, 189-190,
　202, 226, 229-232, 236, 313-316
세로토닌 338, 343-344
수렵채집인 9, 47-53, 93-96, 101-104,
　150, 181, 273, 279, 284-285, 289,
　299, 303
수축기혈압 274, 285
술 17, 23, 154, 167, 181, 248, 289, 341
스마트폰 199, 340
식생활 48, 63, 105, 244-248, 269, 290,
　316, 330-331
신경관 기형 128-129
신경전달물질 174, 214, 338, 343, 346-
　348
심근경색증 118, 210, 293, 300
심혈관질환 23, 149, 151, 164, 215, 255,
　288-301

ㅇ

아구티쥐 34
아라키돈산 96

아르헨티나출혈열 232
아세트알데히드 160-162
아시아인 62, 67-68, 125, 132, 240, 280, 328
아스텍 21, 228-229
아킬레스건 141
아테로마 292-297
아토피 피부염 135, 302-308, 313, 315, 318-319
아프리카인 62, 333
안드로겐 211, 214, 218
안지오텐신 275-276
알레르기 22-23, 135, 209, 302-315, 317-319, 352
알코올 75, 103, 156, 160-167, 346
암 13, 22-23, 59, 134-140, 164, 170, 176-181, 191, 215, 320-334, 336, 352
암억제 유전자 326-327
암유발 유전자 326-327
야생쥐 226-228
에드워드 제너 189
에스트로겐 211, 213-215, 218, 253, 331
에이즈 233
엘니뇨 115-116
열대우림 43, 44, 236, 278
염기서열 78
염분 섭취 273, 278-283, 287, 334
엽산 34, 128-130, 137, 330
영양 결핍 60, 115, 192, 193, 195, 270
예르시니아 페스티스 228
예방 전략 354, 356
오래달리기 23, 140-153, 351

오메가 3 94, 104, 347-348, 355
오메가 6 94, 104, 347-348
오스트랄로피테쿠스 48, 91-92, 107, 141
오스트레일리아 원주민 71
오존층 28, 124
온난화 109-110, 120, 115-118, 121
온실효과 110
우울증 135, 165, 335-349
위생 가설 312-313
위암 135, 177, 328-329
유기적 구성체 199, 341
유럽인 62, 69, 71, 126-127, 131-132, 161, 169, 244, 230-282
유방암 134-135, 138, 149, 201, 255, 328, 330
유전병 40, 41, 264, 327
유전자 발현 32-36, 40-42, 84, 128, 308, 333, 356
유전자 변이 14-18, 31-42, 78-84, 119, 138, 161-162, 255, 265, 269-270, 287, 294-297, 307, 356
유전자 설명력 80-81
유전자 코드 18, 32-33, 40, 327
유전체 36, 40, 62, 67, 75, 78-80, 83, 255, 265-266, 287, 294
유행성 출혈열 227
음낭암 191, 323, 332
이기적 유전자 37
이산화탄소 28, 110-111, 113, 121
이스터 섬 353
이완기혈압 274
인슐린 저항성 264-266, 271-272, 289
인터넷 199, 285, 340-341, 348

일체배형 78
잉여 에너지 247, 249, 251-252

ㅈ

자연선택 14-18, 30-37, 45-46, 58-59,
    62-84, 128-130, 132, 141, 148, 151,
    162, 173, 181, 202, 229-231, 235,
    249, 251-253, 268, 279-281, 294-
    297, 317-318, 342, 352
자연재해 51, 65, 113-114, 285
자외선 28, 66-67, 123-138, 333
작물화 73
잔류성유기화합물 213
잡식성 63, 91, 93
장내 세균 316
장티푸스 188
재레드 다이아몬드 22, 71
적혈구 69
절약유전자 267-269
절약표현형 267, 269
제임스 닐 268
존 스노우 189
주혈흡충증 232-233
중추신경계 163, 208, 218
증기기관 204-206
지구환경 11-12, 24, 30, 39, 64, 107,
    111, 119, 121-122, 224, 352-355
지배 계급 52, 245, 259
직업병 190-191
진화론 13-14
진화생물학 14, 37
질소 비료 193
질소고정박테리아 194

집먼지진드기 311-312
집쥐 226-228
쯔쯔가무시 227

ㅊ

찰스 킬링 11
창조성 345-346
척추이분증 128
천식 14, 135, 209-210, 302-319, 352
천연가스 111, 204
천연두 21, 189, 228-231, 236
침팬지 62, 66, 92, 94-95, 130, 141-
    142, 145, 155, 236

ㅋ

칼라하리 사막 93, 148
코르테스 226
콜럼버스 1697-170
콜레라 115-117, 188-189, 231, 236
콜레스테롤 94, 103, 277, 287, 289, 292-
    298

ㅌ

탄수화물 93, 99, 102, 105, 167, 265
테라 아마타 47-48
테스토스테론 69
토머스 맬서스 193-194

ㅍ

파나마 지협 43, 234
퍼시벌 포트 191, 332
폐암 135, 175-1781 209, 329
포도주 74, 155-158, 166

포화지방산 59, 94, 103, 166, 355
폭력 50-52, 60, 115, 157
폭염 67-68, 113, 115, 186
폴리네시아 243-245, 268-269, 353
표현형 34, 38-41, 79-82, 267, 269
프렌치 패러독스 166
프리츠 하버 194
프탈레이트 214, 217-218, 271
플라스틱 84, 212, 216-218, 271
피그미족 288
피부색 65-68, 123-138, 169, 333
피부암 137-138, 209, 333
피하지방 250-252
핀치새 31-32

ㅎ

하플로타입 67
한국인 65, 137, 161, 271, 279, 291, 292
해수면 63, 108, 109, 113
해안선 63
핵산 28, 207
햇빛 23, 45, 123, 126, 128, 133-138, 188, 200, 203, 279, 332-334, 351
혈소판 104, 164
혈압유지기전 282
혈전 293, 295, 297
호르몬 69, 127, 134, 198-201, 210-211, 214-219, 258, 261, 267, 275-276, 283, 295, 329-331, 348
호모 사피엔스 13, 45-46, 105, 107
호모 에렉투스 45, 107, 203
호모 하빌리스 45, 107, 142
화석 연료 23, 110-111, 121, 183, 191,

195, 201-212, 216, 219, 238, 300, 351, 353
화학물질 17, 21, 42, 52, 59-60, 84, 164, 167, 176-182, 190-192, 198-219, 271-272, 312, 315, 347, 352